COLLECTION FOLIO

Jacques Lusseyran

Et la lumière fut

Préface de Jacqueline Pardon

Gallimard

Tous droits de traduction, de reproduction
et d'adaptation réservés pour tous les pays.

© Éditions du Félin, 2005.

Né en 1924 à Paris, Jacques Lusseyran devient aveugle à l'âge de huit ans. Au cours de la Seconde Guerre mondiale, il s'engage dans la Résistance et collabore au journal clandestin *Défense de la France*. Déporté en janvier 1944 à Buchenwald, il est libéré le 11 avril 1945. Il relate le récit de cette captivité dans *Et la lumière fut* et *Le monde commence aujourd'hui*. En 1955, il accepte un poste à l'université privée de Hollins College, aux États-Unis, où il enseigne le français, avant de devenir titulaire de la chaire de littérature française à l'université de Hawaï. Médaillé de la Résistance et nommé chevalier de la Légion d'honneur, Jacques Lusseyran est mort dans un accident de voiture à l'âge de quarante-six ans.

PRÉFACE

Un petit garçon de huit ans perd définitivement la vue, à la suite d'une bousculade à l'école communale. C'est un malheur irréparable. Mais Jacques Lusseyran le transforme en victoire. Il découvre en lui des dons inhabituels. D'abord, il voit toujours le soleil lorsqu'il regarde de « l'intérieur vers l'intérieur », soleil qui « conserve sa flamme joyeuse ». Et, dans la lumière de celui-ci, tout revient. Et plus encore, c'est un déferlement de couleurs. Même les chiffres, les lettres, les notes de musique sont colorés.

Quant aux hommes, s'il ne voit plus la forme de leur corps, c'est une tache colorée qu'il perçoit, différente pour chacun. Les autres sens se développent, l'ouïe en particulier. La voix, pour lui, est beaucoup plus révélatrice de l'être que l'expression du visage. La cécité, loin de le séparer des autres, le rapproche d'eux. Il n'est pas un aveugle, mais un aveugle voyant, qui vit parmi les voyants ordinaires.

Mais, pour se faire accepter d'eux, il lui faut

leur être un peu supérieur. Au collège, au lycée, c'est un élève brillant qui poursuit ses études jusqu'aux classes préparatoires au concours d'entrée à l'École normale supérieure de la rue d'Ulm.

En 1940, c'est la défaite de la France. Jacques Lusseyran, qui n'a pas dix-huit ans, va dès 1941 résister en groupant autour de lui des étudiants des classes supérieures des lycées parisiens. Ils font un petit journal, *Le Tigre*, en souvenir de Clemenceau. Ils sont deux cents environ qui portent le nom superbe de « Volontaires de la liberté ». Il les décrira ainsi dans un premier livre : « Personne autour de nous ne ment, personne ne cherche son intérêt. Tous sont nus et fiers... La Résistance est une affaire de dignité, d'honneur. Et l'honneur n'est pas que dans la Patrie, mais dans tous nos actes... La Résistance protège ceux qui la font. Elle interdit la saleté. C'est la volonté de ne pas faire n'importe quoi, mais quelque chose qu'on a choisi une fois, qu'on voudrait encore, même si l'on a été torturé, bafoué. »

Les Volontaires vont bientôt se rallier, en majorité, au mouvement de Résistance de zone nord, Défense de la France, journal clandestin, fabrique de faux papiers, puis, en 1944, maquis. Le journal, qui tirait à vingt mille exemplaires, atteint rapidement, grâce à cet apport de militants, une diffusion de cent mille, puis de trois cent mille exemplaires. Il ira, en 1944, jusqu'à quatre cent cinquante mille exemplaires.

Jacques est chargé, avec son ami Jacques Oudin qui avait fondé avec lui les Volontaires de la liberté, de diriger la diffusion du journal. Il entre au comité directeur et devient l'un des rédacteurs du journal. C'est là que je l'ai connu.

Le 14 juillet 1943, sous le pseudonyme de Vindex, il écrit un article intitulé « 14 juillet, fête de la liberté », prémonitoire en ce qui le concerne, prémonitoire pour la vie internationale de maintenant.

« La France risque de tomber en esclavage, l'ennemi veut diminuer notre conscience morale : il veut nous faire oublier notre devoir de révolte. La liberté, seuls ceux qui savent l'avoir perdue la possèdent... Ceux des prisons qui attendent pendant des mois entiers que la victoire ou la mort les délivrent... Ils ont perdu pour eux-mêmes la liberté : ils veulent la conserver aux autres.

Nous voulons que la défense de notre nation soit celle de toutes les nations. En défendant la France, nous défendons aussi la personne humaine et sa liberté de choisir et d'oser. »

Parallèlement à son activité de résistance, il continue ses études et la préparation au concours d'entrée à l'École normale supérieure de la rue d'Ulm. Il peut s'y présenter grâce à une dérogation, qui lui a été accordée, à la loi de Vichy interdisant aux aveugles, en particulier, de se présenter aux grands concours d'enseignement public. Mais à la troisième épreuve, une lettre personnelle d'Abel Bonnard, alors ministre de l'Instruction publique, lui enjoint d'arrêter de composer. Il réagit là, comme lors de son accident des années avant : il n'est pas une victime. Il concentre toute son énergie sur la Résistance, sur la diffusion du journal. Ce seront de grands moments : le journal du 14 juillet 1943 tirera à trois cent mille exemplaires. Il sera diffusé à la sortie des églises, dans les marchés, jusque dans les rames de métro. Mais il y a un traître dans la diffusion. Et le 20 juillet 1943 Jacques est arrêté à 6 heures du matin chez lui par les Allemands. Il est conduit par eux rue des Saussaies, au siège de la Gestapo. Il y retrouve beaucoup de ses camarades – c'est un bon coup de filet – mais pas les membres du comité directeur, sauf Geneviève de Gaulle et moi-même qui me suis fait prendre dans une souricière en voulant sauver un camarade.

Jacques est molesté, enfermé la nuit dans un placard. Interrogé longuement le lendemain, il cache sa connaissance de l'allemand, ce qui lui permet de faire le point. Il est conduit à la prison de Fresnes d'où il sort pour un nouvel interrogatoire. Dans la cour, un soldat allemand le guide vers la voiture cellulaire. Je suis là aussi, attendant d'y monter. Le voyant, je me dirige vers lui le plus naturellement possible. Je prends le relais du soldat allemand qui me laisse faire et nous sommes enfermés dans la même cellule de la voiture cellulaire ! Nous pouvons échanger nos informations et découvrir le traître. C'est Elio Marongin, un étudiant en médecine « retourné » qui est entré dans le mouvement pour nous espionner. Nous pouvons ainsi savoir ce que les Allemands savent.

Jacques est interrogé une dizaine de jours rue des Saussaies et reconduit le soir à la prison de Fresnes où il restera six mois.

Nous pensions qu'il serait libéré. Repérable comme il l'était, il ne pouvait plus être dangereux. Mais en janvier 1944, il est déporté avec plusieurs camarades de Défense de la France au camp de concentration de Buchenwald. Il est mis en quarantaine avec eux. Mais à la fin de la quarantaine, il se retrouve tout seul au « Petit Camp » dans un bloc d'invalides.

Il faut lire la description qu'il en fait dans ce livre.

« Aux Invalides on rencontrait les unijambistes et les manchots, les sourds-muets, les aveugles, les culs-de-jatte (mais oui, j'en ai connu trois), les épileptiques, les vieillards de plus de soixante-dix ans et les gosses de moins de seize ans et les fous... Personne n'était entier aux Invalides. C'était même la condition pour y entrer. Aussi, y mourait-on à un rythme qui rendait le recensement du bloc impossible. Ce n'était pas de se heurter à un mort qui surprenait, mais à un vivant. Et c'était de là que venait le danger.

La puanteur du bloc était telle que seule l'odeur du crématoire, qui fumait jour et nuit, parvenait à la couvrir, les jours où le vent la rabattait… Pendant des jours et des nuits, je rampais. Je me faisais un trou dans la masse. Je n'entendais plus rien, tant il y avait de gémissements partout. »

On peut difficilement imaginer un aveugle survivant dans cette horreur. Au début, on lui vole son pain, sa soupe. Mais il est vite protégé par un jeune ouvrier russe, et avec lui par tous les Russes autour qui le prennent en affection. Il essaie d'apprendre leur langue. Un jeune paysan unijambiste originaire d'un village proche du village natal de sa mère, Louis, le guide à travers le Petit Camp. Puis il tombe très malade ; on le dit perdu. Mais il fait une expérience un peu analogue à celle qu'il a eue après son accident. La lumière et la joie le submergent. Il est « miraculeusement » guéri.

Il devient alors le « petit aveugle français ». Grâce à sa connaissance de l'allemand, il peut écouter les nouvelles de la guerre retransmises par haut-parleur, dans chaque bloc, par les SS ; les écouter patiemment et les décrypter en creux, repérer ce qui n'est plus dit. Ces nouvelles ainsi rétablies, il les transmet de bloc en bloc, redonnant à ses camarades un peu d'espoir. Cela jusqu'à la libération du camp par les Américains, le 11 avril 1945. Mais auparavant, il y a eu le choix laissé par les Allemands aux déportés de partir sur les routes ou de rester au camp. Il reste et peut entendre, transmis par haut-parleur, l'ordre donné par les SS d'exterminer tous les détenus au lance-flammes. Les

Américains tout proches, prévenus, arrivent à temps pour en empêcher l'exécution.

Il revient en France relativement vite, comparé à d'autres déportés qui mettront un mois avant d'être rapatriés. C'est Philippe Viannay, le patron de Défense de la France, qui vient le sortir du camp.

Il revient après un an et demi d'horreur. Cette fois encore, non pas comme une victime, mais comme un vainqueur. Je le vois à son retour, devant moi : un être rayonnant de force et de présence. Le message d'amour de la vie qu'il dit vouloir transmettre dans ce livre à ses étudiants américains, c'est lui, à ce moment-là, qui l'incarne.

Après, au-delà de cet ouvrage, la vie va encore exiger de lui un courage exceptionnel. La loi de Vichy qui lui interdit l'École normale et l'agrégation n'est pas abrogée. Elle ne le sera que dix ans plus tard. Il ne peut enseigner en France. En revanche, on l'accepte à la Mission laïque de Salonique, en pleine guerre civile ! Il réussit magnifiquement comme conférencier. Mais il s'attire la jalousie du British Council qui voit son public diminuer. Pour défendre la langue anglaise, ce dernier obtient le retour de Jacques en France. Il nous faut à nouveau nous battre (je suis mariée avec lui). Pas de poste, pas de salaire ni de pension, pas même d'allocations familiales et nous avons déjà deux enfants. Après bien des démarches, il trouve un travail de correcteur à l'Alliance française, puis de suivi de doctorants égyptiens à l'École normale supérieure de Saint-Cloud, et enfin un poste d'enseignant de littérature française contemporaine au « cours de civilisation française » à la Sorbonne. Là, la chance lui est donnée d'avoir un public de quatre cents étudiants étrangers auprès desquels il a un très grand succès. Jusqu'au jour où des Américaines le font venir, à Hollins College, en Virginie. Puis il est demandé à la Western Reserve University de Cleveland en Ohio. Il lui est décerné en 1966 le prix Carl-Wittke du meilleur professeur. En 1969 enfin, il devient titulaire de la chaire de littérature française contemporaine, à l'université de Hawaï où il est en charge de cinq cents étudiants et de cinquante doctorants. Parallèlement à son enseignement, il écrit beaucoup, en particulier ce livre. Il meurt dans un accident de voiture, pendant des vacances en France, le 27 juillet 1971, à quarante-sept ans.

JACQUELINE PARDON

PREMIÈRE PARTIE

L'eau claire de l'enfance

1

Dans mes souvenirs, mon histoire commence toujours à la façon d'un conte de fées banal, mais d'un conte de fées. Il était une fois, à Paris, entre les deux guerres mondiales, un petit garçon heureux. Et ce petit garçon, c'était moi. Quand je le regarde aujourd'hui, depuis ce milieu de ma vie que j'ai atteint, j'éprouve de l'émerveillement. C'est si rare une enfance heureuse. Et puis, c'est si peu à la mode de nos jours qu'on croit à peine que c'est vrai. Pourtant, si l'eau de mon enfance est claire, je ne vais pas essayer de la salir : ce serait là la pire des naïvetés.

Donc, je suis né en 1924, le 19 septembre à l'heure de midi, au cœur pittoresque de Paris, à Montmartre entre la place Blanche et le Moulin-Rouge, par hasard.

Je suis né dans une maison du XIXe siècle, modeste, dans une chambre sur la cour.

Mes parents étaient parfaits pour moi. Mon père, sorti d'une grande école de physique et de chimie, et ingénieur chimiste par sa profession, était intelligent et bon. Ma mère qui elle-même avait fait des études de physique et de biologie, était tout dévouement et toute compréhension. Tous deux étaient généreux, attentifs. Mais pourquoi dire ces choses ? Le petit garçon que j'étais ne les savait pas. Il ne donnait à ses parents aucune qualité. Il ne pensait pas même à eux. Il n'avait pas besoin de penser à eux. Ses parents l'aimaient. Il les aimait. C'était une Grâce.

Mes parents étaient la protection, la confiance, la chaleur. Je l'éprouve encore aujourd'hui, quand je songe à mon enfance, cette sensation de chaleur au-dessus de moi, derrière moi, autour de moi. Cette impression merveilleuse de ne pas vivre encore à son compte, mais de s'appuyer tout entier, du corps et de l'âme, sur d'autres vies qui acceptent.

Mes parents me portaient. C'est sans doute pourquoi, pendant toute mon enfance, je n'ai pas touché terre. Je pouvais m'éloigner, revenir ; les objets n'avaient pas de poids, rien ne collait à moi. Je passais entre les dangers et les peurs comme la lumière à travers un miroir. Et c'est cela que j'appelle le bonheur de mon enfance. C'est une armure magique qui, une fois posée sur vos épaules, peut être transportée à travers votre existence entière.

Ma famille appartenant à ce qu'on appelait alors en France la « petite bourgeoisie », nous habitions des appartements petits mais qui me semblaient grands.

Celui que je connais le mieux était situé sur la rive gauche de la Seine, près de ce grand jardin, le Champ-de-Mars, entre la tour Eiffel, ses quatre pattes écartées, et l'École militaire, un bâtiment dont je n'ai jamais su que le nom, dont la forme même a disparu pour moi.

Mes parents, c'était le ciel. Je ne me le disais pas clairement. Ils ne me le disaient pas non plus. Mais c'était une évidence. Je savais (j'ai vraiment su très tôt, j'en suis sûr) qu'à travers eux un Autre s'occupait de moi, s'adressait à moi. Cet Autre, je ne l'appelais pas même Dieu – car de Dieu mes parents m'ont parlé, mais plus tard seulement. Je ne lui donnais aucun nom. Il était là. Ce qui valait mieux.

Oui, derrière mes parents il y avait quelqu'un, et papa et maman étaient simplement ceux qui avaient été chargés de me transmettre de la main à la main ce don. Ce furent les débuts de ma religion. Et cela explique, je crois, pourquoi je n'ai jamais connu le doute métaphysique. C'est une confession assez inattendue, mais à laquelle je tiens, car tant de choses vont s'expliquer par elle.

De là mon audace. Je courais sans cesse. Toute mon enfance s'est passée à courir. Seulement je ne courais pas pour m'emparer de quelque chose (que voilà bien une idée d'adulte et non d'enfant !). Je courais pour aller à la rencontre de tout ce qui était visible et de tout ce qui ne l'était pas encore. J'allais de confiance en confiance comme dans une course de relais.

Souvenir précis comme un tableau encadré au milieu du mur de la chambre, je me revois le jour de mes quatre ans. Je courais le long du trottoir vers un triangle de lumière formé par la rencontre de trois rues – la rue Edmond-Valentin, la rue Sédillot et la rue Dupont-des-Loges où nous habitions – un triangle de soleil qui s'ouvrait comme sur un bord de mer vers le square Rapp. J'étais jeté vers cette flaque lumineuse, aspiré par elle et, tout en agitant bras et jambes, je me disais : « J'ai quatre ans et je suis Jacques. »

Appelons cela, si nous le voulons, la naissance de la personnalité. Du moins, cela ne s'accompagnait-il d'aucune panique. Simplement le rayon de joie universelle était tombé sur moi, cette fois-là, à pic.

J'ai certainement eu des misères et des chagrins comme tous les enfants. Mais à vrai dire je ne me les rappelle pas. Ils ont disparu de ma mémoire exactement comme disparaît de notre mémoire le mal physique : dès qu'il abandonne le corps, il abandonne l'esprit.

Le violent, le saugrenu, le louche, l'incertain, j'ai connu toutes ces choses plus tard. Mais je ne puis situer aucune d'elles dans ces premières années de ma vie.

Et voilà ce que, tout à l'heure, j'ai appelé l'eau claire de mon enfance.

2

Pendant sept ans, j'ai bondi, j'ai couru, j'ai parcouru les allées du Champ-de-Mars. J'ai suivi en galopant les trottoirs de ces rues étroites de Paris, aux maisons serrées, de ces rues odorantes.

Car, en France, chaque maison a son odeur. Les adultes s'en aperçoivent à peine, mais les enfants le savent bien, et ils reconnaissent les maisons à leur parfum. Il y a l'odeur de la crémerie, l'odeur de la pâtisserie, l'odeur de la confiserie, l'odeur de la cordonnerie, celle de la pharmacie et celle de la boutique de ce marchand auquel on donne en français un si beau nom : le marchand de couleurs. Je reconnaissais les maisons, nez au vent, comme un petit chien.

J'étais convaincu que rien ne m'était hostile, que les branches auxquelles je me suspendais tiendraient bon, que les allées, même sinueuses, me conduiraient là où je n'aurais pas peur, et que tous les chemins me ramenaient vers ma famille.

Autant dire que je n'avais pas d'histoire, sinon la plus importante de toutes : celle de la vie.

Pourtant, il y avait la Lumière. Elle exerçait sur moi une vraie fascination. Je la voyais partout et je la regardais pendant des heures.

De notre appartement de trois pièces, aucune des pièces n'est restée distinctement dans mes souvenirs. Mais le balcon y est resté. Parce que du côté du balcon il y avait la lumière. Je m'accoudais patiemment – moi si impétueux – à la balustrade, et je regardais la lumière ruisseler sur les façades des maisons : devant moi, dans l'entonnoir de la rue, vers la droite, vers la gauche.

Ce n'était pas un ruissellement comme celui de l'eau : il était plus léger et innombrable, sa source était partout. Ce que j'aimais, c'était de voir que la lumière ne venait de nulle part en particulier, mais qu'elle était un élément, à la façon de l'air. Nous ne nous demandons jamais d'où vient l'air. Il est là et nous vivons. Ainsi du soleil.

J'avais beau le voir, le soleil, assis au haut du ciel à midi, occupant un point de l'espace, c'était ailleurs que je le cherchais. Je le cherchais dans le jaillissement de ses rayons, dans ce phénomène d'écho que d'ordinaire nous attribuons aux sons seulement, mais qui existe dans le cas de la lumière, à égalité. La clarté se multipliait, se répondait de fenêtre en fenêtre, de pan de mur en nuage, entrait en moi, devenait moi. Je mangeais du soleil.

Cette fascination résistait à la venue de la nuit. Une fois rentré de promenade le soir, une fois le repas terminé, à l'instant d'aller au lit, je la retrouvais dans l'ombre. Pour moi l'ombre c'était encore la lumière, mais sous une forme nouvelle et dans un rythme nouveau : c'était de la lumière plus lente.

Rien en somme dans l'univers, et pas même ce que je lisais à l'intérieur de moi, derrière mes paupières fermées, n'échappait à cette immense merveille.

Dans mes courses à travers le Champ-de-Mars, c'était encore la lumière que je cherchais. J'allais sauter à pieds joints dedans, au bout d'une allée, l'attraper comme on attrape un papillon au-dessus du bassin, me coucher avec elle dans l'herbe ou dans le sable. Aucun phénomène, même les sons que j'écoutais pourtant avec tant de soin, n'avait pour moi le même prix que la lumière.

Vers quatre ou cinq ans, j'ai compris tout à coup que la lumière, cela pouvait se tenir dans les mains. Il suffisait pour cela de choisir des crayons de couleur, des cubes de couleur, et de jouer avec. Je me mis à passer des heures dans des coloriages de toutes sortes, informes sans aucun doute, mais dans lesquels je plongeais comme dans une fontaine. J'en ai encore les yeux tout pleins.

On m'a appris plus tard que, dès cet âge, ma vue était faible. Myopie, je crois. Ce qui, pour les esprits « positifs », constituera peut-être l'explication de cet attrait tout-puissant. Mais, tout enfant, je ne savais pas que je ne voyais pas très bien. Je m'en souciais fort peu, tout heureux de faire amitié avec la lumière comme avec l'essence du monde.

Les couleurs, les formes, les objets mêmes – et les plus lourds – étaient faits tout entiers d'une même vibration. Et chaque fois qu'aujourd'hui je me mets par rapport à ce qui m'entoure dans un état d'attention affectueuse, c'est cette vibration que je retrouve.

Quand on me demandait quelle était la couleur que je préférais, je répondais immanquablement : « le vert ». Pourtant, je n'ai appris que plus tard que le vert était la couleur de l'espérance.

Je suis convaincu que les enfants savent toujours plus de choses qu'ils ne savent en dire. Ce qui fait une belle différence entre eux et nous autres les adultes, qui, dans les meilleurs cas, ne savons pas plus qu'un centième de ce que nous disons.

Sans doute est-ce tout simplement que les enfants savent toutes choses par tout leur être, au lieu que nous les savons seulement par notre tête.

Si un enfant est guetté par la maladie ou par un malheur, il en est aussitôt prévenu : il s'arrête de jouer, il vient se réfugier auprès de sa mère. C'est ainsi qu'à l'âge de sept ans je sus que le destin préparait son coup.

Cela se passait aux vacances de Pâques de 1932 à Juvardeil, dans ce petit village d'Anjou qu'habitaient mes grands-parents maternels. Nous étions sur le point de repartir pour Paris. Déjà la carriole attendait devant la porte pour nous conduire à la gare. Car en ce temps-là, pour aller de Juvardeil à la gare du chemin de fer, Étriché-Châteauneuf, à sept kilomètres de là, on utilisait une carriole à cheval. Je n'ai connu la voiture automobile – la camionnette de l'épicier – que trois ou quatre ans plus tard. Donc la carriole attendait, riant de tous ses grelots, mais moi j'étais resté dans le jardin, à l'angle de la grange, seul, et je pleurais.

Il ne s'agit pas de larmes qu'on m'ait racontées plus tard. Il s'agit de larmes que je ressens encore aujourd'hui quand je pense à elles. Je pleurais, parce que c'était la dernière fois que je voyais le jardin.

La nouvelle venait de m'être apportée, je ne savais comment. Mais elle était certaine. Le soleil sur les allées, les deux grands buis, la tonnelle de vigne, les rangées de tomates et de concombres, les plants de haricots, tous ces objets qui peuplaient mes yeux étaient dans mes yeux pour la dernière fois. Et je le savais.

C'était bien plus qu'un chagrin d'enfant, et lorsque ma mère, m'ayant cherché, me trouva enfin, et me demanda ce que j'avais, je ne pus lui répondre que : « Je ne verrai plus le jardin. »

Trois semaines plus tard, c'était vrai.

Le 3 mai, dans la matinée, comme d'habitude, j'étais à l'école – l'école communale du quartier qu'habitaient à Paris mes parents, rue Cler.

Vers 10 heures, je m'étais levé comme tous mes camarades pour me précipiter vers la porte de la classe et la cour de récréation. Dans la bousculade de la sortie, un gamin plus âgé ou plus pressé que moi, accourant du fond de la classe, m'avait rejoint et heurté involontairement par-derrière. Je ne l'avais pas vu venir et, sous la surprise, je perdis l'équilibre. J'essayai de me rattraper vainement et je glissai. Enfin, je vins me fracasser contre l'un des angles aigus du bureau du maître.

Je portais en ce temps-là des lunettes à cause de cette myopie qu'on avait décelée chez moi – et des lunettes à verres incassables. C'est cette protection qui me perdit. En effet, les verres ne se cassèrent pas. Mais, sous la violence du choc, la branche de la lunette pénétra dans l'œil droit et, meurtrissant les chairs, l'arracha.

Je perdis naturellement connaissance. Pas longtemps toutefois. Car je revins à moi dès le préau de l'école où l'on venait de me transporter ; et la première idée qui me vint à l'esprit fut, je me le rappelle distinctement : « Mes yeux ! Où sont mes yeux ? » Il est vrai que j'entendais autour de moi des voix effrayées, affolées, qui parlaient de mes yeux. Mais je n'avais pas besoin de ces voix, ni même de l'horrible douleur, pour savoir que je venais d'être touché là.

On me fit un bandage et, tandis que la fièvre ronflait par tout mon corps, je fus ramené à la maison.

Là tout s'efface pour plus de vingt-quatre

heures. J'ai appris que l'ophtalmologiste – un admirable praticien – appelé aussitôt par ma famille à mon chevet déclara que l'œil droit était perdu et qu'il devrait être enlevé. On procéderait dès que possible à l'énucléation. Quant à l'œil gauche, sans doute était-il perdu lui aussi, car la violence du choc avait été telle qu'un phénomène d'ophtalmie sympathique s'était produit. De toute façon, la rétine de l'œil gauche se trouvait déchirée, déchiquetée.

En effet, le lendemain matin on m'opéra, avec succès. J'étais devenu aveugle définitivement.

Je bénis chaque jour le ciel de m'avoir rendu aveugle alors que j'étais un enfant, alors que je n'avais pas encore tout à fait huit ans. Mais comme il y a là toutes les apparences d'un défi, il va aussitôt falloir que je m'explique.

Je bénis le sort pour des raisons matérielles d'abord. Un petit homme de huit ans n'a pas encore d'habitudes. Il n'en a ni dans son esprit, ni dans son corps. Son corps est souple indéfiniment : prêt à faire tous les mouvements que la situation implique, et aucun autre, prêt à s'accorder avec la vie telle qu'elle est, à dire oui à la vie. Et de ce « oui » de grandes merveilles physiques vont résulter.

Je pense ici avec émotion à tous ces hommes que la cécité est venue frapper tandis qu'ils étaient adultes, à la suite d'accidents ou à l'occasion de la guerre. Ceux-là ont souvent un sort très dur, en tout cas plus difficile que n'a été le mien.

Toutefois, pour bénir le sort, j'ai d'autres raisons, et, celles-là, non matérielles. Les grandes personnes oublient toujours que les enfants ne protestent jamais contre les circonstances, à moins naturellement que les grandes personnes elles-mêmes soient assez folles pour leur apprendre à le faire. Pour un petit de huit ans, ce qui est « est », et c'est toujours le meilleur. Il ignore la rancune et la colère. Il peut avoir, c'est vrai, le sentiment de l'injustice, mais il ne l'a que si l'injustice lui vient des hommes. Les événements sont pour lui signes de Dieu.

Je sais ces choses toutes simples et que, du jour où je suis devenu aveugle, je n'ai jamais été malheureux.

Quant au courage, dont les adultes font un si grand mérite, il ne se présente pas à un enfant comme à nous. Pour un enfant, le courage est la chose la plus naturelle du monde, la chose à faire. Et à faire à chaque instant de la vie. Un enfant ne pense pas à l'avenir, ce qui le protège contre mille sottises et presque contre toutes les peurs. Il se fie au courant même des choses, et ce courant lui apporte à chaque instant le bonheur.

3

Je vais rencontrer désormais des obstacles dans mon récit – et même très gênants. D'abord des obstacles de langage, car ce que j'ai à dire sur la cécité étant peu connu et presque toujours surprenant, je vais courir le risque de paraître tour à tour banal et extravagant. Et puis des obstacles dus à la mémoire. Si j'étais aveugle à l'âge de huit ans, je le suis encore à l'âge de trente-cinq ans, aujourd'hui, et les expériences que j'ai faites alors, je les fais encore tous les jours, les mêmes. Il va sûrement m'arriver, sans le vouloir, de brouiller les dates et même les périodes.

Mais après tout, ces obstacles me semblent plus littéraires que réels. Les faits restent les faits, et je n'ai qu'à compter sur leur éloquence.

Je m'étais donc rétabli avec une vitesse que seule l'enfance peut expliquer. Aveuglé le 3 mai, à la fin du mois je marchais de nouveau. Accroché à la main de mon père ou de ma mère, mais je me promenais, et sans aucune peine. En juin, je commençais à apprendre à lire en « braille ». En juillet, j'étais sur une plage de l'Atlantique. Je me suspendais au trapèze, aux anneaux, je dévalais les toboggans. Je m'associais à des bandes d'enfants coureurs et crieurs. Je construisais des châteaux dans le sable. Mais je parlerai plus tard de toutes ces choses. Il y a bien plus important.

C'était une grande surprise pour moi d'être aveugle. Car cela ne ressemblait à rien de ce que je pouvais imaginer. Cela ne ressemblait pas davantage à ce que les gens autour de moi semblaient penser que c'était. On me disait qu'être aveugle, cela consistait à ne pas voir. Je ne pouvais pas croire les gens, car moi je voyais.

Pas tout de suite, c'est vrai. Pas dans les jours qui ont suivi immédiatement l'opération. Car alors je voulais encore me servir de mes yeux. J'allais dans leur direction. Je cherchais dans le sens où, avant l'accident, j'avais l'habitude de voir. Et cela faisait une peine, un manque, quelque chose comme un vide. Cela me donnait ce que les grandes personnes appellent le désespoir, je suppose.

Enfin un jour (et ce jour vint très vite), je m'aperçus que je regardais mal, tout simplement. Je faisais à peu près l'erreur qu'une personne qui changerait de lunettes ferait si elle ne s'habituait pas à accommoder d'une façon nouvelle. Au fond, je regardais trop loin, et je regardais trop vers l'extérieur.

Ce fut beaucoup plus qu'une découverte : ce fut une révélation. Je me revois encore dans le Champ-de-Mars où, quelques jours après mon accident, mon père m'avait emmené en promenade. Je connaissais bien ce jardin. Je connaissais ses bassins, ses grilles, ses chaises de fer. Je connaissais même en personne quelques-uns de ses arbres. Et bien sûr c'étaient eux que je voulais revoir, et que je ne voyais plus. Je crus un instant le monde perdu. Je jetai mes yeux en avant comme des mains, dans le vide. Rien ne s'approchait plus, rien ne s'éloignait plus de moi. Les distances exténuées se chevauchaient ; elles ne jalonnaient plus l'espace de leurs petits rayons clignotants. Tout semblait épuisé, éteint, et je fus pris de peur. Je me jetais en avant dans une substance qui était l'espace, mais que je ne reconnaissais pas car rien d'accoutumé ne l'emplissait plus.

C'est alors qu'un instinct (j'allais presque dire : une main se posant sur moi) m'a fait changer de direction. Je me suis mis à regarder de plus près. Non pas plus près des choses mais plus près de moi. À regarder de l'intérieur, vers l'intérieur, au lieu de m'obstiner à suivre le mouvement de la vue physique vers le dehors. Cessant de mendier aux passants le soleil, je me retournai d'un coup et je le vis de nouveau : il éclatait là dans ma tête, dans ma poitrine, paisible, fidèle. Il avait gardé intacte sa flamme joyeuse : montant de moi, sa chaleur venait battre contre mon front. Je le reconnus, soudain amusé, je le cherchais au-dehors quand il m'attendait chez moi.

Il était là. Mais il n'était pas seul. Les maisons et leurs petits personnages l'avaient suivi. Je vis aussi la tour Eiffel et ses pattes tendues du haut du ciel, l'eau de la Seine et ses traînées d'ombres brillantes, les petits ânes que j'aimais sous leurs housses, mes jouets, les boucles des filles, les chemins de mes souvenirs… Tout était là, venu je ne savais d'où. On ne m'avait rien dit de ce rendez-vous de l'univers chez moi ! Je tombais, ravi, au milieu d'une conversation surprenante. Je vis la bonté de Dieu et que jamais rien, sur son ordre, ne nous quitte.

La substance de l'univers s'était condensée à nouveau, s'était redessinée et repeuplée. J'ai vu un rayonnement partir d'un lieu dont je n'avais aucune idée, qui pouvait être aussi bien hors de moi qu'en moi. Mais un rayonnement ou, pour être plus exact, une lumière, la Lumière.

C'était une évidence : la lumière était là.

Je me mis à éprouver un soulagement indicible, un contentement si grand que j'en riais. Le tout accompagné de confiance et de gratitude comme le serait une prière exaucée.

Je découvrais dans le même instant la lumière et la joie. Et je puis dire sans hésiter que lumière et joie ne se sont jamais plus séparées dans mon expérience depuis lors. Je les ai eues ensemble, ou je les ai perdues ensemble.

Je voyais la lumière. Je la voyais encore quoique aveugle. Et je le disais. Mais je n'ai pas dû le dire avec beaucoup de force pendant des années. Je me souviens que, jusque vers l'âge de quatorze ans, j'ai donné à cette expérience qui recommençait à chaque seconde en moi un nom : je l'appelais « mon secret ». Et je n'en parlais qu'à mes amis les plus intimes. Je ne sais pas s'ils me croyaient, mais ils m'écoutaient, étant mes amis. Et puis ce que je racontais avait pour eux un mérite bien plus grand que celui d'être vrai : celui d'être beau. C'était un rêve, c'était un enchantement, c'était comme une magie.

L'étonnant c'était que pour moi ce n'était pas du tout une magie, mais la chose la plus immédiate : celle que, quoi qu'on fît, je n'aurais pas pu nier, pas plus que ceux qui ont leurs yeux ne peuvent nier qu'ils voient.

Je n'étais pas la lumière : de cela je me rendais bien compte. Je baignais dans la lumière. Elle était un élément dont la cécité m'avait tout à coup rapproché. Je pouvais la sentir naître, se répandre, se poser sur les choses, leur donner forme et se retirer.

Se retirer, oui. Diminuer en tout cas. Car, à aucun moment, il n'y avait le contraire de la lumière. Les voyants parlent toujours de la nuit de la cécité. De leur part, cela est bien naturel. Mais cette nuit-là n'existe pas. À toutes les heures de ma vie consciente – et jusque dans mes rêves – je vivais dans une continuité lumineuse.

Sans les yeux, d'autre part, la lumière était

beaucoup plus stable qu'elle ne l'était avec les yeux. Il n'y avait plus ces différences, dont j'avais encore à ce moment le souvenir le plus net, entre les objets éclairés, ceux qui l'étaient moins, ou ceux qui ne l'étaient pas. Je voyais l'univers comme étant tout entier dans la lumière, existant par elle, à cause d'elle.

Les couleurs – toutes les couleurs du prisme – subsistaient elles aussi. C'était pour moi – l'enfant crayonneur et barioleur – une fête si inattendue que je passais de longs temps à jouer avec ces couleurs. D'autant mieux qu'elles étaient plus dociles qu'autrefois.

La lumière faisait ses couleurs sur les choses, et sur les êtres aussi. Mon père, ma mère, les gens croisés ou heurtés dans la rue, tous avaient une présence colorée que je n'avais jamais vue avant de devenir aveugle. Mais qui maintenant s'imposait à moi comme une part d'eux-mêmes aussi inséparable d'eux que pouvait l'être leur visage.

Pourtant les couleurs n'étaient qu'un jeu, tandis que la lumière était ma raison d'être. Je la laissais monter en moi comme le puits laisse monter son eau, et je me réjouissais sans plus finir.

Je ne comprenais pas ce qui m'arrivait. C'était si parfaitement contraire à tout ce que j'entendais dire. Je ne le comprenais pas, mais cela m'était bien égal, car je le vivais. Et, pendant des années, je n'ai pas essayé de savoir pourquoi ces choses se passaient en moi. Je n'ai fait cette tentative que beaucoup plus tard, et il n'est pas encore temps de la dire.

Une lumière pareille, si continue et si intense, cela dépassait tellement ma raison qu'il m'arrivait d'avoir des doutes sur elle. Si elle n'était pas réelle ! Si je l'avais seulement imaginée ! Peut-être alors suffirait-il d'imaginer le contraire, ou simplement autre chose, pour que d'un seul coup elle s'en allât. Aussi eus-je l'idée de la mettre à l'épreuve, et même de lui résister.

Le soir, dans mon lit, quand j'étais bien seul, je fermais les yeux. J'abaissais mes paupières, comme je l'aurais fait autrefois, du temps qu'elles couvraient mes yeux physiques. Je me disais que, derrière ces rideaux, je ne verrais plus la lumière. Or elle était toujours là, et plus calme que jamais : elle prenait l'apparence de l'eau d'un lac le soir après que le vent est tombé.

Alors je ramassais toutes mes énergies, toute ma volonté : j'essayais d'arrêter le courant de lumière exactement comme j'aurais essayé d'arrêter ma respiration.

Il en résultait aussitôt un trouble, ou plutôt un tourbillon. Mais ce tourbillon était lumineux. De toutes façons je ne pouvais pas maintenir cet effort bien longtemps : deux, trois secondes peut-être. Je ressentais en même temps une angoisse, comme si j'étais juste en train de faire quelque chose d'interdit, quelque chose de contraire à la vie. Tout se passait comme si j'eusse besoin pour vivre de la lumière au même titre que de l'air.

Pas moyen d'en sortir vraiment : j'étais prisonnier de ces rayons, j'étais condamné à voir. Tout se passait en moi. L'espace peu à peu s'était vidé de son contenu : les flots de couleurs qu'il transporte, chassés du dehors, refluaient, venaient se briser en moi. Là, tout d'abord, ils ne rencontraient rien sur quoi se fixer : ils s'étalaient en nappes paresseuses, parcouraient d'une extrémité à l'autre, capricieusement, le champ entier de ma conscience. Des taches troubles naissaient çà et là, et des cercles et des figures sans visage, et des ébauches de formes imprévues. Puis de courtes scènes prenaient vie : des rampes de petits feux clairs, des gouttes de soleil couraient en lignes transversales. Il pleuvait partout de la clarté : plus un reste de nuit. Tout était d'or et d'argent comme si, des couleurs, je n'avais su d'abord accueillir que les plus aiguës, les plus précipitées... Au-dehors, c'était désormais le vide ; au-dedans, toute une forêt de lumière. Je dus regarder longtemps avant de m'accoutumer à cette lumière sans ombre.

Au moment d'écrire ces lignes, je viens de refaire la même expérience, avec le même résultat. Si ce n'est qu'avec les années la source originelle de lumière s'est encore renforcée.

À huit ans je sortais de cette expérience rassuré. Je renaissais à la vie. Puisque ce n'était pas moi qui faisais la lumière, puisqu'elle me venait d'ailleurs, elle ne me quitterait plus jamais. Cela éclairait en moi. Et moi je n'étais qu'un lieu de passage, un vestibule pour cette clarté. Cela voyait en moi.

Pourtant il y avait des cas où la lumière diminuait, au point presque de disparaître. Cela se produisait par exemple chaque fois que j'avais peur.

Si au lieu de me laisser porter par la confiance et de me jeter à travers les choses, j'hésitais, je calculais, si je pensais au mur, à la porte entrebâillée, à la clé dans la serrure, si je me disais que toutes ces choses étaient hostiles, allaient me cogner, me griffer, alors infailliblement je me cognais, je me blessais. La seule manière commode de me déplacer à travers la maison, le jardin ou la plage, était de n'y pas penser du tout ou d'y penser le moins possible. J'étais alors guidé, je circulais entre les obstacles comme on dit que les chauves-souris font. Ce que la perte de mes yeux n'avait pas su faire, la peur le faisait : elle me rendait aveugle.

La colère et l'impatience avaient les mêmes effets : elles brouillaient tout le paysage. Une minute plus tôt, je connaissais exactement la place de tous les objets de la pièce, mais si j'entrais en colère les objets se fâchaient bien plus que moi : ils allaient se réfugier dans les coins les plus inattendus, ils se troublaient, ils chaviraient, ils bégayaient comme des fous, ils avaient l'air hagard. Quant à moi je ne savais plus où mettre la main ni le pied : je me faisais mal partout. Ah ! Cette mécanique-là marchait bien, de sorte que je devenais prudent.

Quand je jouais avec mes petits camarades, si tout d'un coup j'avais envie de gagner, si j'avais envie d'arriver le premier à tout prix, d'un seul coup je ne voyais plus rien. J'entrais à la lettre dans un brouillard, dans de la fumée.

Mais là où le plus extraordinaire arrivait, c'était avec la méchanceté. Je ne pouvais même plus me permettre d'être jaloux ou hostile, parce que aussitôt un bandeau était posé sur mes yeux : j'étais ligoté, garrotté, mis au rancart. Instantanément un trou noir se creusait au centre duquel je m'agitais, impuissant.

Au contraire, quand j'étais heureux et tranquille, quand j'allais vers les gens avec confiance, quand je pensais du bien d'eux, j'étais payé en lumière. Rien d'étonnant si j'ai aimé si tôt l'amitié et l'harmonie.

Muni d'un tel instrument, qu'avais-je besoin de la morale ? Il me tenait lieu de « feu rouge » et de « feu vert ». Je savais toujours où l'on passait et où l'on ne passait pas. Je regardais le grand signal lumineux qui m'apprenait à vivre.

Même chose avec l'amour. Voyez plutôt !

L'été qui suivit mon accident, mes parents m'avaient conduit au bord de la mer. Là, j'avais rencontré une petite fille de mon âge. Elle s'appelait Nicole, je crois.

Elle était entrée dans mon univers comme une grande étoile rouge, ou encore une cerise bien mûre. La seule chose certaine pour moi, c'était qu'elle était claire et rouge.

Je la trouvais si jolie et cette beauté-là était si

douce que je ne pouvais plus rentrer le soir à la maison et dormir loin d'elle, parce qu'aussitôt un peu de lumière me quittait. Pour retrouver la lumière intacte, il fallait la retrouver Elle : on aurait dit qu'elle l'apportait dans ses mains, dans ses cheveux, dans ses pieds nus sur le sable, et dans sa voix.

Comme cela est naturel de la part de tous les gens qui sont rouges, ses ombres aussi étaient rouges. Si elle venait s'asseoir près de moi, entre deux flaques d'eau salée et sous la caresse du soleil, je voyais des reflets roses sur les toiles des tentes. L'eau de la mer elle-même – le bleu de l'eau – s'empourprait doucement. Je la suivais au sillage rouge qu'elle laissait partout.

Maintenant, s'il y a des gens qui disent que cette couleur-là est justement la couleur de la passion, je leur répondrai simplement que je le sais depuis l'âge de huit ans.

Comment avais-je pu vivre jusque-là sans savoir que tous les objets du monde avaient une voix et parlaient ? Non seulement les objets réputés parlants, mais les autres : les portes cochères, les murs des maisons, les planchers, l'ombre des arbres, le sable, et le silence.

Pourtant, avant mon accident, j'aimais les sons. Mais je ne les écoutais pas, il faut croire.

Depuis que j'étais aveugle, je ne pouvais plus faire un geste sans provoquer une avalanche de bruits. Si j'entrais dans ma chambre le soir – dans cette chambre où autrefois je n'entendais rien – la petite statuette de stuc sur la cheminée pivotait d'un dixième de tour. J'entendais son frottement dans l'air, aussi léger que celui d'une main qu'on agite. Je faisais un pas : le plancher pleurait, ou chantait (car je pouvais entendre sa voix des deux façons), et cette chanson se communiquait de pièce de bois en pièce de bois jusqu'à la fenêtre, me racontant la profondeur de la chambre.

Si je parlais tout à coup, les vitres qui avaient l'air de si bien tenir dans leur gaine de mastic tremblaient. Très légèrement, bien sûr, mais distinctement : un bruit plus clair que les autres, plus frais, annonçant déjà l'air du dehors.

Tous les meubles craquaient, une fois, deux fois, dix fois. Cela faisait un sillage de sons qui, au long des minutes, figuraient comme des gestes : réellement le lit, l'armoire et les chaises s'étiraient, bâillaient, respiraient.

Si la porte était poussée par un courant d'air, elle grinçait « courant d'air ». Si elle était poussée par une main, elle grinçait humainement. Je ne m'y trompais pas.

Le plus petit renfoncement dans les murs avait une manière de se faire entendre à distance, de modifier toute la pièce. À cause de ce recoin, de cette alcôve, l'armoire d'en face chantait plus creux.

Bref, c'était comme si autrefois les bruits avaient été toujours à moitié réels, faits trop loin de moi, à travers un brouillard. Peut-être étaient-ce mes yeux qui créaient autrefois ce brouillard. En tout cas, mon accident avait précipité ma tête contre le cœur bruyant des choses : ce cœur battait et ne s'interrompait plus.

On s'imagine toujours que les bruits sont des phénomènes qui commencent et finissent brusquement. Je m'apercevais que rien n'était plus faux. Mes oreilles ne les avaient pas encore entendus qu'ils étaient déjà là, me touchant du bout de leurs doigts et me dirigeant vers eux. Souvent, il m'arrivait d'entendre parler les gens avant qu'ils n'aient pris la parole.

Les sons avaient une particularité toute semblable à celle de la lumière : ils n'étaient ni au-dedans ni au-dehors, ils me traversaient. Ils me donnaient ma position dans l'espace, ils me reliaient aux choses. Ils ne fonctionnaient pas comme des signaux mais comme des réponses.

Je me rappelle ma première arrivée à la plage, deux mois après mon accident. C'était le soir. Il n'y avait rien que la mer et cette voix qu'elle avait inimaginablement précise. Elle formait une masse si lourde et claire que j'aurais pu m'appuyer contre elle comme contre un mur. Elle me parlait de plusieurs étages à la fois. Les vagues étaient disposées sur des gradins. Elles faisaient toutes ensemble une même musique, et pourtant à chaque niveau leurs paroles n'étaient pas les mêmes : c'était à la base un raclement, c'était un pétillement au sommet. Je n'avais vraiment pas besoin qu'on m'expliquât ce que les yeux en voyaient.

Le mur de la mer d'un côté, le friselis du sable

sous le vent, et, à l'autre extrémité, le parapet de la plage couvert d'échos, un miroir à sons, si bien que les vagues parlaient deux fois.

On dit couramment que la cécité accroît les perceptions auditives. Je ne crois pas que cela soit vrai. Ce n'étaient pas mes oreilles qui entendaient mieux qu'autrefois, c'était moi qui me servais mieux d'elles. La vue est un merveilleux instrument, puisque c'est elle, ordinairement, qui nous donne presque toutes les richesses de la vie physique. Mais nous n'obtenons rien sans payer dans ce monde. Et pour tous les biens que la vue nous apporte, nous devons renoncer à d'autres biens que nous ne soupçonnons même pas. C'étaient eux que je recevais à flots.

J'avais besoin d'entendre et d'entendre encore. Je multipliais les bruits à plaisir. Je secouais des clochettes, je donnais du doigt contre tous les murs, j'essayais la résonance des portes, des meubles, des troncs d'arbres, je chantais dans les pièces vides, je jetais des galets au loin sur la plage pour les entendre siffler dans l'air, puis s'ébouler. Je faisais même répéter des mots à mes petits camarades pour avoir le temps, bien le temps, de me promener autour.

Mais le plus surprenant de tout était que les sons ne partaient jamais d'un point isolé de l'espace et ne se repliaient jamais sur eux-mêmes. Il y avait le bruit, l'écho, un autre bruit où le premier venait se fondre, auquel il avait peut-être donné naissance, des enchaînements sans fin de sons.

Périodiquement, cette sonorité de toutes les choses, ce murmure universel devenait si fort qu'un vertige me prenait et que je portais mes mains à mes oreilles, du même mouvement que, voyant, j'aurais fermé les yeux pour me protéger d'un excès de lumière. C'est pourquoi je ne supportais pas le vacarme, les bruits inutiles, les musiques ininterrompues. Un bruit que nous n'écoutons pas est un coup porté contre notre corps et contre notre esprit. Et cela justement parce qu'un bruit n'est pas un événement qui se produit hors de nous, mais une réalité qui passe à travers nous et qui y reste, à moins que nous ne l'entendions complètement.

J'ai été bien protégé contre cette misère par des parents musiciens et qui parlaient à la table de famille au lieu de brancher la radio. Mais ce m'est une raison de plus pour dire combien il est important de protéger les enfants aveugles, aujourd'hui, contre les cris, contre les musiques de fond, toutes ces agressions hideuses. Car, pour un aveugle, un bruit violent et inutile, c'est comme pour celui qui possède encore ses yeux un coup de projecteur à quelques centimètres de son visage : cela fait mal. Au contraire, quand le monde sonne plein, sonne juste, il est plus harmonieux que les poètes n'ont jamais su et ne sauront jamais le dire.

Chaque dimanche matin, un vieux mendiant venait jouer trois airs d'accordéon au fond de la cour de notre immeuble. Cette musique acide et pauvre, couverte à intervalles réguliers par la glissade ferraillante, là-bas sur l'avenue voisine, des tramways, dans le silence de la matinée paresseuse, donnait à l'espace mille dimensions. Il n'y avait plus simplement la chute verticale vers le fond de la cour, ni la procession horizontale des rues, mais autant de chemins de maison à maison, de cours à toits, que mon attention pouvait en contenir. Je n'allais jamais au bout des bruits. Du côté des sons, il y avait un autre infini.

Mes mains d'abord n'obéissaient plus. Cherchant un verre sur la table, elles le manquaient. Elles s'affolaient autour des poignées de portes. Elles confondaient les touches noires et les touches blanches du piano. Elles battaient dans l'air à l'approche des objets. Elles avaient presque l'air déracinées, coupées de moi, et, pendant quelque temps, cela me fit peur.

Heureusement, je sentis très vite qu'au lieu d'être devenues inutiles, elles étaient en train de devenir savantes. Il fallait juste leur laisser le temps de s'habituer à la liberté.

J'avais cru qu'elles n'obéissaient plus. En réalité, c'était qu'elles ne recevaient plus d'ordres. Mes yeux n'étaient plus là pour les commander.

C'était avant tout une affaire de rythme. Nos yeux courent toujours à la surface des choses. Il leur suffit de quelques points distants les uns des autres : ils comblent en un éclair les intervalles. Ils entrevoient bien plus qu'ils ne voient, et jamais, presque jamais, ils ne pèsent les choses. Ils se contentent des apparences et, avec eux, le monde glisse et brille, mais il n'a pas tout son corps.

Je n'eus réellement qu'à laisser faire mes mains. Je n'avais rien à leur apprendre. Et, du reste, depuis qu'elles travaillaient à leur compte, elles semblaient tout connaître à l'avance.

Elles avaient, au contraire des yeux, une façon de se conduire sérieuse. De quelque côté qu'elles aient abordé un objet, elles le parcouraient tout entier. Elles essayaient sa résistance, s'appuyaient contre son volume, énuméraient tous les accidents de sa surface. Elles le mesuraient en hauteur, en épaisseur, selon le plus grand nombre possible des lignes de l'espace. Mais surtout, s'étant aperçues qu'elles avaient des doigts, elles se servaient d'eux d'une façon toute nouvelle.

Du temps que j'avais mes yeux, mes doigts étaient raides, à demi morts au bout de mes mains : ils n'étaient bons qu'à faire le mouvement de prendre.

Maintenant chacun d'eux avait des initiatives. Ils se promenaient séparément sur les choses, ils variaient les niveaux, se faisaient lourds ou légers indépendamment les uns des autres.

Le mouvement des doigts était très important. Il fallait même que ce fût un mouvement ininterrompu. Car c'est une illusion de croire que les objets existent en un point, fixés là à jamais, serrés dans une forme et non dans une autre. Les objets vivent (et les pierres elles-mêmes). Il faut dire plus : ils vibrent, ils tremblent. Mes doigts sentaient distinctement cette pulsation. Et s'ils n'y répondaient pas par une pulsation venue d'eux, ils étaient aussitôt frappés d'impuissance : ils perdaient le toucher. Quand au contraire ils allaient au-devant des choses, palpitaient avec elles, ils les connaissaient. Seulement il y avait plus important que le mouvement, il y avait la pression.

Si je posais la main sur la table sans appuyer, je savais que la table était là mais n'apprenais rien sur elle. Pour apprendre, il fallait que mes doigts exercent une pesée. Et la surprise, c'était ici que la pesée m'était aussitôt rendue par la table elle-même. Moi qui croyais qu'étant aveugle j'allais devoir aller au-devant de tout, je découvrais que c'étaient toutes les choses qui allaient au-devant de moi. Je n'avais jamais à faire que la moitié du chemin. L'univers était complice de tous mes désirs.

Si mes doigts pesaient, chacun d'un poids différent, sur les contours d'une pomme, bientôt je ne savais plus si la pomme était lourde ou bien si c'étaient mes doigts qui l'étaient. Je ne savais même plus si c'était moi qui la touchais ou elle qui me touchait. J'étais entré dans la pomme ou bien elle était entrée en moi. Et c'était cela, pour les choses, exister.

Mes mains devenues vivantes m'avaient installé dans un monde où tout était échange de poussées. Et ces poussées se groupaient en formes. Et toutes ces formes avaient un sens. Sans aucun doute j'ai passé des centaines d'heures, dans mon enfance, à m'appuyer contre les objets et à les laisser s'appuyer contre moi. Tous les aveugles vous diront qu'il y a dans ce geste-là, dans cet échange, un plaisir trop profond pour qu'on puisse même le décrire.

Toucher ainsi – toucher comme il faut – les tomates du jardin, le mur de la maison, l'étoffe des rideaux ou cette motte de terre, c'est les voir, bien sûr, et presque aussi exactement et complètement que les yeux permettraient de le faire, mais c'est aussi bien plus que les voir : c'est se brancher sur eux, c'est, au sens électrique du mot, laisser le courant qu'ils contiennent s'accrocher au courant dont nous sommes chargés, ou inversement, c'est cesser de vivre devant les choses pour commencer de vivre avec elles, et tant pis si le mot paraît choquant : c'est aimer.

Les mains ne peuvent pas s'empêcher d'aimer ce qu'elles ont touché complètement.

Se mouvoir sans cesse, peser, et enfin se détacher de l'objet – cet acte-là étant, peut-être, plus important que les deux autres. Mes mains découvraient peu à peu que les objets ne s'arrêtaient jamais à leur forme. C'était cette forme qu'elles rencontraient d'abord, mais à la façon d'un noyau. Et, autour de ce noyau, les objets rayonnaient.

Impossible de toucher complètement le poirier du jardin en suivant des doigts le tronc, les branches et les feuilles, même toutes les feuilles une à une. Le travail ne faisait que commencer. Dans l'air, entre les feuilles, le poirier continuait.

Il était indispensable de passer les mains d'une branche à l'autre, de reconnaître les courants, si bien qu'on pouvait me voir souvent, non plus glissant les doigts contre le poirier, mais le manipulant à distance. À Juvardeil, au temps des vacances, quand mes petits camarades paysans me voyaient ainsi faire mes danses magiques autour des arbres, tâter l'invisible, ils disaient que j'avais « tout du rebouteux ». C'est le nom qu'on donne, dans les campagnes françaises, à ces hommes, détenteurs de quelque vieux secret, et qui soignent les malades par des passes magnétiques, à distance parfois, selon des méthodes que la science médicale ne reconnaît pas. Bien entendu, mes petits camarades se trompaient. Mais ils étaient excusables. Je connais aujourd'hui plus d'un psychologue de métier qui ne saurait pas rendre compte, avec toute sa science, de gestes aussi incongrus.

Les odeurs à leur tour étaient de même sorte que le toucher. Elles entraient évidemment comme lui dans la pâte amoureuse de l'univers. J'avais un commencement d'idée de ce que les animaux doivent éprouver quand ils reniflent.

Comme les sons, comme les formes, les odeurs étaient bien plus individuelles que je ne les avais crues auparavant. Certaines étaient des odeurs physiques, d'autres étaient des odeurs morales. Mais de ces dernières, très importantes dans la vie en société, je parlerai plus tard.

Je n'avais pas encore dix ans que je savais déjà – et de quelle confiante certitude – que tout, dans ce monde, est signe de tout, que toute chose est prête à chaque instant à prendre la place d'une autre, si celle-ci vient à manquer. Et c'était ce miracle permanent de la guérison que j'entendais, totalement exprimé, dans le *Notre Père* que je récitais le soir avant de m'endormir.

Je n'avais pas peur. D'autres diraient : j'avais la foi. Et comment ne l'aurais-je pas eue en présence de cette merveille à chaque seconde renouvelée : tous les sons, toutes les odeurs, toutes les formes, dans mon esprit, ne cessaient de se transformer en lumière, et la lumière en couleurs, métamorphosant ma cécité en un kaléidoscope.

J'étais entré sans aucun doute dans un monde nouveau. Mais je n'en étais pas le prisonnier.

Toutes mes expériences – si merveilleuses fussent-elles et aussi éloignées des aventures ordinaires aux enfants de mon âge –, je ne les faisais pas dans un vide intérieur, le mien et non celui des autres, dans une chambre close. Je les faisais à Paris, pendant l'été et l'automne de 1932, dans le petit appartement près du Champ-de-Mars et sur une plage de l'Atlantique, entre mon père, ma mère et, vers la fin de l'année, un petit frère qui nous était arrivé.

Je veux dire que toutes ces trouvailles de sons, de lumière, d'odeurs, de formes visibles et invisibles venaient se placer, tranquillement et solidement, entre la table de la salle à manger et la fenêtre sur la cour, les bibelots de la cheminée et l'évier de la cuisine, au beau milieu de la vie des autres et sans être gênées par elle.

Elles n'étaient pas des fantômes, ces perceptions, venus jeter le désordre ou l'épouvante dans ma vie réelle. Elles étaient des réalités et, pour moi, les plus simples de toutes.

Mais il est temps de dire que, à côté de beaucoup de merveilles, de grands dangers attendent un enfant aveugle.

Je ne parle pas des dangers physiques, lesquels peuvent très bien être contournés. Ni même d'aucun danger que la cécité elle-même pourrait produire. Mais de ceux qui lui viennent de l'inexpérience des gens qui ont encore leurs yeux. Si j'ai été moi-même si heureux – et puis le dire avec tant d'insistance – c'est que j'ai été protégé contre ces dangers-là.

On sait que j'avais de bons parents. C'est-à-dire non seulement des parents qui me voulaient du bien, mais dont le cœur et l'intelligence étaient ouverts aux réalités spirituelles, pour qui le monde n'était pas exclusivement composé d'objets utiles – et utiles toujours de la même façon – et pour qui surtout ce n'était pas nécessairement une malédiction d'être différent des autres. Enfin des parents tout prêts à admettre que leur manière de voir – la manière commune – n'était peut-être pas la seule possible, à aimer la mienne, à la favoriser.

C'est pourquoi je dis aux parents dont les enfants deviennent aveugles de se rassurer. Car la cécité est un obstacle, mais ne devient une misère que si on y ajoute la sottise. De se rassurer et de ne jamais s'opposer à ce que leur petit garçon ou leur petite fille découvre. Qu'ils ne leur disent jamais : « Tu ne peux pas savoir puisque tu ne vois pas. » Et qu'ils leur disent le moins souvent possible : « Ne fais pas cela ! C'est dangereux ! »

Car il existe pour un enfant aveugle une menace plus grande que toutes les plaies et bosses, que toutes les égratignures et que la plupart des coups : c'est l'isolement à l'intérieur de lui-même.

À l'âge de quinze ans, j'ai passé de longs après-midi en compagnie d'un garçon aveugle de mon âge, et devenu aveugle, il faut l'ajouter, dans des conditions assez semblables aux miennes. Il est peu de souvenirs qui, même aujourd'hui, me soient aussi pénibles que ceux-là. Ce garçon me terrifiait : il était l'image vivante de tout ce que je serais devenu, si je n'avais pas été heureux – plus heureux que lui. Lui était vraiment aveugle. Il n'avait plus rien vu depuis son accident. Ses facultés étaient normales : il aurait pu voir comme moi. Mais on l'en avait empêché. Pour le protéger, disait-on, on l'avait isolé de tout. On avait tourné en dérision tous les efforts qu'il faisait pour expliquer ce qu'il ressentait. Il s'était jeté, par chagrin et par vengeance, dans une solitude brutale. Son corps même gisait prostré au fond des fauteuils. Et je vis avec épouvante qu'il ne m'aimait pas.

De telles tragédies sont plus fréquentes qu'on

ne le pense et d'autant plus affreuses qu'elles sont toujours évitables. Pour les éviter, il suffit, je le répète, que les voyants ne s'imaginent pas que leur manière de connaître l'univers est la seule.

À huit ans, tout favorisait ma rentrée dans le monde. On me laissait bouger. On répondait à toutes les questions que je posais. On s'intéressait à toutes mes découvertes et même aux plus étranges.

Comment dire par exemple la façon dont les objets s'approchaient de moi, si je marchais vers eux ? Est-ce que je les respirais, les entendais ? Peut-être. Quoi que cela fût bien souvent difficile à prouver. Est-ce que je les voyais ? Apparemment non. Et pourtant !

Pourtant, au fur et à mesure que je m'approchais, leur masse se modifiait pour moi. Et cela souvent au point de dessiner de vrais contours, de délimiter dans l'espace une forme véritable, exactement comme dans le cas de la vue. Et de se couvrir de couleurs particulières.

Je marchais sur une route de campagne bordée d'arbres, et je pouvais indiquer du doigt chacun des arbres le long de la route, même si ceux-ci n'étaient pas plantés à intervalles égaux. Je savais si les arbres étaient droits et hauts, portant leurs branches comme un corps porte sa tête, ou ramassés en buissons et couvrant le sol à demi, tout alentour.

Cet exercice, il est vrai, m'épuisait très vite, mais il réussissait. Et cette fatigue ne me venait pas des arbres – de leur nombre ou de leur forme – mais de moi-même. Pour les percevoir ainsi je devais me maintenir dans un état si différent de toutes mes habitudes que je ne parvenais pas à le garder longtemps. Il fallait laisser les arbres venir jusqu'à moi. Il ne fallait pas placer entre eux et moi la plus petite intention d'aller vers eux, le plus petit désir de les connaître. Il ne fallait pas être curieux, ni impatient, ni surtout fier de sa prouesse.

Cet état n'est après tout que celui qu'on appelle d'habitude « attention », mais je puis témoigner que, portée à ce degré, l'attention n'est pas chose facile.

Cette expérience faite avec les arbres du bord de la route, je pouvais la recommencer avec n'importe quel objet qui atteignait une certaine hauteur, une certaine taille – la mienne au moins. Les poteaux télégraphiques, les haies, les arches d'un pont, les murs au long d'une rue et leurs portes et leurs fenêtres et leurs renfoncements et leurs éboulements.

Ce qui m'arrivait des objets, comme dans le cas du toucher, c'était une pression. Mais, bien sûr, une pression d'une espèce si nouvelle que je ne pensais pas d'abord à l'appeler ainsi. Si, me faisant très attentif, je n'opposais plus au paysage ma poussée personnelle, alors les arbres ou les rochers venaient se poser sur moi et y imprimer leur forme comme les doigts impriment leur forme dans la cire.

Cette tendance de tous les objets à se projeter

hors de leurs limites physiques produisait des sensations aussi précises que celles de la vue ou de l'ouïe. Il me fallut simplement plusieurs années pour m'habituer à elles, pour les domestiquer un peu. Aujourd'hui encore – et comme tous les aveugles, qu'ils le sachent ou non –, c'est de ces sensations que je me sers quand je marche seul dehors ou à travers une maison.

J'ai lu plus tard qu'on appelait ce sens le « sens de l'obstacle », et que certaines espèces animales, les chauves-souris par exemple, en étaient pourvues, semble-t-il, à un très haut degré.

De nombreuses traditions occultes rapportent même que l'homme dispose d'un troisième œil, d'un œil intérieur – appelé généralement « œil de Çiva » – situé au centre et à la base du front, et qu'il lui est possible d'éveiller dans certaines circonstances et à la suite de certains exercices.

Enfin, des recherches introduites vers 1923 – il est curieux de le noter – par un écrivain et académicien français, M. Jules Romains, ont établi qu'il existait une perception visuelle extra-rétinienne dont certains centres nerveux de la peau, particulièrement des mains, du front, de la nuque et du thorax, seraient le domicile. J'entends dire plus récemment que ces recherches auraient été développées avec le plus grand succès par des physiologistes cette fois, et notamment en URSS.

Cependant, quelle que soit la nature du phénomène, je l'ai rencontré dès l'enfance, et ses conditions me semblent plus importantes que sa cause. La condition pour indiquer du doigt sans erreur les arbres du bord de la route était d'accepter les arbres, de ne pas me substituer à eux.

Nous sommes tous – aveugles ou non – terriblement avides. Nous n'en voulons que pour nous. Sans même y penser, nous voulons que l'univers nous ressemble et qu'il nous laisse toute la place. Eh bien ! Un petit enfant aveugle apprend très vite que cela ne se peut pas. Il l'apprend de force. Car chaque fois qu'il oublie qu'il n'est pas tout seul au monde, il heurte un objet, il se fait mal, il est rappelé à l'ordre. Et chaque fois au contraire qu'il se le rappelle, il est récompensé : tout vient à lui.

4

Mes parents se trouvaient devant une responsabilité si lourde et si incertaine qu'il serait plus juste de l'appeler un pari. Allaient-ils me garder auprès d'eux, ou bien allaient-ils me placer comme pensionnaire dans une école spéciale pour aveugles, et nommément à l'Institut national des jeunes aveugles de Paris ?

Cette solution semblait être de loin la plus sage – la seule sage même – et ils furent à deux doigts de l'adopter. Pourtant, c'est l'autre qu'ils choisirent, pariant ainsi pour la plus difficile, et la reconnaissance que je leur dois ne s'épuisera jamais.

Que l'on me comprenne bien : je n'ai jamais eu, et je n'ai aujourd'hui encore aucune raison de penser que les écoles pour aveugles soient mauvaises. Je sais du moins qu'il en est (et l'Institut des jeunes aveugles de Paris est l'une de celles-là) dont les professeurs ont une intelligence et un dévouement parfaits. Beaucoup de ces écoles, en France, aux États-Unis, en Angleterre, en Allemagne, se sont adaptées aux techniques les plus libérales et les plus ouvertes de la pédagogie moderne, et ont laissé, loin derrière elles, les préjugés asphyxiants du XIXe siècle, toute la vieille politique de patronage.

J'ai rencontré de nombreux anciens élèves de ces écoles, et je sais que beaucoup d'entre eux sont devenus des hommes et des femmes complets, et qui n'ont que gratitude envers l'enfance qu'on leur a faite. Mais, hélas, le problème n'est pas si simple, ou plutôt il est autre.

La seule façon d'obtenir une guérison complète de la cécité – j'entends ici une guérison sociale – est de ne jamais la traiter comme une différence, une cause de séparation, une infirmité, mais de la considérer comme un obstacle passager, une particularité sans doute, mais provisoire, et qu'on va résoudre aujourd'hui ou, au plus tard, demain. La grande cure consiste à plonger à nouveau – et sans tarder – dans la vie réelle, dans la vie difficile, donc ici dans la vie des autres. C'est précisément ce qu'une école spéciale, fût-elle la plus généreuse et la plus intelligente du monde, ne permet pas. Et même si, à force d'ingéniosité et de compréhension, elle ne l'interdit pas à jamais, du moins elle en retarde l'échéance.

En portant un tel jugement, je cours le risque de troubler bien des esprits, bien des familles. Telle n'est pas pourtant mon intention. Je sais qu'il est des parents de petits aveugles auxquels leur condition sociale – pauvreté ou simplement travail – rend impossible de garder leur enfant auprès d'eux. Je pense surtout aux parents qui n'ont pas eu la chance de recevoir une éducation complète et qui se trouvent, devant ce monstre de nouveauté – un aveugle –, dans une confusion angoissée, littéralement désarmés. Je pense surtout à ceux-là, car ils sont peut-être les plus nombreux et constituent le cas le plus grave.

Il faut alors, sans aucun doute, que l'enfant s'en aille et soit confié à des mains plus expertes, c'est-à-dire à des hommes et à des femmes qui non seulement sauront quoi faire mais le feront sans peur et sans honte. Il ne peut pas y avoir de misère pire pour un enfant aveugle que la gêne de ses parents envers lui, ce sentiment d'infériorité qu'ils éprouvent quand ils s'imaginent et disent que leur enfant n'est pas « normal ». Tout vaut mieux que cette sottise et, je le répète, l'école spéciale n'est pas un mal, elle est, tout au plus, un moindre bien.

Pour moi, le problème fut résolu en quelques jours : j'allais rester dans ma famille. Mes parents étaient intellectuellement et moralement prêts à veiller sur moi. Ils étaient prêts à affronter à ma place, pendant les premières années du moins, toutes les difficultés devant lesquelles mon âge et ma situation me rendaient impuissant. Ils comprenaient que les ressources de la cécité devaient être essayées jusqu'à leur extrême limite et qu'il fallait aussitôt me jeter dans le monde.

Tout d'abord, dès la rentrée, il me fallait retrouver mes camarades voyants à l'école publique du quartier, l'école où, au mois de mai, j'avais eu mon accident. Pour cela je devais, avant le 1er octobre, savoir lire et écrire en braille.

On m'avait fait comprendre cette nécessité et je m'étais précipité vers ce travail avec une sorte d'enthousiasme silencieux. Au bout de six semaines, j'avais franchi le cap : ces points sur la feuille de papier longue et large, qui roulaient d'abord sous mes doigts comme des grains de sable, s'étaient rangés en colonnes, ils s'étaient immobilisés par groupes et, un à un, chacun de ces groupes avait signifié quelque chose.

Ma mère avait choisi, pour m'apprendre à lire en braille, le livre le plus attrayant qu'elle ait pu trouver : le *Livre de la jungle*. Méthode admirablement efficace, car ce n'étaient pas les caractères braille que je découvrais ainsi, mais une à une les aventures de Mowgli qui me fascinaient. Je suis sûr que le procédé rend compte, en grande partie, de la rapidité avec laquelle je pus apprendre.

Mes parents, d'autre part, avaient aussitôt fait venir de Suisse une machine à écrire en braille, d'un modèle portable, afin de m'éviter la corvée décevante et presque toujours inutile d'écrire à l'aide d'une « tablette ». On m'apprit plus tard à utiliser cet instrument, mais je m'en servis très peu. J'étais embarrassé par cette plaque d'acier striée, sur laquelle on fixe une feuille de papier fort que retient une grille également en métal. Je n'aimais pas manipuler le poinçon trapu, et perforer lentement, laborieusement tous les points constituant chaque lettre à l'intérieur des rectangles de la grille. C'était comme un tâtonnement qui me rappelait que j'étais aveugle, et ma pensée courait toujours plus vite que mes gestes.

Au contraire, ma machine à écrire était un jouet. Elle sentait le neuf. J'aimais son cliquetis, ses six touches rondes qui actionnaient six poinçons et qui faisaient surgir, comme les images d'un film, les lettres, les mots, les phrases. Avec elle il me semblait aller à la découverte. J'écrivais et, motorisé, j'avais la satisfaction sportive d'écrire plus vite que mes camarades voyants eux-mêmes.

Pour le 1er octobre, j'étais prêt, mais l'école, elle, ne l'était pas. La société devait plus tard, avec ses lois et ses institutions, me jouer plus d'un mauvais tour. Mais déjà elle me résistait.

Rien de si surprenant à cela du reste. Les temps n'étaient pas éloignés où les aveugles étaient tous maintenus en marge de la société, pris en pitié, réduits aux harmoniums des petites chapelles, au rempaillage des chaises, voire à la mendicité. Il n'existait en France, en 1932, aucune législation qui interdît aux écoles publiques d'admettre des enfants aveugles dans leurs classes. Aucune législation, mais des préjugés solides.

Il fallut donc la confiance de la famille, cette

certitude qu'ils avaient que je viendrais à bout de toutes les difficultés, et la bonté, la générosité d'un brave homme, le directeur de l'école, pour qu'on m'acceptât. Je fus donc admis à l'essai.

Ce qui troublait les gens, c'est qu'ils étaient persuadés qu'un aveugle encombre nécessairement les voyants, qu'il comprend, lit et écrit moins vite qu'eux, qu'il ne voit pas les calculs et les dessins au tableau, ni les cartes sur les murs, bref qu'il est une poussière dans l'engrenage. Ils avaient sans doute raison d'être inquiets, mais il dépendait de moi de ne pas être le grain de poussière. De moi, de ma famille, et particulièrement de ma mère.

Ce qu'une maman peut faire pour son enfant aveugle peut s'exprimer simplement : lui donner naissance une deuxième fois. C'est ce que la mienne fit pour moi, et c'est à son seul propos, non au mien, qu'il faut parler de courage. Mon seul travail à moi était de m'abandonner à elle, de croire ce qu'elle croyait, de me servir de ses yeux chaque fois que les miens me manquaient.

Elle apprit le braille avec moi. Elle suivit mes études jour par jour pendant plusieurs années. Elle accomplit en somme toutes les tâches qu'un précepteur privé, spécialisé, eût sans doute accomplies. Mais à la compétence, elle ajouta l'amour, et l'on sait bien que cet amour-là dissout les obstacles mieux que ne le feraient toutes les sciences.

À la fin de la première année scolaire, je reçus

le prix d'honneur de la classe. Un bien petit honneur sans aucun doute, mais qui, pour elle et pour moi, comptait, car il était le symbole modeste d'une victoire matérielle. Tout le reste allait être facile.

On me pardonnera, j'en suis sûr, de penser que ma mère fut exceptionnelle. Mais je ne crois pas affaiblir le témoignage que je lui rends, si je dis qu'il est des milliers d'autres femmes qui seraient capables, vis-à-vis de leur enfant aveugle, du même don et de la même intelligence. Il suffirait, pour qu'il en fût ainsi, qu'elles sachent que l'adaptation est possible, et mieux que l'adaptation : l'alignement de la vie de leur enfant sur la vie des autres. Il suffirait qu'elles aient plus souvent entendu parler des richesses de la cécité, qu'elles aient confiance. Et c'est pourquoi je raconte si volontiers mon histoire accidentellement heureuse. Il n'est rien que je désire tant que de ne pas être une exception.

Mes souvenirs de cette première année d'école sont ceux d'un bateau, et je suis sur le gaillard d'avant.

Il faut dire que, depuis l'accident, l'imagination chez moi faisait rage. Vraiment, je vivais tout deux fois : une fois près des tout petits objets et des tout petits événements de la vie réelle, et une autre fois en fantaisie. Mêmes matériaux, mais agrandis, colorés, transformés en images, réconciliés avec la totalité de l'univers.

Il y avait un fleuve de lumière et de joie. J'avais appris où il coulait. Je me tenais près de lui. Je marchais le long de sa rive. Il y avait au-dedans de moi des portes qui s'étaient ouvertes, donnant accès à un refuge, à une cave, et tout ce qui m'arrivait entrait là, et y faisait écho, s'y reflétait mille fois avant de s'éteindre.

Quant à cette vision du bateau, elle venait tout bonnement d'une table et d'une chaise.

J'avais, pour faire en classe le même travail que mes camarades, besoin de plus d'espace qu'eux. Ma machine à écrire était plus volumineuse qu'un crayon. Les livres braille dont je me servais tenaient environ dix fois plus de place que les livres ordinaires. Les pupitres « standard » de la classe ne pouvaient pas me suffire. Aussi mes parents avaient-ils apporté à l'école une large table de bois blanc, munie d'un haut casier. On avait placé la table à côté de l'estrade sur laquelle se trouvait le bureau du maître, et par suite légèrement en avant de la première rangée des tables d'élèves.

D'où la bienheureuse illusion du bateau ! Pendant toute l'année, j'entendis l'équipage derrière moi s'exercer à la manœuvre, échanger des mots de passe, jurer, gratter de ses pieds les planches du pont et répondre tant bien que mal aux ordres du capitaine.

Cette année-là, notre maître d'école était un homme lent et doux, qui ne sortait de sa sérénité que pour quelques accès de colère à l'adresse des cancres. Je me sentais à l'abri, et j'apprenais posément les bases de l'arithmétique.

Il était impossible – ou extrêmement difficile – de disposer, à l'aide d'une machine à écrire braille, les chiffres sur la feuille de papier dans l'ordre où ils doivent être pour des additions, des soustractions, des multiplications ou des divisions. J'avais donc reçu une plaque d'ébonite, percée de trous cubiques et accompagnée de tout un jeu de cubes en acier. Sur les six faces de ces cubes, les chiffres braille étaient inscrits en relief. Et comme le graphisme de l'écriture braille, composé de points, est plus simple que celui de l'écriture des voyants, il ne fallait pas plus de six faces pour faire apparaître les dix chiffres simples. Le 6, soumis à une rotation de 90 degrés, devenait le 4 ; le 4, le 0 à son tour ; le 0, le 8 ; et le 8, de nouveau le 6. À l'aide de cet appareil, j'appris à compter aussi rapidement que les autres, et les autres s'habituèrent très vite à ce léger roulis métallique, comme celui que feraient des billes, qu'ils entendaient dans ma direction.

Seulement, au bout de quelques mois, je m'aperçus que ces cubes et trous n'étaient pas indispensables. En somme, pour faire fonctionner l'esprit, l'esprit seul était nécessaire. Je me mis à visualiser dans ma tête toutes les opérations, sauf celles bien sûr qui comportaient un nombre de données vraiment indiscrètes. Ayant une bonne mémoire, je devins excellent en calcul mental, ce qui, à son tour, développa ma mémoire.

Il est vrai que la cécité accroît considérablement la faculté mnémonique. Et il le faut, car les yeux ne sont plus là pour rassurer, vérifier – une activité, soit dit en passant, à laquelle ils sont beaucoup trop souvent limités et qui consomme une part immense de leur énergie. Je me rappelais bien, mais surtout je visualisais.

C'était un enchantement pour moi d'assister à l'arrivée, sur l'écran intérieur, de tous les noms, de tous les chiffres. Et de voir l'écran se dérouler comme un rouleau sans fin.

Cet écran-là n'était pas comme le tableau noir, rectangulaire ou carré, venant presque aussitôt se heurter aux limites de son cadre, devant laisser la place à un pan de mur inutile, à une porte qui, dès qu'elle était fermée, perdait sa signification. Il était juste aussi grand que le besoin que j'avais de lui à chaque minute. N'étant nulle part, il était partout et, pour le manœuvrer, je n'avais qu'à faire appel à « l'attention ».

Quant à la craie du tableau intérieur, elle ne partait pas en poudre comme l'autre. Elle était bien plus souple et solide, étant faite de cette matière qu'on appelle « l'esprit ». Ne chicanons pas sur les mots : Matière, ou bien Essence. En tout cas une réalité, plus proche de nous que tous les mots ne sauront le dire, une réalité qu'on touche, qu'on manipule et qu'on met en forme.

Comment voudriez-vous qu'un enfant auquel de tels trésors sont tout à coup révélés n'en vienne pas très vite à se consoler d'avoir perdu ses yeux ?

Je constatais bien sûr que mes camarades voyants étaient rapides et précis dans bien des gestes où moi j'hésitais. Mais dès qu'il s'agissait des choses non sensibles, c'était à leur tour d'hésiter plus que moi. Ils avaient à tourner l'interrupteur, pour éteindre le monde extérieur et allumer le monde mental. Ce mouvement m'était presque entièrement épargné.

Les noms, les chiffres et généralement tous les objets n'apparaissaient pas, sur mon écran intérieur, d'une façon amorphe, ni même en noir et blanc, mais revêtus de toutes les couleurs de l'arc-en-ciel. Je n'ai pourtant aucun souvenir d'avoir consciemment favorisé le phénomène. Rien n'entrait dans mon esprit qui ne fût imprégné d'une certaine quantité de lumière ou, pour être plus exact, toutes choses – depuis les êtres vivants jusqu'aux idées – semblaient avoir été découpées dans une lumière primordiale. En quelques mois mon univers personnel était devenu un atelier de couleurs.

Je n'étais pas maître de ces apparitions. Tel chiffre se présentait toujours en noir, telle lettre en vert clair, le sentiment de la bonté en bleu tendre. Je n'y pouvais rien. Quand j'essayais de changer volontairement la couleur d'un signe, le signe lui-même s'obscurcissait aussitôt, puis disparaissait. L'imagination était un étrange pouvoir : ses opérations se faisaient en moi sans doute, mais malgré moi aussi.

Cette année-là, la géographie me fut révélée par des cartes en relief des cinq continents et des principales nations, qui avaient été publiées – et magnifiquement – vers la fin du XIXe siècle, par un institut pour aveugles situé près de Mulhouse, en Alsace alors allemande.

Naturellement, les formes générales de la Terre étaient venues tout de suite se fixer sur l'écran intérieur, et il ne me restait plus qu'à les corriger, à les compléter au fur et à mesure que j'apprenais davantage.

Je m'orientais sans aucune peine. Une image du monde physique, de ses directions et de ses obstacles s'installait en moi, ce qui explique que, dès l'enfance, mes camarades voyants s'adressaient de préférence à moi, quand nous nous promenions à travers Paris et avions perdu notre chemin. Je me reportais alors à l'écran intérieur et je trouvais presque immanquablement la solution. Encore aujourd'hui, si je roule en voiture, je suis souvent le premier à indiquer au chauffeur la route à suivre.

Les exploits des pigeons voyageurs dépassent de très loin, est-il besoin de le dire, ma propre capacité. Pourtant, il m'arrive de penser que ce qui se passe pour eux est tout naturel.

Beaucoup d'aveugles, je le sais, ont ce pouvoir d'ouvrir à nouveau, de l'intérieur, les chemins qui se sont fermés au-dehors pour eux. Sans cela, comment pourrait-on expliquer qu'un si grand nombre d'entre eux puissent circuler seuls à travers une ville mal connue, et sans s'égarer plus souvent, ma foi, que les voyants ne s'égarent ?

Après tout, les faits de la vie intérieure ne semblent-ils pas des merveilles pour cette unique raison que nous vivons toujours loin d'eux ?

L'habitude me vint et, avec elle, des rencontres déconcertantes. Je ne savais pas encore (et ce fut une lente découverte jamais achevée) que notre vie intérieure est une « vie », notre monde intérieur un « monde » en effet. Je commençais une expérience que seuls peut-être les sages font – les sages et les poètes. Mais, à moi, elle était imposée ; je m'y voyais jeté d'un seul coup, à huit ans, ébloui. Une chance m'était donnée que je n'ai plus cessé de bénir et, en même temps, une responsabilité, un devoir que mon existence entière ne suffira sans doute pas à remplir. Le monde extérieur existe, le monde intérieur existe. Quels sont ceux qui savent concilier ces deux faits ? Les philosophes ici se battent et prennent le nom de celui des deux mondes qu'ils reconnaissent seul. Idéalistes, réalistes… Ne se trompent-ils pas tous quelque peu, puisque ces deux mondes existent ? Et cela n'est pas assez encore : ne sont-ils pas tous dans l'erreur absolue, puisque les deux mondes sont également réels, également sensibles, puisqu'ils sont faits des mêmes éléments, puisque, tout soleil éteint, la lumière du soleil continue de briller, puisque, tout objet chassé des yeux, les couleurs du monde vivent encore, puisque enfin les deux mondes sont également habités ? Car je découvrais peu à peu les habitants du monde intérieur.

De tous, les premiers furent les moins prévisibles : ce furent les lettres, les lettres de notre alphabet. Elles firent promptement leur apparition. Mais elles n'étaient plus des signes, des objets morts mis à la place d'objets vivants cachés derrière eux ; elles n'étaient pas davantage ces dessins figés qu'on trace sur le papier pour s'accorder avec les usages, avec les ordres de la société. Elles avaient toutes un corps, un visage : les traits de l'une ne ressemblaient désormais aux traits d'aucune autre. Au bout de quelques mois, elles s'étaient même si bien formées, elles avaient acquis tant d'assurance que leurs figures se fixèrent à jamais. Je les connais telles aujourd'hui qu'elles m'apparaissaient lorsque j'avais dix ans. Elles commencèrent très tôt de défiler avec leurs intentions particulières et leurs avertissements, portant chacune son enseigne de couleur :

A rouge aux bras ouverts,

B bleu du ciel toit qui domine et rassure,

E crème couleur muette et l'attente des sons,

F orangé,

G rose des briques,

H toute dignité bleu-noir vêtement solennel,

I vert clair triomphant flèche dressée défi de l'espoir,

J bleu tendre rêverie des souvenirs,

L verte et douce tige montée de la vie et des mains qui prennent,

M et N noirs jumeaux noués et sûrs,

O pâleur cernée de bleu paix sans fin des lieux fermés,

T défense rose et rouge double lame,

U jaune paille appel et fuite.

Elles jouaient chacune un personnage, un personnage et non pas un symbole. Elles avaient l'entêtement, les exigences de personnes vivantes qui ne sauraient être que ce qu'elles sont. La couleur de chacune n'était pas un vêtement qu'elle pût à loisir échanger, laisser pour compte. Sa couleur était sa nature, son identité. Je fis pourtant d'aventure quelque essai et, lisant un jour Rimbaud et ses *Voyelles*, je voulus que A m'apparût noir, I rouge, U vert, O bleu : je ne le pus pas. A restait A, rouge, debout les bras ouverts et désignant l'infini ; U fuyait toujours dans une lente perte de lumière.

Ainsi, toute page écrite se fit tableau, paysage. Les livres devinrent de grandes boîtes de couleurs. J'avais dit adieu aux lettres mortes, aux lettres que seuls un effort de l'esprit, un sens pourraient faire se lever. Je découvrais les lettres en pleine complicité : elles échangeaient entre elles des signaux à distance ; elles montraient leurs désirs, disaient leurs répulsions. Elles étaient douées de volontés particulières. J'en connus qui s'assemblaient pour préparer des mots violents, hurleurs ; d'autres qui, à l'unisson, gémissaient ou dansaient. Des mots me plurent parfois avant même de rien signifier : un accord de teintes mieux soutenu, une disposition de gestes plus gracieuse suffisaient. Je rencontrai des mots qui savaient sourire. La lecture devint un voyage ; je ne cessai plus de regarder partout. C'en était fini pour moi de lire les yeux fermés.

Puis vinrent les chiffres, ils galopaient, petits cavaliers solitaires ou ralliés en troupes mobiles, droits et serrés dans leurs manteaux de couleurs. Ils avançaient sans un geste, prêts au service. Le 1 royal, blanc en avant de tous ; le 7 drapé de vert sombre ; le 8 enveloppé de sa tunique rouge cerise ; le 9 juché sur un pavois d'or ; les cohortes des cinq mille précédées de leur chef noir et les armées des grands nombres, multicolores. Toute addition se fit rivière de couleurs. J'assistai aux opérations des chiffres comme on voit jouer les phosphores aux fond d'un kaléidoscope. Je connus des nombres batailleurs, aux lances dressées : 557, 733 ; des nombres austères, compassés, d'autres enfin satisfaits et joyeux : 680, 926. Je les aimai aussitôt moins que les lettres : mieux rangés, ils étaient plus indifférents ; souvent immobiles, attendant l'ordre d'agir, ils semblaient prêts sans cesse à renoncer à leurs droits. Leur servilité me les rendait peu aimables. Du moins n'étaient-ils pas, eux non plus, des objets morts égarés dans quelque nuit abstraite. Ils m'apprenaient, ces factionnaires fidèles du monde intérieur, que rien n'existe en nous qui porte un nom seulement, que toute idée est à son poste, tient son rang, regarde et brille.

Les notes enfin franchirent la porte avec leurs sept chansons de lumière. Chansons-prodiges, puisque, faites de sons, elles savaient se montrer à mes yeux. Leurs sept voix m'étaient déjà familières ; mais j'ignorais qu'elles eussent dans le monde une place marquée, une résidence. Je ne savais pas qu'elles étaient sept étoiles. Étoiles cadencées, lumières de la gamme : je fis ce rêve et je le garde dans mes yeux :

DO blanche entrée des sons départs possibles et confident joyeux,

RÉ feu turbulent jaune d'or bondissement de toute naissance,

MI insolent et câlin petite lampe verte et jaune,

FA robe rouge et sa gravité qui console,

SOL bleu sombre mouillé d'argent qui tremble piété de la paix,

LA rouge vif baiser de confiance,

SI sur un pied penchant bleu trop clair du ciel qui fuit,

dièses et bémols qui sont affaire d'éclairage, faisant parfois plus douce la lumière, parfois l'aiguisant jusqu'au cri...

Tous ces spectacles m'apparurent très vite : je ne les avais pas inventés. On n'invente pas le monde intérieur. Il existe pour nous ou il n'existe pas. Je crois peu à l'« alchimie du verbe », à la transmutation des idées. Seuls, nous ne créons rien : nous composons tout au plus. Ils me paraissent bien fous ceux-là qui, de nos jours, prétendent recommencer le monde. Qu'ils aillent d'abord le visiter tout entier. Christophe Colomb n'a pas fait l'Amérique, il l'a rencontrée. Je n'ai pas l'audace de m'attribuer la paternité de mes merveilles. Et si je ne sais pas clairement qui les a faites, je vois moins encore de raisons pour avouer que ce serait moi.

J'entendis plus tard les psychologues parler de « synesthésies ». Je les vis, indifférent, se battre autour du mot, car les synesthésies laissaient non résolu mon secret. Mon univers de couleurs n'avait d'existence que pour moi : les autres ne pouvaient le voir. Je n'acceptai pas qu'ils s'en fissent les juges. Car que savent-ils aujourd'hui du monde intérieur ? Rien sans doute. Qu'en savais-je moi-même ? Ceci toutefois : qu'il existe aussi sûrement que l'autre, qu'il contient d'égales richesses, qu'il obéit à des lois différentes mais aussi rigoureuses, que l'activité de nos sens ne le crée pas, que ses frontières n'ont jamais encore été tracées. Je savais que l'homme existait au-dedans de lui-même et que rien ne serait dit de lui aussi longtemps qu'on le regarderait seulement du dehors.

Telles furent – lettres, chiffres et notes, couleurs des sons, formes des signes – les sentinelles de mon royaume. Elles furent bientôt toutes mes amies. Mais elles formaient seulement une avant-garde. Derrière elles, je devinais des terres immenses, un pays encore inconnu qui devait se bâtir ; j'apercevais peu à peu des routes traçant au loin comme les mots d'une large écriture idéale, des maisons, des palais habités, tout un peuple dense, préparé pour des tâches prochaines. Je devinais ; je ne voyais pas encore. Je dus patienter longtemps. J'attendis, déjà reconnaissant, aux portes de mon « mystère ».

Déjà reconnaissant, car une permission m'avait été donnée : je remontais le cours de la fatalité ; ma cécité n'était plus nécessaire. Elle n'était plus déjà qu'un accident particulier de ma vie. De ma liberté je me formai une opinion précoce et rassurante. Je crus en elle ; et ce fut le premier enseignement que je tins du malheur. À quelques jours d'intervalle pourtant je fus frappé d'un triple choc : je jouais avec un pistolet « Euréka ». Une fléchette ricochant vint se planter dans mon œil gauche. Je déménageais les fauteuils de ma chambre : la chaussure d'un camarade qui, perdant l'équilibre, venait de glisser, fracassa mon œil gauche. J'apprenais le maniement d'une machine à écrire portative, quand, penché de trop près sur elle, je reçus, à toute volée, une touche dans l'œil gauche. J'entendis, anxieux, ces trois sommations. Que me voulait-on ? Je ne comprenais pas cet acharnement. Tout se passait comme si le destin, mal assuré d'avoir fait son œuvre, voulait la confirmer, la parfaire. Trois fois, il répétait sa leçon. Mais bientôt je crus la comprendre et, loin d'être pris de peur, je renonçai, découvrant la paix, à l'espérance de voir.

Fatalité... volonté de Dieu... je ne savais pas nommer ces choses. Mais je savais que les objets font des signes, que les événements crient : je n'éprouvais pas de colère. Tout enfant encore, je comprenais que notre liberté n'est pas dans le refus de ce qui nous frappe. Être libre, je le voyais, c'était, acceptant les faits, de renverser l'ordre de leurs conséquences. On niait les yeux de mon corps. D'autres yeux s'ouvraient, s'ouvriraient en moi : je le savais, je le voulais. Jamais un doute ne me vint sur l'équité de Dieu.

5

Je raconterai bientôt quels amis ont habité mon enfance, comment j'ai vécu avec eux et de quelle peine ils m'ont sauvé. Mais ce n'est pas encore la place de l'amitié : c'est celle de cette peine particulière qu'on appelle « l'attente ».

Qu'on le veuille ou non, la cécité n'est pas bien reçue dans le monde des voyants : elle est si mal connue et, on le dirait parfois, si redoutée ! Aussi commence-t-elle toujours par l'isolement.

J'ai connu la solitude. Je l'ai connue, elle et tous ses démons. Mais il est juste de dire qu'à côté de ses mauvais génies, elle en a également de bons.

Pendant l'été de 1933, un an après mon accident, mes parents m'avaient conduit pour les vacances à Juvardeil, selon leur habitude.

Juvardeil était alors – et est encore aujourd'hui malgré l'invasion des automobiles – un de ces petits villages de France à l'écart des grandes routes, aussi mélancolique et recueilli que l'angélus du soir, blotti au milieu de ses haies d'épines et d'arbrisseaux hautes comme des murs, et tout étiré le long de sa rivière.

Cette rivière, la Sarthe, à la fois lente et profonde, silencieuse au milieu de ses vastes prairies qu'elle recouvre de ses eaux au moment des crues, prise tout au long de son cours dans une interminable gaine de peupliers chevelus, ressemble elle-même à ces vieilles dames devenues avec l'âge souriantes et discrètes, qui tolèrent la vie autour d'elles mais ne la partagent plus.

Juvardeil : un très vieux village, que les chroniques signalent déjà au IXe siècle sous le nom de Gavardolium – celui sans doute des habitants de cette petite province – mais dont une étymologie, peut-être suspecte, en tout cas si poétique que je la préfère à toutes les autres, fait venir le nom de l'expression latine « *juvare oculis* » : « le plaisir des yeux ». Juvardeil qui est sans doute, aujourd'hui encore, de tous les lieux du monde celui qui m'est le plus cher.

À neuf ans, j'y avais une liberté que Paris ne pouvait pas me donner. Rien ne m'y était hostile. La scie du charpentier de bateaux disait que j'avais laissé la rivière derrière moi, le marteau du forgeron coupait en deux la ligne droite entre la rivière et l'église, ces meuglements m'apprenaient que j'avais atteint la barrière du grand pré où les vaches s'attroupaient pour voir passer le monde. Je pouvais aller seul de la maison de ma grand-mère à celle de ma grand-tante, une canne à la main, sans faire de plus mauvaise rencontre que celle des escargots.

Cette année-là, l'école publique du village, désertée pour le temps des vacances, avait été mise à ma disposition : ce qui veut dire qu'on en avait laissé les portes ouvertes. La grande cour, fermée de murs, comme partout en France, et plantée de tilleuls, m'appartenait, ainsi que l'une des salles de classe, et un grenier.

Quand j'y repense, ce grenier devait être tout simplement une pièce désaffectée, une vieille buanderie peut-être, située tout au fond de la cour, à l'abri même de ceux qui entraient par la grande porte, et surélevée par rapport à la cour de trois ou quatre marches tout au plus.

Mais l'idée que j'avais alors de cette mansarde était toute différente : elle était précieuse, secrète, élevée et, d'un mot, fantastique.

Comprenez ce que pouvait être pour un enfant aveugle une grande salle entièrement vide, aux murs décrépis mais plats, sans poutre où se heurter, sans crochet où se prendre, tout ouverte d'un côté sur le ruissellement du vent dans le feuillage des arbres, légèrement en surplomb afin de donner à tous les bruits une résonance de voûte et, qui plus est, une salle au sol jonché de paille fraîche, de sciure de bois avec, dans l'un de ses angles, un empilement de petites bûches rondes, fourchues, triangulaires – le plus fabuleux de tous les jeux de construction.

J'ai passé, cet été-là, dans le grenier, des heures sans fin. J'y étais presque toujours seul, mais c'était une solitude que je découvrais peuplée. Et peuplée par toutes les formes et toutes les inventions d'un personnage que, jusqu'alors, je ne connaissais pas : moi.

J'étais sur une île. Je revivais un à un tous les épisodes de l'aventure de Robinson Crusoé avant sa rencontre avec Vendredi. Je disposais les bûches, à travers la salle, en forme de forêt, de rochers, et j'entreprenais des voyages.

D'autres fois, enveloppé dans les lambeaux d'histoire de France qu'on m'avait donnés à l'école, je décidais que les bûches étaient des armées. Évidemment, dans ce dernier cas, c'était moi Napoléon !

Inutile de demander si je croyais à mon personnage. Je n'avais aucune idée de croire ou de ne pas croire. J'étais dans cet état que tous les enfants connaissent, un jour ou l'autre, grâce au Ciel, où il n'y a plus ni passé ni avenir, ni rêve ni réalité, mais eux, et eux seuls, à cheval sur la vie et galopant.

Seulement pour moi, à la divine imagination, s'ajoutait, dans mon grenier, la solitude. C'est-à-dire un espace où, pour une fois, je n'avais plus à compter avec personne, ni avec aucune chose, puisque la salle était vide.

J'avais dans mon corps des milliers de gestes qui y étaient restés contenus, toute l'année, à Paris. Tous ceux que, étant aveugle, je devais faire en calculant. Des milliers d'imprudences et d'audaces dont mon corps éclatait. Je voulais depuis si longtemps tournoyer sur moi-même, mouliner des bras, jeter mes pieds en avant, tomber, me relever, faire la grimace ou sourire aux anges, prendre dans mes mains des objets dangereux et ne plus m'entendre dire par eux que je devais les manier avec précaution, enfin essayer l'espace dans tous les sens. Cela surtout.

Essayer l'espace en hauteur, en largeur, en zigzag, marcher à travers lui tout droit, marcher ivre. Et en effet, au bout de quelques minutes, c'était bien de l'ivresse que j'éprouvais.

Je voudrais qu'on donne à tous les petits aveugles un grenier comme celui-là, qu'il soit au sommet ou dans les entrailles de la maison. En tout cas, je voudrais que ce soit un champ de liberté d'où l'on ait retiré tous les angles et toutes les bosses, les tables, les chaises, les escabeaux, les lessiveuses et les clous à la traîne, et les fils – les terribles fils – où tout soit nettoyé de danger, propre comme le vide, où tous les désirs puissent devenir vrais d'une seconde à l'autre.

J'organisais des plans de bataille, avec des bûches, dans la poussière de sciure. C'était à cause de Napoléon que je le faisais, en son honneur. C'était beaucoup plus pour l'amour de lui que pour l'amour des batailles. Je n'étais pas spécialement agressif. D'ailleurs, il n'y avait pas réellement de combats, sinon en paroles : le professeur que je devais un jour devenir faisait déjà des discours.

L'ai-je fait retentir de mes éclats de voix, ce grenier ! Plus qu'à vaincre mes ennemis, ce qui me semblait vite fait et tristement rudimentaire, je m'occupais à les convaincre. Je leur expliquais, à grand bruit, qu'ils avaient tort, ou du moins qu'il me plaisait qu'ils eussent tort. Et comme ces jeux-là sont d'autant plus beaux qu'ils traînent en longueur, je m'arrangeais pour que mes ennemis ne se laissent pas persuader au premier discours.

On voit mal sans doute ce que la cécité vient faire dans mes jeux du grenier : ils étaient en somme très ordinaires, ils l'étaient en effet, mise à part l'ivresse qu'ils me donnaient, laquelle était beaucoup plus qu'un plaisir.

Elle était une déchirure qui se serait faite tout à coup dans l'étoffe de ma vie, une fente à travers laquelle j'apercevais des millions d'actes possibles, et tous surprenants, se bousculant à ma rencontre. J'étais intact. Il suffisait que je pense les choses pour qu'elles soient. Il suffisait que je les désire pour qu'elles cessent d'être interdites. Puisque j'étais aveugle, il fallait seulement que je les désire un peu plus fort que les autres n'avaient à le faire.

La vie, ce n'était pas une chose qui tombait sur mon visage toute fraîche, comme une pluie, ou dans mes mains, toute ronde comme un fruit, mais un flot qui montait du dedans de moi et que je pouvais ou bien tenir à l'intérieur et calmer, ou bien précipiter vers le dehors.

Et puis, qu'importe si mon grenier de neuf ans ne veut rien dire pour les autres ! Il m'a annoncé tout ce que je ferais plus tard. Il me parlait un langage que je comprenais très bien, parce qu'il n'était ni le sien ni le mien tout à fait. Il m'a donné du bonheur.

La cécité agit comme la drogue : il faut le savoir.

Je ne crois pas qu'il existe un seul aveugle qui, à un moment ou à un autre de sa vie, n'ait connu le risque de l'intoxication.

Comme la drogue, la cécité accroît certaines sensations, donnant par exemple aux perceptions auditives et tactiles une acuité soudaine souvent troublante. Mais surtout – comme la drogue à nouveau – elle agrandit jusqu'à la démesure les expériences internes aux dépens des externes.

Le monde qui s'ouvre alors pour l'aveugle est dangereux, parce qu'il est plus rassurant que toutes les paroles humaines, et parce qu'il est beau. D'une beauté que seuls les poèmes et les tableaux d'artistes hallucinés permettent de concevoir : Poe, Van Gogh, Rimbaud.

J'ai connu moi-même ce monde ensorcelé. Je m'y suis retiré souvent. Je me suis roulé dans ses rêves. J'ai aimé son chatoiement, sa tiédeur maternelle, sa licence, son illusion de vie. Mais, grâce à Dieu, je n'y suis pas resté.

Car cette vie-là est viscérale et fermée. Elle n'est pas la vie intérieure : elle en est la caricature. Il n'y a de vie intérieure pour un homme, comme pour un enfant, que si le système de ses relations avec toutes choses réelles, au-dedans comme au-dehors, est juste. Vivre entièrement replié sur soi, c'est vouloir jouer du violon sur un instrument dont les cordes seraient relâchées.

J'ai donc eu cette tentation, comme presque tous les aveugles. Mais j'ai eu la chance qu'elle fût contrariée par une autre tentation : celle de me battre avec les choses ou, si l'on préfère, de les aimer comme elles sont, d'explorer tous les contours des objets et de l'espace, de me mêler aux gens. Le fait qu'il y eût des hommes sur la Terre m'a intéressé, je crois, avant et plus que toute autre chose.

Ce qui réconcilie un enfant aveugle avec la réalité physique est bon, et particulièrement avec ses gestes et ses muscles.

Je ne peux pas m'offrir moi-même en exemple : je n'ai jamais appris à nager, et j'ai eu tort. Je n'ai jamais vaincu une certaine répugnance que j'avais du froid, de l'eau, ni de tous ces obstacles mous qui abondent au bord des rivières. Raison de plus pour souhaiter que les aveugles d'aujourd'hui, eux, apprennent à nager. Cela doit leur être de plus en plus facile, dans ce monde de 1960 où la piscine est en voie de faire partie des meubles de la maison. Heureusement, l'eau fut ma seule répugnance.

Le premier objet que mes parents placèrent dans le jardin de mon grand-père, à Juvardeil, fut un portique. Il me semble avoir passé des années suspendu à la corde lisse, aux anneaux, grimpant à l'échelle de corde, faisant la roue autour du trapèze. C'était l'endroit privilégié de mes vacances.

C'était là que je jetais mes rêves par-dessus bord, à poignées, me vidais de mes humeurs. Quand je me hissais, à la force des bras, sur la barre fixe, tout se passait comme si subitement je changeais de direction, comme si je courais de tout mon poids vers l'air et le soleil.

Les agrès étaient bien plus qu'un exercice pour moi : ils étaient un mariage avec l'espace.

D'autre part, ils ne me faisaient jamais peur : du moment que j'avais solidement en main une barre ou une corde, je retrouvais cette liberté que les autres reçoivent de leurs yeux. Le trapèze oscillait sous mon élan, mais dans un champ permis où je n'avais plus à m'occuper que de moi-même. Je vivais mieux à quelque distance du sol que par terre.

Il me semblait même que j'y devenais plus intelligent. Toutes sortes d'ombres étaient balayées. Je touchais mieux, j'entendais mieux, je voyais mieux.

Je voyais la tête ronde, la tête hirsute du buis arborescent et centenaire, juste au bout de mes pieds, chaque fois que la balançoire, dans sa plus grande extension, me la faisait effleurer. Je voyais le ciel s'ouvrir par-dessus les murs du jardin, plonger en pente raide vers la rivière.

Je voyais tout dans tous les sens : assis, debout, recroquevillé, accroché par les genoux la tête en bas. Cela se terminait toujours par cette impression merveilleuse de ne plus être, à la façon des humains, un animal vertical, mais circulaire.

Du portique, je me hasardais sur les arbres. Et particulièrement sur les pommiers, qui sont bas et ont beaucoup de branches. Mon grand-père possédait et cultivait un verger en lisière du village. Je m'y rendais, dès le matin, avec un livre, grimpais sur l'un des pommiers, m'asseyais sur la fourche formée par deux de ses branches, et lisais. Seulement, toutes les dix minutes, j'interrompais ma lecture pour des explorations plus haut dans l'arbre.

Autour de moi, pesait l'espace ; je dus m'habituer à le tenir dans mes mains, à le diriger. Je dus apprendre la prudence, la peur, l'immobilité parfois : ce fut un long apprentissage. L'espace me tendait ses pièges. Il me faut bien d'abord parler de déboires.

Ceux qui voient marchent à travers l'espace : ils le possèdent. Moi je le transportais en marchant : j'étais son prisonnier. Le monde visible restait collé à mes mains. Il était fait désormais de l'air et des objets que je pouvais toucher. Au-delà tombait le vide, un vide lourd : non pas souple et creux comme le sommeil, mais barré en tous sens par des choses dures, des angles coupants, des pointes qui s'enfoncent, hérissé de personnes distraites, de meubles et de pierres sottement immobiles. Le vide gesticulait, le vide se raidissait. Il ne m'adressait plus que des menaces.

Les lointains prirent un goût d'entreprise folle. Tout s'organisa pour moi selon deux dimensions nouvelles : d'une part ce que je touchais – les mains que je serrais, les routes où je marchais ; d'autre part ce que je n'atteignais pas – l'agitation confuse autour de moi, les chemins qui tournent, bifurquent, s'en vont. Le monde se partageait en deux comme une pomme : il y avait ma part et la part des autres. Je découvris la convoitise. Voir m'était interdit : je fus saisi d'une fureur de prendre.

Car je n'acceptais pas de renoncer : la contemplation tranquille n'était pas mon affaire. Me replier sur moi, attendre, me jetait dans les larmes. J'aimais rêver, mais rêver avec des paroles, avec des gestes, rêver en courant, en sautant, rassembler d'autres êtres autour de mes rêves. Je voulais jouer ma vie, non pas la regarder venir ; je voulais prendre.

Mais ici, un obstacle nouveau : je ne pouvais pas prendre seul. La solitude fermait toutes les portes sur le dehors. Et maintenant, pour courir, comment faire ? Je ne pouvais pas m'en passer, et courir seul était impossible. Il fallait trouver un coéquipier de mon âge, et je témoigne que rien n'a été plus facile.

On se figure que la plupart des enfants ne sont pas serviables et détestent s'encombrer dans leurs jeux de ce que les adultes appellent un « invalide ». Mais je vous assure bien que, pour les enfants, il n'y a pas d'invalides. Les garçons intelligents détestent les imbéciles, les entreprenants fuient les poltrons : voilà tout. Ni les yeux ni les jambes n'ont quoi que ce soit à voir dans l'affaire.

Il ne m'est jamais arrivé qu'un gars de Juvardeil me refuse sa main ou son bras, ni même me les prête en rechignant. Parfois même, ils se disputaient pour savoir lequel d'entre eux aurait le droit, ce coup-là, de m'attraper par l'épaule et de courir avec moi, aussi vite que nos jambes nous porteraient, à la façon des bons chauffeurs qui obtiennent tout ce qu'ils veulent de leur voiture.

J'ai certainement couvert plus de distance à la course que bien des enfants voyants. J'ai été piloté en zigzag à travers tous les parterres de légumes des potagers du village. J'ai traversé, en sautant de motte de terre en motte de terre, tous les champs récemment labourés, c'est-à-dire interdits. J'ai escaladé des centaines de haies, je me suis écorché aux ronces, je me suis retrouvé dans des fossés bourbeux avec de l'eau jusqu'aux cuisses. Il n'est pas un tour de voyou qui m'ait échappé.

Soit, je ne courais jamais seul : j'étais toujours attelé à un autre garçon. Mais l'équipage marchait si bien que le conducteur et le véhicule ne savaient plus, pendant des heures, lequel des deux dirigeait l'autre.

C'est ainsi que j'ai connu la campagne de Juvardeil aussi bien qu'un petit paysan, et que j'ai pratiqué régulièrement, en septembre, la cérémonie de la fin de l'été : la cueillette des pommes.

La cueillette ou plutôt le ramassage, car il s'agissait de retrouver dans l'herbe épaisse les pommes tombées et d'en emplir de grandes mannes d'osier. J'étais plus à l'aise que jamais, car il ne fallait que ramper, fouiller avec les mains dans tous les trous, tâter de près comme à distance. Mes doigts fonctionnaient comme des phares. Et puis la terre en septembre était mûre, déjà lourde, pourrissante, parfumée comme un alcool.

Les pommes et les meules de foin.

C'est l'habitude, dans les campagnes françaises, d'entasser le foin à même la prairie, avant de le rentrer dans les granges. De là quelques jours plus odorants et plus fous que tous les autres.

Car ces énormes cubes de foin, qu'on appelle en Anjou des « veilles », se dressent çà et là au milieu des prés comme des îles volcaniques, des pyramides échevelées. Les paysans n'aiment guère qu'on fasse l'ascension de ces rochers-là : il ne faut pas plus de dix gamins bien décidés pour disperser, en une heure, et faire partir au vent tout l'édifice. Mais les gamins en question, parmi lesquels je n'étais pas le dernier, ont bien autre chose en tête que le propriétaire du foin.

Une corde généralement retient la meule en ordre, fait d'elle un parallélépipède bien net au milieu du champ. On s'accroche à la corde, on arrive au sommet. Alors commence une orgie d'ébranlements, de piétinements, de plongées, de secousses, d'égratignures et de caresses, le tout dans un tourbillon de poussière embaumée.

Je ne pense pas que ce jeu préfigure réellement quelque chose. Si oui, en tout cas, cela ne peut être que le déchaînement de l'amour.

Il n'est pas un souvenir important de ma vie auquel un autre être ne soit mêlé. Vais-je m'en plaindre ?

Il est dans l'ordre des choses qu'un aveugle ne puisse jamais rien faire seul jusqu'au bout. Il vient toujours un moment dans ses jeux comme dans son travail, où il a besoin de la main, de l'épaule, des yeux ou de la voix d'un autre. C'est un fait. Mais est-ce, pour lui, mauvaise ou bonne fortune ?

J'entends des aveugles dire que cette dépendance est leur plus grande misère, qu'elle fait d'eux des parents pauvres, des suiveurs. Il en est même qui regardent cette dépendance comme une punition supplémentaire – et naturellement injuste –, qui l'appellent une malédiction. Laissez-moi dire qu'ils ont deux fois tort.

Ils ont tort pour eux-mêmes, car ils se torturent sans cause. Ils ont tort devant la vie, parce que ce sont eux qui font de cette dépendance un malheur.

Hé quoi ! Pourraient-ils désigner, ces aveugles tristes, un seul homme au monde – eût-il ses yeux – qui ne dépendît pas d'un autre ? Qui ne fût pas dans l'attente de quelqu'un ? En soumission par rapport à un être meilleur, plus fort, ou seulement absent ? Qui ne fût pas plus grand ou plus petit, c'est-à-dire, dans l'un et l'autre cas, étroitement lié à tous les autres ? Vraiment, de quelque matière que soit fait le lien – qu'il soit de haine ou d'amour, d'envie, de pouvoir, de faiblesse ou de cécité –, ce lien, c'est notre condition. Aussi le plus simple est-il de l'aimer.

J'ai toujours aimé qu'un autre fût près de moi. Cela va sans dire : je m'en suis irrité quelquefois aussi (il est des intimités que je supporte bien mal). Mais, au total, je suis redevable à la cécité de m'avoir forcé au corps à corps avec mes semblables, et d'avoir fait de lui bien plus souvent un échange de force et de joie qu'un chagrin. Les chagrins que j'ai eus, presque toujours je les ai eus dans la solitude.

Je ne peux pas compter mes amis d'enfance : ils font encore une foule autour de moi. Je ne sais plus bien qui ils sont : ils ont tant laissé d'eux en moi, j'ai tant laissé de moi en eux ! Dans ce jeu de miroirs, qui vais-je reconnaître ?

Il y a les morts pourtant.

J'appartenais à une génération qui devait être décimée, quelques années plus tard, au moment de la guerre mondiale. C'est pourquoi beaucoup de ceux dont je parlerai ne sont plus. Mais je ne crois pas qu'il faille porter le deuil : eux ne l'auraient pas voulu, étant tous morts pour avoir trop aimé la vie.

Et le premier de tous est à Juvardeil : il s'appelait Léopold.

Je l'ai toujours connu un peu trop grand pour son âge, en mauvais équilibre sur des jambes trop longues, se sauvant, à grands bonds vacillants, le long des chemins pierreux en faisant claquer ses galoches. J'avais toujours peur qu'il ne tombe.

Son père, un bon menuisier, était mort quand lui-même était encore tout petit. Sa mère tenait la mercerie du village.

Léopold était un peu sourd. Du moins était-ce ce que tout le monde disait. En classe, il faisait répéter les questions. Seulement, moi je savais bien que sa surdité était beaucoup moins grande qu'on ne le croyait : Léopold entendait, du premier coup, tout ce qui avait un sens, et tout ce qui était beau. Il avait même alors une façon de rejeter sa tête en arrière d'une secousse, comme pour vous dire : « Inutile de parler si fort ! J'ai très bien entendu. »

Léopold était une espèce de paysan-poète. Les habitants du village le rabrouaient un peu « à cause qu'il est dur d'oreille », mais surtout parce qu'ils sentaient vaguement qu'il n'était pas à sa place. Et en effet, il n'était pas à sa place : ni dans le village, ni – qui sait ! – dans ce monde.

Nous étions devenus, lui et moi, deux grands copains parce que, dans nos têtes différentes, des spectacles semblables se passaient. À lui, je pouvais parler de la lumière, et des sons et de la voix des arbres et du poids des ombres : cela ne le surprenait pas. En échange, chaque jour, il avait une histoire nouvelle à me conter. Presque toujours une histoire de fleurs. Il disait que les fleurs, c'était fait pour nous sauver. Nous sauver, le sauver, de quoi ? Je vous le disais bien : Léopold était un poète, et même un romantique.

Nous fréquentions ensemble, dans la campagne de Juvardeil, les carrefours hantés : c'est-à-dire les croisements de routes où se dressait une croix, un arbre fourchu et où, selon des traditions aussi vieilles que la Sarthe, on avait un jour vu des fantômes. Les fantômes eux-mêmes, nous ne les prenions pas au sérieux, mais leur mystère, oui !

La dernière année, Léopold n'aimait plus que les chrysanthèmes. Il en plantait partout, et quand décidément il n'y en avait pas qu'on pût voir, il en imaginait dans sa tête et me les décrivait.

Mais ce n'est pas tout : Léopold n'avait jamais de paroles grossières. Il ne se vantait pas d'aller trousser les filles, ni même de les regarder derrière les haies. Quand il leur parlait, il était gauche et respectueux. Naturellement, elles se moquaient de lui. Cela lui était égal. Ce qu'il aimait dans les filles, c'était leur cœur, leur gentillesse. Il n'était guère à sa place au village.

Un jour d'hiver, à seize ans (j'étais à Paris, je n'ai fait que l'apprendre), Léopold est mort d'une maladie pulmonaire foudroyante. On m'a dit qu'il s'était débattu horriblement. Cela se peut bien : il n'avait vraiment pas fini de vivre.

Voilà mon premier ami, l'un des plus vagues et l'un des plus grands. Mais, quand on est aveugle, c'est extraordinaire comme on rencontre facilement des êtres de cette sorte. Peut-être parce que, devant vous qui ne les voyez pas, ils osent se montrer.

Il y avait aussi la promiscuité, surtout à la campagne, les jours de pluie, quand, du jardin et des champs transformés en mares, on allait se réfugier dans la grange.

Les petits paysans n'ont pas de pudeur. Ils n'ont pas d'impudeur non plus. Ils disent ce qu'ils font. Ils montrent ce qu'ils ont. Et après tout, c'est tant mieux, car au moins, avec eux, on apprend à vivre, tellement plus rapidement que dans les villes où les gens civilisés jouent à cache-cache.

Et puis, de ce touche-à-tout entre garçons, entre garçons et filles – dont, à ma connaissance, aucune morale n'est jamais venue à bout –, il résulte au moins une expérience : celle que nous sommes tous fabriqués de la même chair, que nous avons tous les mêmes désirs bêtes et les mêmes limites, qu'il n'y a de différences que celles qui viennent de l'esprit et du cœur, bref qu'on pourrait tous nous jeter dans le même panier et nous brasser comme salade, sans que notre dignité y perdît grand-chose.

D'autre part, je me demande ce qu'un petit aveugle pourrait savoir du monde et des autres, s'il n'avait pas eu un jour le droit de les toucher et tripoter impunément ! Que les voyants – s'il en est qui soient choqués – se demandent ici ce que font leurs yeux, en catimini et parfois à l'insu de leur conscience, cela même en plein âge adulte.

Dans la grange, à côté des planches trouées, des échelles, des fagots, des tas de paille, il y avait aussi la « Petite République ».

C'était le nom d'une charrette, et tout le monde la connaissait, cette charrette. Elle avait appartenu à mon arrière-grand-père en 1870, au moment où la Troisième République avait été proclamée. Et comme ce grand-père – une tête dure à n'en pas douter – avait renié toutes les opinions réactionnaires et cléricales du reste de la famille, avait crié « Vive Gambetta, vive la République », sa charrette à deux roues avait symbolisé l'événement, perpétué la révolution.

Elle était là, tentante au milieu de la grange, avec ses montants dressés en l'air comme des bras. En principe, nous n'avions pas le droit de la toucher, car elle était réservée à des tâches sérieuses. Mais le désordre a ses exigences, et nous chipions la Petite République.

Nous étions parfois deux, parfois dix, agrippés aux brancards et poussant.

Quand la Petite République était vide, elle faisait sur les cailloux un fracas de torrent. Elle se trémoussait, elle versait dans toutes les ornières, elle menaçait de tomber en pièces : la peur de ne pas la ramener intacte décuplait le plaisir.

Chargée, la Petite République donnait toute sa voix. On y entassait des pommes, des copeaux, les mauvaises herbes ramassées le long du chemin ou les tas de cailloux laissés au bord de la route par le cantonnier.

Les copains me mettaient à l'épreuve. C'était eux qui conduisaient le charroi bien sûr. Moi, j'étais parmi eux et je suivais le mouvement.

Mais, de temps en temps, ils brouillaient exprès l'itinéraire. Ils engageaient la Petite République sur un chemin de traverse ou tout droit en direction d'un mur. Ils faisaient cela pour voir, disaient-ils : pour voir ce que je voyais. Presque toujours ils en étaient pour leurs frais, car la Petite République, roulant devant moi, m'annonçait tout de suite qu'elle avait quitté le chemin, qu'elle roulait sur l'herbe, qu'elle venait de prendre un virage absurde, qu'elle avait brusquement une inclinaison par rapport à la verticale que seule une intention maligne pouvait lui avoir donnée. Je poussais alors des cris, je protestais, j'arrêtais la machine. Tous les gamins étaient contents : ils m'avaient reconnu des leurs.

Je sais bien que la Petite République était vaillante, mais je ne sais pas si elle nous a survécu. En tout cas, je pense à elle encore souvent, et avec tendresse.

Peut-être, étant républicaine, connaissait-elle la devise de la République. Elle m'a sûrement appris la Fraternité. La Liberté aussi, et l'Égalité, et que, si je le désirais beaucoup, je pouvais aller avec les autres, vers le meilleur et vers le pire.

6

À Paris, la cécité pesait plus lourd.
La rue était un labyrinthe de bruits. Chaque son, réfléchi dix fois par les murs des maisons, les auvents des magasins, les grilles d'égout, le corps opaque des camions, les échafaudages, les lampadaires, créait de fausses images. Je ne pouvais plus me fier à mes sens.
Les gens ne marchaient pas sur les trottoirs : ils coupaient leur chemin, à la hache, à travers la foule, les épaules en avant, les yeux dans le vide. Paris, comme toutes les villes, c'était une école d'égoïsme.
Au Champ-de-Mars, le jardin de ma petite enfance, j'entendais des mères de famille chuchoter à l'oreille de leur fils : « Ne va pas jouer avec lui ! Tu vois bien qu'il est aveugle ! » Ces phrases, je ne puis compter le nombre de fois où je les ai entendues. Elles faisaient passer dans mon corps une décharge comme celle qu'on reçoit si l'on fourre ses doigts dans une prise électrique.

Mais je n'ai pas l'intention de faire le procès de la bêtise et de la méchanceté : il est depuis longtemps jugé. Je voudrais dire, au contraire, que ces mères de famille boudeuses et revêches, en mal de peur, m'ont rendu finalement un grand service. Si elles ne savaient pas protéger leurs propres enfants, du moins elles m'ont protégé, moi, contre eux.

Les parents d'un aveugle auraient tort de s'inquiéter des fréquentations de leur enfant. Les gamins mal élevés, sans cœur, se garderaient bien d'aller au-devant d'un aveugle. Ils préfèrent le confort des jupes de leur mère. Ils ne s'aventurent pas.

Jusqu'à l'âge de quinze ans, jusqu'au commencement de la vie complète et de son mélange nécessaire, je n'ai pu m'associer qu'à de bons enfants. Des faibles et des forts, mais des bons. Des enfants prêts, sinon à donner (car donner n'est pas la tâche de l'enfance), du moins à partager avec moi tout ce qu'ils avaient.

À l'école publique du quartier, il avait fallu me trouver un guide : un garçon qui voulût bien, à l'instant où la cloche annonçait la fin de la classe, venir me prendre à ma table, descendre avec moi l'escalier et même passer le temps de la récréation avec moi. Il y eut tout de suite un volontaire : il s'appelait Bacon.

Le brave gosse que celui-là ! Déshérité, à coup sûr il l'était : il avait sa place marquée à la queue de la classe. Quelque effort qu'il fît – et il en faisait de très grands, de très patients –, il était incapable de trouver en aucune matière un garçon qui fût, même pour une fois, moins brillant que lui. Il n'était pas l'avant-dernier. Il était le vrai dernier.

Le maître d'école, je m'en souviens encore, le méprisait, le ridiculisait devant tous les autres. Mais le seul résultat de son injustice envers Bacon fut de me rendre Bacon très cher.

Ce souffre-douleur était le fils d'une illustre matrone : illustre du moins au Champ-de-Mars, puisqu'elle y faisait circuler tout le jour un troupeau de petits ânes sur lesquels les enfants qui fréquentaient le jardin pouvaient monter, moyennant quelques sous. Comme j'étais l'ami – et l'un des seuls amis – de son fils, cette énorme femme à la voix virile me faisait faire, gratis, des tours sur ses ânes.

Bacon avait un cœur d'or qui lui tenait lieu d'esprit. Il pensait si peu à lui-même qu'il finissait par penser aux autres et par savoir sur les autres bien plus de choses que les brillants sujets de la classe n'en savaient. Je lui racontais des histoires qui l'émerveillaient, sans doute parce que les autres ne lui en racontaient pas. Pour l'amour de moi, je crois bien qu'il aurait traversé le feu.

Il est ainsi le premier d'une longue série d'hommes que le Ciel m'a fait la grâce de croiser : des hommes très simples, très rudes si l'on veut, mais chez qui ma cécité faisait naître un irrésistible instinct de tendresse. Cette complicité après tout est vieille comme le monde :

c'est, dans les contes de nourrices et les chansons populaires, l'incessante complicité des idiots et des aveugles. Et, qu'on ne s'y trompe pas : je le dis sans malice ni mépris.

Pourtant Bacon devait attendre plusieurs années un successeur car, entre-temps, j'avais rallié des garçons d'une tout autre sorte.

Les enfants, il me semble, sont bien plus disposés que les adultes à changer d'univers. Ils n'ont pas encore eu le temps de se satisfaire du leur. À vrai dire même, ce qui les embarrasse et les opprime, c'est que les grandes personnes – et leurs parents, qui plus est – restent toujours semblables à elles-mêmes : croyant à ceci, dénigrant cela, appelant table la table, et argent l'argent, répétant constamment les mêmes phrases, en somme oubliant la vérité première : que le monde est double, triple, innombrable et toujours nouveau.

Mes vrais camarades ont tous appartenu à cette race d'enfants : les chercheurs, les infatigables, ceux que l'on appellera, quand ils seront devenus de jeunes hommes, des « enthousiastes ».

Quand on me prenait pour ami, il se passait une chose, en un sens, étonnante : on ne pouvait plus se contenter des vérités dont on avait l'habitude, il fallait bien adopter quelque chose de mes vérités à moi, lesquelles étaient presque toujours différentes. Nous n'avons pas passé des heures, mes camarades et moi, mais des journées entières à comparer nos mondes. C'étaient des inventaires en règle que nous faisions. Et je me rappelle notre surprise, notre contentement, chaque fois que nous nous apercevions qu'entre ces deux mondes nous pouvions jeter un pont, voire même une simple passerelle. Il suffisait de si peu pour entrer l'un dans l'autre. Nous étions à l'âge où les mots ne gênent pas, parce qu'on les jette en vrac afin de tout dire.

Mes vrais amis ne sont apparus dans mon existence qu'après mon entrée au lycée. Mais il n'en est pas un, dès la première année, qui ne soit venu vers moi attiré par la différence. Ce fut le cas pour Jean lui-même, dont je parlerai bientôt.

Pour les rêveurs, j'avais des rêves plein mon sac, si bien que nous oubliions ensemble le temps qu'il faisait, et la pluie même, et rentrions crottés à la maison.

Pour les vantards, j'avais des vantardises en réserve. Quand on a de l'imagination, il faut s'en servir! Alors nous nous battions en duel, pendant toute une heure, avec, pour épées, de grosses histoires.

Les doux avaient pitié de moi d'abord (puisque je ne voyais pas, je devais être malheureux), puis, m'ayant connu de près, ils cessaient d'avoir pitié. Mais il était déjà trop tard pour s'en aller : nous étions des copains.

Quant aux durs, ceux qui mouraient d'envie de montrer leur force, j'étais pour eux le protégé idéal : j'avais besoin de protection et je ne la demandais pas. Ils s'empressaient autour de moi.

Je revois l'un d'eux, Jean-Pierre, pendant ma première année de lycée. Ou plutôt, c'est son sweater de grosse laine que je touche encore en souvenir, et ces épaules qu'il avait : elles me paraissaient surhumaines.

Jean-Pierre s'était mis en tête de me « faire valoir ». Avant, entre et après les classes, il me promenait à travers tout le lycée. Je devrais plutôt dire qu'il me brandissait. Il forçait tous les garçons à me laisser participer à leurs jeux, et les récalcitrants n'y revenaient pas deux fois. Il m'avait appris à courir près de lui, légèrement en arrière, et en le tenant par le cou. Il disait que c'était la meilleure prise.

Avec Jean-Pierre, il n'y avait plus de dangers. S'il se présentait un obstacle imprévu, c'était lui qui le ramassait en pleine poitrine. C'était tout juste s'il ne me remerciait pas de lui avoir permis de se faire mal.

Il allait m'exhiber quotidiennement à la salle de gymnastique, à l'infirmerie, aux cuisines. Enfin il y avait la visite obligée au concierge, parce que le concierge approuvait bruyamment Jean-Pierre.

S'il y a des gens qui pensent que j'embellis mon enfance, c'est qu'ils ont des préjugés contre l'enfance.

Certes, il y a des gosses méchants. À eux aussi j'ai dû me frotter : j'y ai laissé parfois des plumes, j'ai rapporté de chez eux des blessures d'amour-propre. Mais il y a plus souvent encore des Jean-Pierre.

Je suppose qu'un vrai poète n'a jamais tenu dans ses mains la crinière du vrai Pégase. Pourtant, moi, à dix ans, quand je serrais le gros cou de Jean-Pierre, j'étais ce poète. Et je vous jure bien que je n'en doutais pas !

Il est souvent difficile de persuader les individus. Mais il est impossible de persuader un corps social. Le mieux est de s'en faire une raison.

Comment espérer qu'une école, un comité et, plus encore, une administration, des bureaux, qui ne survivent que par la force de leurs habitudes – c'est-à-dire de leurs moyennes –, puissent regarder avec amitié des exceptions ?

Or, si vous êtes aveugle, vous êtes nécessairement exceptionnel. Vous l'êtes, parce que vous ne ressemblez pas tout à fait aux autres et parce que vous appartenez à une minorité, heureusement très faible, de votre pays.

J'eus l'occasion, une fois de plus, de m'en apercevoir quand, à l'âge de dix ans, je dus entrer au lycée.

J'y fus admis, mais, comme deux ans plus tôt à l'école communale, « à l'essai » : on me garderait si, au bout de six mois ou d'un an, la preuve était faite que je ne faisais pas dérailler la machine. En octobre 1934, j'étais élève de sixième au lycée Montaigne, un bâtiment clair situé en face des jardins du Luxembourg.

L'administration et la porte du lycée franchies, je ne rencontrai plus, par bonheur, que des hommes.

Dans la foule des professeurs que je connus, à Montaigne d'abord et plus tard à Louis-le-Grand, aucun ne s'est jamais opposé à ma présence, beaucoup l'ont favorisée bien au-delà de ce que la conscience professionnelle impose. Et si je cite le cas de ce professeur d'histoire naturelle qui, exaspéré par le cliquetis de ma machine à écrire, l'avait un jour portée sous un robinet d'eau ouvert, en manière de représailles, c'est pour ajouter aussitôt que ce même professeur dut être interné, trois ans plus tard, pour aliénation mentale.

Réellement, en sept ans de lycée, je n'ai pas souffert une injustice. Il serait même plus équitable de dire que j'ai été mis au rang de tous, adopté, encouragé, fêté.

Dès lors, l'histoire de ma vie se rapproche si bien de celle des autres qu'il lui arrive, plus d'une fois, de se confondre avec elle. Et comme les études d'un petit Parisien dans le second quart du XXᵉ siècle n'ont de mystère pour personne, je me vois, pour la première fois, dans l'obligation de choisir. Mon sujet est la cécité, et ce qu'on peut faire avec elle : j'abandonnerai tous les autres détails.

J'ai connu l'ennui au lycée, à peu près sans interruption. Je ne l'ai certainement pas connu à cause de mes camarades, ni même à cause de mes professeurs, mais plutôt malgré leur présence.

L'ennui dont je parle n'était pas cette impatience du gosse qui voudrait aller jouer au lieu de travailler (quoique le jeu m'attirât très fort, bien sûr), ni cette flatulence de l'esprit qui écoute cinq minutes, s'absente, écoute à nouveau, et qui aboutit, chez les enfants scrupuleux, à une angoisse nauséeuse et, chez les enfants paisibles, au sommeil mental parfait. Il me semble que je dormais rarement en classe. Je ne dormais en tout cas pas plus que mes voisins. Ma curiosité intellectuelle était très forte. Les mathématiques me semblaient tristes, il est vrai. Mais le latin, le grec, l'allemand m'intéressaient ; la littérature, l'histoire, la géographie, les sciences naturelles me donnaient l'impression de visiter des jardins merveilleux. Leçons et devoirs à la maison, au lieu de me fatiguer, me réjouissaient. Je buvais aux sources du savoir comme à une fontaine. Pourtant, au lycée, je m'ennuyais.

Une fois la porte de la classe fermée, l'odeur me montait à la tête. Pourtant aucun de mes camarades n'était mal tenu. Mais chacun d'eux avait un corps, et quarante corps, en un si petit espace, c'était trop. On se serait cru au bord d'un marais d'eau stagnante. D'où cela venait-il ?

J'ai déjà dit que, si l'on est aveugle, on découvre qu'il y a des odeurs morales : je crois bien que celle-là en était.

Un groupe d'hommes qui séjourne dans une pièce par contrainte – ou par obligation sociale, ce qui revient au même – ne tarde pas à sentir mauvais. C'est à prendre à la lettre.

Mais, avec des enfants, le phénomène apparaît encore plus vite. Il faut penser à toute cette masse de colère rentrée, d'indépendance humiliée, de vagabondage contenu et de curiosité impuissante que peuvent accumuler quarante gamins de dix à quatorze ans !

De là l'odeur déplaisante, et cette fumée dont la classe, pour moi, était physiquement remplie.

J'y voyais trouble : toutes les couleurs devenaient fades, et même sales. Le tableau était noir, le plancher était noir, les tables étaient noires, les livres étaient noirs. Et le professeur lui-même n'allait pas, du côté de la lumière, au-delà du gris. Ou bien alors il fallait qu'il fût admirable. Et pas admirable par son savoir seulement (le savoir à cette époque contenant pour moi peu de lumière), mais par sa personne.

Cet ennui, c'était un bandeau dont on bâillonnait tous mes sens. Les sons eux-mêmes, en classe, perdaient de leur volume et de leur profondeur : ils devenaient mous. Il m'a fallu, je crois, toute ma passion de vivre pour résister à l'épreuve.

Au fond, je devais être tout simplement un indiscipliné qui ne se décidait pas à la révolte, un incorrigible individualiste ! Il y avait sûrement de cela dans mon cas. Pourtant il y avait aussi la cécité, et son monde, que l'école violentait.

Il m'a fallu attendre plusieurs années – sûrement jusqu'à l'adolescence – pour apaiser dans ma tête un scandale né précisément en classe.

À propos, je doute fort que j'aie fait la paix avec lui, même aujourd'hui !

Je ne comprenais pas pourquoi les professeurs ne parlaient jamais de ce qui se passait en eux, ni en nous.

Ils parlaient, avec force détails, de la naissance des montagnes, de l'assassinat de Jules César, des propriétés des triangles, de la manière dont les hannetons se reproduisent et à quel rythme, ou de la combustion du gaz carbonique. Il leur arrivait même de parler des hommes, mais alors c'était toujours en tant que personnages : il y avait les personnages de l'histoire ancienne, les personnages de la Renaissance, ceux des comédies de Molière, ou bien un personnage, plus bizarre que tous les autres, appelé selon les cas « Individu » ou « Citoyen », dont je ne parvenais pas à me faire la moindre idée.

Des gens réels, comme le professeur ou comme nous, il n'en était pour ainsi dire jamais question.

Quant au sujet des sujets, ce fait que le monde ne s'arrête pas à l'extérieur mais continue en nous, il était absent.

Je comprenais bien que le professeur ne pût pas, ou ne voulût pas, parler de ce qui se passait en lui : c'était son affaire. Après tout je n'avais pas tellement envie, moi non plus, de lui dire ce qui se passait en moi. Mais la vie intérieure n'était pas qu'une chose personnelle.

Il existait toute une foule de désirs, d'intentions que mes camarades partageaient avec moi : je le savais bien. Les connaissances étaient belles et bonnes, mais la raison pour laquelle les hommes les avaient acquises, ce qui leur en avait donné envie, eût été meilleur – et on ne le disait pas. Je ne pouvais pas m'empêcher de penser que, dans toute cette affaire, il y avait quelqu'un qui trichait, quelque part. Il fallait donc me défendre, et je me défendis.

Je mobilisai toutes les images de mon univers intérieur, toutes celles qui avaient un rapport avec des êtres vivants ou des choses vivantes. Assis sur la chaise noire, devant la table nauséabonde, sous la pluie grise de la science, je tissais obstinément une sorte de cocon.

Cependant, j'étais à la fois bon garçon et rusé : je m'arrangeais pour que personne ne soupçonnât que j'étais hostile. J'y tenais tellement, à ce monde intérieur, au mien, je tenais tellement à le sauver du naufrage que, pour le protéger, je ne cessais de faire des concessions au public, c'est-à-dire aux livres, à mes parents, à mes professeurs. C'est à ce « sauve qui peut » que j'ai dû d'être un élève brillant.

Pour avoir la paix, je me mis à enregistrer tout ce qu'on voulût : le latin, l'entomologie, la géométrie et l'histoire de la Chaldée.

J'appris à taper à la machine à écrire ordinaire, afin de pouvoir remettre personnellement, comme les autres, mes devoirs aux professeurs. Je transportai tous les jours ma machine à écrire braille au lycée, la posai sur un coussin de feutre afin d'en amortir le bruit et pris des notes.

J'écoutai, répondis, écoutai, mais jamais je ne fus là tout entier. J'étais un garçon coupé en deux, là et ailleurs, en va-et-vient perpétuel entre l'important et le futile.

Expérience faite, cet ennui, qui fut épais comme une huile, cette courbature morale d'années entières, je vois bien qu'il faut les bénir : ils étaient le signe qu'un bon esprit en moi refusait de quitter l'enfance, et n'admettrait jamais qu'il y eût des vérités toutes faites.

C'en était fait : jamais je ne renoncerais à cet émerveillement que j'avais eu, quand un jour j'étais devenu aveugle, et même s'il n'existait aucun livre au monde qui voulût en tenir compte.

Je reçus de mes parents une instruction religieuse complètement libre mais très active. Mon père, élevé dans l'athéisme, avait ressenti très tôt le besoin de la religion. Cherchant seul, il avait rencontré successivement plusieurs doctrines occultistes. Il fut un moment « théosophe ». Insatisfait, il avait jugé les leçons qui nous viennent de l'Inde précieuses mais sans rapports suffisants avec les besoins des âmes régénérées par la venue du Christ. Vers 1929, il avait enfin arrêté son choix. Il venait de rencontrer l'enseignement de Rudolf Steiner. Cet enseignement lui fut une révélation : l'ésotérisme chrétien répondait à tous ses désirs. Il adhéra à la Société anthroposophique. Ce que Steiner avait appris au monde était trop difficile pour qu'on pût dès ce temps-là me l'expliquer.

Mais j'entendais sans cesse les conversations de mes parents et bientôt celles de leurs amis. Plusieurs me frappèrent fortement. J'en retins alors cette unique leçon : Dieu existe, mais Dieu ne se montre pas à nous directement ; il faut le deviner, le connaître dans nos rêves joyeux, dans toutes les confidences que la nature nous fait. Jamais il n'interrompt sa présence. Dieu nous protège.

C'est pourtant en classe que j'allais rencontrer mes premiers alliés. J'ai nommé : les poètes et les dieux.

Je les trouvais dans la poussière des livres, où ils ouvraient de larges voies lumineuses. Ils avaient l'air de sourire à mon intention et de me dire que tout n'était pas perdu.

Il se pourrait bien que le temps fût proche où les études humanistes disparaîtront. Mais en 1935, dans un lycée parisien, elles étaient encore solides.

Notre travail était divisé en deux parties à peu près exactement égales : le monde d'aujourd'hui et le monde d'autrefois, les rêves des Anciens et les rêves des Modernes. Je ne parviens pas à croire que cela fût un mal. De cette façon, au moins, nous ne courions pas le risque de tomber dans ce ridicule, si fréquent aujourd'hui, de prendre le temps des spoutniks et des fusées Polaris pour celui de la Genèse !

On nous imposait pendant des heures la fréquentation de personnages et, si l'on préfère, d'entités extraordinaires : Jupiter et Vénus, les

Ondines et les Elfes ; et de nouveau Jupiter, Prométhée, Vulcain, Apollon ; ce qui, estimé en termes comptables, était une perte de temps, une véritable hémorragie de savoir et, en termes de raison pratique, une folie. C'était peut-être une folie. Mais qui le prouvera jamais ? Et, en ce qui me concerne, je puis assurer que ce fut une folie bienheureuse.

En tout cas, de 1934 à 1939, mon devoir d'élève fut de recevoir chez moi, en même temps, et de faire bon ménage avec des gens qui appartenaient à des catégories aussi différentes que Newton et Minerve, Franklin D. Roosevelt, Léon Blum, Adolf Hitler, Hercule et Neptune. En fait, l'admirable, c'était que, de cet invraisemblable mélange, il ne résultait qu'un peu plus de clarté.

Ma foi, oui ! J'y voyais plus clair. Je me connaissais mieux. Car, au-dedans de moi aussi, l'univers n'existait pas sur deux, mais sur trois dimensions. Il circulait dans le présent, mais dans le passé également. Il se montrait dans le visible, mais dans l'invisible aussi, dans ce qui se pèse et dans ce qui ne peut pas être pesé, dans les choses qui portent un nom, dont on étudie les morceaux ou qu'on fabrique, mais non moins dans les métamorphoses.

Il y avait dans ma tête une agitation énorme, une fermentation continuelle, comme celle de plusieurs liquides qu'on précipite dans le même vase et qu'on secoue, mais les liquides se superposaient sans aucune peine en couches bien nettes : Adolf Hitler tombait au fond, tandis qu'Apollon remontait à la surface.

Tout ce que j'apprenais de la mythologie grecque et, à travers son long héritage, d'Homère à Giraudoux en passant par Racine, me paraissait évident. C'était du reste une évidence dont j'avais le plus grand mal à rendre compte, notamment quand j'avais à écrire un devoir. Mais les dieux grecs me plaisaient : ils étaient même importants pour moi.

Leurs façons d'agir étaient presque toujours burlesques ou choquantes. Je me rappelle que, à douze ans, les infidélités quotidiennes de Jupiter envers Junon furent sur le point de me faire détester Jupiter. Je le désapprouvais complètement. Seulement, derrière leurs histoires d'alcôves et leurs querelles imbéciles, les dieux reprenaient consistance. Et ce qu'ils avaient à dire alors coïncidait juste avec ce dont je faisais l'expérience en moi.

Minerve, par exemple, c'était la sagesse, Vénus, la beauté, Apollon, la lumière, Jupiter, la foudre, la force, l'éblouissement et la protection. De mon côté, je savais bien que ces choses existaient vraiment, qu'elles n'étaient pas des marionnettes, ni des mots, ni tout bonnement des occasions de contresens dans la version latine.

La façon dont les adultes disaient « ceci est beau », « cela est raisonnable » m'agaçait, parce que je voyais bien que, pour eux, « ceci » et « cela » comptaient bien plus que « beau » et

« raisonnable ». Ils ne s'intéressaient vraiment qu'aux choses dont ils avaient besoin tout de suite, dont ils se servaient. Je n'avais pas encore envie de me servir des choses : j'avais envie de les regarder.

Sans aucun doute j'ai préféré Apollon à tous les autres. J'avais pour cela des raisons précises : Apollon était le seul individu dont les livres parlaient, pour qui la lumière fût aussi importante qu'elle l'était pour moi.

De plus, ce grand dieu était spécialement chargé de cette partie que je savais si bien être essentielle dans la lumière : sa source. Il ne s'occupait pas tellement de la façon dont la lumière allait se répercuter partout sur la planète en se cognant contre les objets (cela, c'était bon pour l'optique), mais de sa naissance et de sa renaissance, du mystère qui la faisait couler à travers tout, inépuisablement.

Plus tard, j'ai compris qu'il n'était pas le seul, ni même le meilleur, que Jésus-Christ avait fait grand cas de la lumière et qu'elle était un des éléments vitaux de toute mystique chrétienne.

Mais, à onze ans, Apollon me parlait.

Et les poètes ! Ces gens incroyables, si différents des autres, qui racontaient à qui voulait les entendre qu'un désir est plus important qu'une fortune et qu'un rêve est bien capable de peser plus lourd que la fonte ou l'acier ! Quel toupet ils avaient, ceux-là ! Et comme ils avaient raison !

Ils disaient que tout ce qui vient de l'intérieur

de nous passe à travers les choses, et retourne en nous, que c'est cela vivre, sentir, comprendre, aimer.

La plupart du temps ils restaient obscurs – trop même à mon goût – à cause de cette diable de langue dont ils se servaient, qui montait et descendait sans cesse, vous balançait si bien qu'au bout de quelques minutes on finissait par ne même plus l'entendre, miroitait, faisait des bonds d'un bout à l'autre de l'univers, vous désignait une chose, puis, tout de suite, la remplaçait par la chose opposée. Il m'arrivait de les soupçonner de s'être inutilement compliqué l'existence. Mais, tout de même, ils en savaient long !

Trois ou quatre ans plus tard, en matière de complication, ce fut à mon tour de battre des records. Vers l'âge de quinze ans, j'écrivis des poèmes qui furent tempétueux et obscurs à souhait. Je décrivis des jardins et des grottes fantastiques, je fis s'entrechoquer tous les mots du dictionnaire, se bousculer toutes les galaxies, comme il faut, j'en suis sûr, que tout honnête homme l'ait fait un jour dans sa vie.

Mais l'étrange, c'est que, aujourd'hui où je suis devenu beaucoup plus raisonnable et prudent, j'éprouve souvent un besoin impérieux d'avoir une pensée pour ce désordre d'autrefois. C'était un fouillis, mais, au fond, très clair, et qui contenait plus de germes de vie dans une seule de ses minutes, il me semble, que n'en contiennent mes plus heureuses journées de 1960 !

Au lycée, quand un copain de la race des « pratiques » nous demandait à nous, les « visionnaires », ce que pouvait bien vouloir dire un certain vers de Victor Hugo ou de Virgile, nous avions pour lui une réponse toute prête : « Ça veut dire ce que ça veut dire, plus autre chose ! Tu ne vois pas ? » La plupart du temps, il ne « voyait pas », mais il avait de quoi se consoler : il pouvait toujours nous traiter d'imbéciles.

7

À peine étais-je devenu aveugle que j'avais oublié le visage de ma mère, celui de mon père, et généralement de tous les êtres que j'aimais. De temps à autre un visage m'apparaissait en souvenir, mais c'était toujours celui d'une personne qui m'était indifférente. Pourquoi la mémoire fonctionnait-elle ainsi ? On eût dit que l'affection n'était pas compatible avec elle.

L'affection, l'amour nous mettraient-ils si près des êtres que nous ne puissions plus évoquer leur image ? Peut-être même, à cause de notre amour, ceux que nous aimons, nous ne les avons jamais vus complètement.

Il est vrai que, à défaut de leurs visages, j'avais contre mon oreille les voix de mes parents et que, depuis l'accident, les formes des gens, leurs apparences m'intéressaient encore, mais d'une façon toute nouvelle.

Il m'était devenu subitement égal que les gens eussent les cheveux bruns ou blonds, les yeux bleus ou verts. Je trouvais même que les voyants employaient beaucoup trop de leur temps dans ces observations inutiles.

Toutes ces expressions de la conversation courante – « il donne confiance », « il a l'air bien élevé » – me paraissaient prises juste à la surface des gens : c'était la mousse, ce n'était pas le breuvage.

De mon côté, j'avais une idée des personnes, une image d'elles, mais qui ne coïncidait plus avec celle du monde. Bien souvent je les voyais à l'envers de tous : le garçon qu'on appelait sournois, moi je le voyais timide, celui qu'on disait paresseux, je le voyais tout le jour travaillant en imagination avec une ardeur qui était tout le contraire de la paresse.

À vrai dire, mes opinions sur les gens étaient devenues si différentes de celles des autres que je pris l'habitude de me méfier d'elles. Je me trouvais moi-même bizarre à la fin !

Il faut tout dire : les cheveux, les yeux, la bouche, le nœud de cravate et les bagues aux doigts comptaient si peu pour moi désormais que je ne pensais plus à eux, si bien que les gens n'en avaient plus. Il se formait dans mon esprit des images d'hommes et de femmes sans tête, sans doigts, ou au contraire cette dame, au fond d'un fauteuil, se ramassait tout à coup dans son bracelet : elle devenait bracelet. Il y avait des personnages dont les dents occupaient toute la figure, et d'autres si harmonieux qu'ils avaient l'air tissés de musique.

Mais, en réalité, tous ces spectacles ne sont

pas faits pour être décrits. Ils sont si mobiles, si vivants qu'ils défient les mots.

Non ! Les gens ne ressemblaient pas à ce que l'on me disait d'eux. Surtout ils n'étaient jamais les mêmes deux minutes de suite. Ou alors si : quelques-uns. Mais c'était mauvais signe : c'était signe qu'ils ne voulaient pas comprendre ou pas vivre, qu'ils étaient pris dans la glu d'une passion malpropre. Et cela, chez eux, je le voyais tout de suite, car, n'ayant plus sous les yeux leur visage, je les attrapais par surprise. Les gens n'ont pas l'habitude : ils ne font toilette qu'au-dehors !

J'entendais les voix de mes parents contre mon oreille, ou dans mon cœur. Où vous voudrez, mais très près. Et toutes les autres voix suivaient le même chemin. Il est relativement facile de s'abriter d'un visage qui ne vous plaît pas : il suffit de le maintenir loin de vous, de le laisser dans le monde extérieur. Mais essayez de faire cela avec les voix : vous n'y arriverez pas !

La voix humaine entre en nous, de force. C'est vraiment à l'intérieur de nous que nous l'entendons. Il faut même, pour l'entendre bien, la laisser vibrer dans notre tête et notre poitrine, dans notre gorge, comme si elle était la nôtre pour un instant. C'est pour cette raison sans doute que les voix ne nous trompent pas.

Je ne voyais plus les visages. Probablement, j'allais passer toute ma vie sans les voir. J'aurais aimé quelquefois les toucher, quand ils me semblaient beaux. Mais la société prend soin d'interdire ces gestes-là. D'ailleurs, en règle générale, la société interdit tous les gestes qui pourraient rapprocher les êtres les uns des autres. Elle pense agir pour le mieux, nous défendre contre les agressions de l'impudeur et de la violence. Elle a peut-être raison : les hommes sont si souvent de sales bêtes. Mais un enfant aveugle pouvait-il connaître déjà le danger ? Il trouvait ces interdictions inexplicables.

Cependant je profitais à plein des voix – domaine où la société n'a jamais mis son nez.

Le fait, du reste, est bien étrange. Alors que les lois des hommes sont si chatouilleuses en matière de corps, elles n'ont jamais eu l'idée de fixer des bornes à la nudité ni au contact des voix. Apparemment, elles ne songent pas que la voix peut aller plus loin, dans l'ordre des attouchements licites et illicites, que toutes les mains et tous les yeux n'ont jamais été.

Le fait est plus général : un homme qui parle ne sait pas qu'il se trahit. Quand les gens s'adressaient à moi, le petit aveugle, ils n'étaient pas sur leurs gardes. Ils étaient persuadés que j'entendais les mots qu'ils disaient, que j'en comprenais le sens. Ils ne se doutaient guère que je lisais dans leur voix comme dans un livre.

Le professeur de mathématiques entrait en classe, frappait dans ses mains et, vaillamment, commençait son cours. Il était clair ce jour-là, selon son habitude, peut-être plus intéressant que jamais, trop intéressant même.

Sa voix, au lieu de retomber en place vers la

fin des phrases, comme elle aurait dû le faire, c'est-à-dire descendre vers le grave de un ou deux tons, restait en l'air, tournée vers l'aigu. Comme si notre professeur, ce jour-là, avait voulu cacher quelque chose, faire bonne figure devant on ne savait quel auditoire, prouver qu'il ne s'abandonnait pas, qu'il tiendrait jusqu'au bout, qu'il le fallait. Et moi, habitué que j'étais à la retombée de ses phrases régulières comme le battement d'un métronome, je tendais l'oreille, j'avais de la peine pour lui. J'avais envie de l'aider, mais cela me semblait bête : je n'avais aucune raison de penser qu'il fût malheureux.

Pourtant il l'était, tout de bon : la terrible « intelligence » des mauvaises langues nous apprenait, huit jours plus tard, que sa femme venait de le quitter.

Je finissais par lire dans les voix tant de choses, et sans le vouloir, sans y penser, qu'elles m'intéressaient plus que leurs paroles. Il m'arrivait pendant des minutes entières en classe de ne plus rien entendre : ni les questions du professeur, ni les réponses de mes camarades. J'étais bien trop absorbé par les images que leurs voix faisaient défiler à travers ma tête.

D'autant plus, bien sûr, que ces images, une fois sur deux, étaient en contradiction flagrante avec les apparences. Par exemple, l'élève Pacot venait de se voir attribuer un « 10 sur 10 » par le professeur d'histoire. J'étais stupéfait. La voix de Pacot m'avait informé, au-delà de toute hésitation, que Pacot n'avait réellement rien compris. Il avait récité sa leçon, mais c'était des lèvres seulement : sa voix avait sonné comme une crécelle, il n'avait rien mis dans les sons.

Ce que les voix m'apprenaient, elles me l'apprenaient immédiatement, ou presque. Certains facteurs physiques me troublaient bien un peu, à la vérité. Il y avait les garçons qui respiraient mal – qu'on aurait dû opérer des végétations ou des amygdales – et dont la voix restait couverte comme d'un nuage. Il y avait ceux qui ne pouvaient faire entendre qu'un fausset ridicule et dont on croyait d'abord qu'ils étaient des couards. Il y avait aussi les nerveux, les timides qui ne se servaient de leur voix qu'à contretemps, se faisaient aussi petits qu'ils pouvaient derrière leur bredouillis. Mais, si je me trompais, cela ne durait jamais longtemps.

Une voix belle (et belle veut dire beaucoup ici, veut dire que l'homme de la voix est beau) restait belle à travers la toux et le bégaiement. Une voix laide, au contraire, pouvait se faire douce, se parfumer, ronronner tout à son aise, chanter comme la flûte : elle était laide à jamais.

Bref, je découvrais le monde des voix, et que c'était un monde inconnu. C'est à peine si, dans la vie courante, les gens y faisaient allusion. Seuls les musiciens et quelques poètes semblaient s'être avisés de sa présence. Mais ils prenaient toujours les voix à leur instant de plus grand charme, quand elles étaient sur le point de ne plus être tout à fait humaines, si bien qu'eux non plus ne les connaissaient pas jusqu'au bout. La voix ordinaire, celle qui révèle un homme, cela n'existait-il vraiment que pour moi ?

Comment expliquer aux autres que tous mes sentiments envers eux – sympathie ou antipathie – me venaient de leur voix ? J'essayais bien de le dire à quelques-uns, et qu'ils n'y pouvaient rien, ni moi non plus. Mais très vite je dus me taire, parce que, visiblement, cette idée leur faisait peur.

Il existait donc une musique morale. Nos appétits, nos humeurs, nos vices secrets et même nos pensées les mieux retenues se traduisaient en sons dans notre voix : en sons ou en inflexions, en rythmes. Trois ou quatre notes trop proches les unes des autres, dans une phrase, disaient la colère, même si rien, chez celui qui parlait, ne la montrait aux yeux. Quant aux hypocrites, ils étaient reconnaissables sur-le-champ : leur voix était tendue, avec des intervalles légers mais brusques entre les sons, comme s'ils avaient décidé de ne jamais la laisser aller où elle voulait.

On m'a parlé plus tard d'une science, que le développement de la radio et des méthodes de persuasion indirecte en usage dans la publicité, rendrait souhaitable : la science des voix, la phonologie.

Possible, cette science ? Elle le serait sans doute. Mais souhaitable, j'ai bien peur que non. Car le jour où des hommes avides, sans scrupules, connaîtraient l'art tout entier de la voix humaine, sauraient la déchiffrer et la modeler à leur guise, c'en serait bien fini de ce qui nous reste de liberté.

Ils auraient la main sur l'un des gouvernails les mieux cachés. Ils seraient de nouveaux Orphées, faisant accourir les bêtes et se soulever les pierres. Mais Orphée lui-même, souvenons-nous-en, n'avait droit au secret qu'aussi longtemps qu'il n'en abusait pas.

8

Depuis quelque temps déjà, tandis que je vous parle, je ne suis plus seul : Jean est arrivé.

Vous n'avez pas pu vous en apercevoir, mais il est là dans tout ce que je fais et tout ce que je dis. Si je n'avais pas peur d'être inutilement obscur, pour les neuf années de ma vie qui viennent, je ne dirais plus jamais « je » mais « nous ».

En sixième au lycée, dans presque toutes les classes, Jean était assis à la table derrière moi. Il choisissait lui-même cette place, il ne voulait pas me quitter. Mais il ne me l'avait pas dit.

De mon côté, j'avais toujours envie de me retourner et d'entendre de plus près sa voix, qui était sage – plus claire aussi que celle de tous les autres – et qui me rendait heureux.

Nous n'étions pas encore des copains : nous n'osions pas nous le proposer.

Vers la fin de cette année-là, sa maman vint demander à la mienne s'il pourrait tous les soirs rentrer chez moi, après le lycée, me lire les livres dont j'avais besoin, travailler avec moi.

Cela se fit aussitôt pour notre plus grande joie. Mais qui eût dit alors que cette amitié naissante s'achèverait en tragédie ? Ni lui, ni moi : je vous assure ! Nous n'étions que des enfants et ne savions qu'une chose : c'était que nous nous aimions.

Jean était le fils d'un architecte, un homme joyeux et bon, qui devait mourir d'une crise cardiaque quatre ans plus tard.

La mère de Jean avait été peintre elle-même : c'était une femme imaginative et douce, incroyablement respectueuse des autres.

L'innocence de Jean était, à onze ans, plus grande que celle de presque tous mes camarades : il ne savait rien sur la vie. Il ne voulait pas encore que je lui apprenne. C'était chez lui de la pudeur, mais aussi le sens des choses qui viennent en leur temps : il me répétait qu'il pouvait attendre.

En tout, il était plus lent que moi. Ses gestes parfois étaient même un peu lourds : ou bien il appuyait, ou bien il caressait. Quand il serrait la main, il serrait trop fort et trop longtemps : il faisait presque mal.

Il avait une voix de contre-ténor angélique. Jusqu'à quatorze ans, cela l'inquiéta beaucoup : il se demandait s'il parlerait un jour comme un homme. Puis, en deux semaines du printemps de 1938, sa voix descendit de trois octaves : elle devint une basse noble et protectrice.

Protéger : ce mot précisément exprime tous les désirs dont Jean était capable. Plus tard, quand nous avions découvert tous les deux l'introspection, il me disait combien il était heureux d'être faible, et que cela l'empêcherait toujours d'abuser d'autrui.

Mais, à propos, était-il faible vraiment ?

Pour les professeurs, il l'était. Quoique très intelligent, il avait un rythme d'esprit calme et la parole posée : on l'accusait d'être flegmatique à l'excès. Sur son visage, il y avait toujours comme une trace de surprise que les imbéciles prenaient souvent pour de l'ironie.

Jean entra donc dans ma vie par toutes les portes à la fois : celle des études, celle de l'imagination, celle de l'affection et celle d'une communion de toutes les heures qui ne peut être comparée qu'à l'intimité spirituelle du mariage – mais d'un mariage, s'entend, comme il s'en rencontre peu.

Jean était sérieux. Il était grave. Il faudrait d'autres mots encore pour le dire : des mots tels que « majesté » ou « noblesse », si on pouvait leur enlever ce qu'ils ont de raideur solennelle. Il était plus sérieux que moi, moins prêt à toutes les folies des instincts : il me retenait.

Certes nous avons été, tous les deux, des jeunes garçons travailleurs : les livres nous avaient pris au piège. Le plus beau cadeau que j'avais fait à Jean (c'était lui qui le disait) avait été une édition du *Pelléas et Mélisande* de Maeterlinck. Nous travaillions et nous rêvions : nous n'avions plus qu'une tête sur deux corps.

Il est vrai que son corps à lui grandissait

bien plus vite que le mien, de sorte que, chaque année, sa main tombait d'un peu plus haut sur mon épaule. Jean ne m'a jamais tenu que par l'épaule, et le Ciel m'est témoin qu'il me tenait fort ! À seize ans enfin, il mesurait vingt centimètres de plus que moi : c'était un grand gaillard maigre et grave, de plus en plus grave.

Nous avions fait notre sixième ensemble. Ce devait être la première des sept années de lycée pendant lesquelles nous ne nous sommes pas quittés plus de quarante-huit heures. Et après ces sept ans vinrent encore deux autres : deux ans pleins d'orages. Mais il est trop tôt pour le dire.

Pendant neuf années, il n'y eut pas une idée, pas une émotion que nous n'ayons partagée. Et pourtant nous étions entièrement différents.

Nous entendions les mêmes professeurs, lisions les mêmes livres, avions les mêmes amis, faisions les mêmes voyages, attendions aux mêmes heures les mêmes plaisirs, marchions du même pas – et, croyez-moi, quand il devint si grand, cela fut difficile pour moi. Nous étions fous ensemble, nous étions tristes ensemble. Quand l'un ne savait pas quelque chose, c'était que l'autre l'ignorait. Nous ne faisions plus qu'un jusqu'à l'apparition entre nous de continuels phénomènes télépathiques. Et, malgré tout cela, nous restions deux : joyeusement et librement deux, si bien deux que, chacune de nos journées, nous la vivions deux fois.

Entre nous, ce n'était pas seulement l'amitié : c'était une religion.

L'immeuble où j'habitais était à mi-chemin entre le lycée et la maison de Jean. Deux fois par jour, Jean faisait la route à pied, me prenait et me déposait au passage.

Je l'attendais en bas, dans le vestibule de l'immeuble. J'aimais l'attendre. Quand il tardait un peu, des picotements me prenaient au bout des doigts, ma gorge se serrait, mais ce n'était pas d'inquiétude, c'était de joie. Tout à coup, il était là devant moi, tout droit, sûr comme une parole d'honneur. Dans la première seconde, il ne parlait jamais. Moi non plus. Il fallait bien un silence pour nous retrouver.

À seize ans, nous avions solennellement décidé qu'il n'y aurait plus jamais de paroles banales entre nous : aucun de ces affreux « comment vas-tu aujourd'hui ? – Pas trop mal. Et toi ? » qui font le bruit de l'amitié, mais crèvent une minute plus tard comme des bulles.

Nous avions juré de nous dire la vérité, et rien qu'elle et, si nous ne pouvions pas la dire, de nous taire.

Imaginez deux garçons, l'un de grande taille, l'autre de taille moyenne, suivant, à longues enjambées égales, un sentier de l'une des forêts de l'Île-de-France (Rambouillet, Saint-Germain, Chantilly), s'adressant l'un à l'autre un sourire de temps en temps, mais ne parlant pas, pendant des heures : c'est Jean et moi, à quinze ans, un jour que nous n'étions pas sûrs de nous-mêmes, pas sûrs, si nous parlions, de ne pas blesser.

Ah ! Nous savions être exigeants en ce temps-là ! Nous savions si bien, tous les deux, qu'être honnête et respectueux donne une volupté plus grande que tous les plaisirs du monde. Jean, du moins, était né en le sachant : il me l'avait appris. Je n'avais pas été pour lui un trop mauvais élève.

Nous savions bavarder aussi. En septembre 1940, un dimanche, je m'en souviens, quatorze heures de conversation sans coupure et sans témoin ! Mais, quand nous bavardions, c'était pour nous chercher, nous trouver. Ce n'étaient pas des phrases : c'était de l'exploration. Et puis, depuis des heures déjà nos têtes n'enregistraient plus des mots : nous ne parlions plus que par intentions, par mouvements de l'âme. Nous communiquions à vie ouverte.

Jean me prenait tous les jours pour aller au lycée, qu'il pleuve, vente ou neige. Je n'ai pas le souvenir que, nous trouvant ensemble, nous ayons eu chaud ou froid. Pas assez du moins pour nous y intéresser.

Je ne souffrais jamais dans mon corps, mais Jean parfois, lui, souffrait. Pour des raisons qui n'ont jamais été médicalement éclaircies, il avait des migraines fréquentes et horribles. Alors, étant pris de vertige, il devait rester allongé tout le jour. Ou bien, s'il se hasardait au-dehors, il avait les mains tremblantes et la voix étranglée. Je savais toujours qu'il avait mal avant qu'il ne me l'eût dit. Mais je ne lui en parlais pas : il me l'avait fait promettre.

La crise finie, sa voix chantait à nouveau. Sa première question était pour que je lui dise ce qui s'était passé dans la vie pendant ce temps où il n'y avait pas été.

Les gens, à la fin, s'étaient si bien habitués à nous voir ensemble qu'ils ne nous distinguaient plus clairement l'un de l'autre. Jean me disait parfois, je disais parfois à Jean que cela, peut-être, était dommage, et qu'il faudrait un jour que nous nous séparions. Mais c'était pour nous comme une pensée de mort : nous la rejetions aussitôt.

Jean aimait que je fusse aveugle, parce qu'il pensait que, sans cela, notre amitié n'eût jamais été aussi complète. D'ailleurs, nous nous prêtions sans cesse l'un à l'autre nos yeux : un jour, c'était lui qui voyait, le lendemain, c'était moi. De cela aussi nous faisions une aventure.

Voilà. Jean est arrivé. Je ne l'ai sûrement pas très bien montré encore. Je ne sais pas si je pourrai faire mieux.

Mais je vais l'emmener avec moi jusqu'à mes dix-neuf ans, jusqu'à ses dix-neuf ans : vous finirez bien par le connaître.

Vous ai-je dit – je n'ai pas dû le faire encore – que Jean et moi avions passé, dès le début, un accord aux termes duquel chacun de nous aurait le droit de fréquenter qui bon lui semblerait, indépendamment de l'autre ?

Nous ne l'avions pas fait pour préserver notre liberté (la liberté ne nous semblait commencer qu'avec la mise en commun de ce que nous possédions), mais pour respecter celle des autres. Quelqu'un pouvait donner sa confiance à Jean et non à moi, ou le contraire. Les gens sont parfois si bizarres !

La mesure était sage. Par exemple, jusqu'en 1938, la plupart des camarades que j'avais n'auraient pas supporté Jean. Ils auraient pris son innocence pour de la niaiserie. Ils l'auraient persécuté. Je n'en doutais pas : aussi les maintenais-je à l'écart. De temps en temps, j'en éprouvais bien quelque honte. Mais il faut du temps à la honte pour qu'elle modifie nos actions.

Là, j'étais victime de ma passion pour les jeux violents.

Mon besoin de courir ne s'était pas épuisé, ni au Champ-de-Mars, ni à Juvardeil. Il me fallait, après la classe chaque soir, faire le tour du Luxembourg en longeant les grilles extérieures, soit quatre kilomètres environ à bout de souffle. Il me fallait traverser les pelouses malgré les écriteaux qui défendaient de le faire : je veux dire, à cause d'eux. Jeter la panique, en des courses jalonnées de cris, parmi les voitures d'enfants et les jeunes mères de famille – lesquelles, à l'époque, nous paraissaient très vieilles et, par conséquent, dignes de ce traitement –, faire voler la poussière en nuages, renifler l'acétylène du manège de chevaux de bois, fendre les foules, terroriser des passants, organiser des raids chez un marchand de disques du boulevard Saint-Michel pour entendre les dernières chansons de Maurice Chevalier ou de Tino Rossi – ce qui nous semblait être le comble de l'audace. Et pour tous ces exploits, vous comprenez que Jean n'était pas l'homme qu'il me fallait.

J'avais besoin de garçons prêts à tout, et même à simuler, si besoin, l'innocence devant leurs familles ou en classe.

J'étais alors très loin de Jean. J'étais dans un « no man's land », dans une région trouble entre l'enfance et l'adolescence. Comme tous mes autres camarades, j'étais plein d'ignorances bouffonnes et de savoir précoce.

Je commençais à soupçonner que les hommes ont un corps, et que ce corps quelquefois leur est incommode, qu'ils voudraient se réjouir avec lui, mais qu'ils n'en ont pas toujours le droit, que, du côté du plaisir, on rencontre des rites innombrables et, la plupart, obscurs.

Mes copains du Luxembourg n'étaient pas comme ceux de Juvardeil : quand ils regardaient les filles, c'était toujours obliquement. Finalement, ils pensaient à elles, mais jamais ils ne les touchaient : à la longue, cela leur faisait du mal. Ils avaient l'air de vivre, à cet égard, sous l'œil d'on ne savait quelle police.

Les journaux illustrés, le cinéma, la radio leur tournaient la tête, et leur tête tournait à vide.

De là, nos expéditions répétées vers le secteur du Luxembourg où, le soir, les amoureux avaient l'habitude de se donner rendez-vous. Notre objectif, c'était de les surprendre en plein accomplissement du mystère. Mais nous étions régulièrement déçus : il n'y avait pas de mystère. De-ci, de-là, nous percevions un bras jeté autour d'une taille, un baiser qui se prolongeait un peu plus que de raison : comme au cinéma, pas plus qu'au cinéma. Nous rentrions bredouilles, et discutions fiévreusement les miettes de vie que nous avions ramassées.

Je n'étais pas heureux loin de Jean, ni surtout loin de cette pureté qu'il avait. Mais comment résister ? D'autant plus que tous ces garçons, qui se donnaient tant de peine pour oublier leur enfance, avaient besoin de moi : ils me le disaient. Plusieurs d'entre eux s'étaient mis en tête que, étant aveugle, je devais être spécialiste dans les questions de sentiments (ils appelaient ainsi les mouvements de leur corps, et nous aurions mauvaise grâce à le leur reprocher, puisque les trois quarts des adultes font de même !). Un aveugle, d'autre part, quel témoin inespéré ! Comme il ne pouvait pas voir les filles, il fallait bien les lui expliquer. Avec lui, en tout cas, on ne craignait pas de démentis.

Je me suis mêlé à tous ces jeux ; mais d'un cœur mécontent, jusqu'à ce que Jean, enfin, m'en délivre.

Voilà un exemple de ce que je lui dois. Quand il était là, le bon côté de ma nature s'ouvrait tout grand. Je ne comprenais même plus comment, quelques heures plus tôt, j'avais pu m'intéresser à ce qui contenait si peu d'idéal, si peu d'espérance.

Les garçons du Luxembourg s'enlaidissaient

pour moi. Ils n'étaient déjà plus des enfants, ils n'étaient pas encore des hommes. Mais déjà quelque chose en eux devenait veule : je ne savais quoi. Tandis que Jean, lui, restait fier.

Il me parlait des filles, aussi, mais du même ton qu'il m'aurait parlé des étoiles.

Elles étaient faites pour rester encore très loin, pour briller longtemps d'une petite flamme incertaine. Elles ne touchaient pas terre. Il ne fallait ni les bousculer ni les prendre, puisqu'elles étaient toute la douceur. Il ne fallait même pas penser à elles complètement, parce qu'elles étaient aussi importantes que l'avenir.

Ce langage-là me faisait du bien : il y avait en lui une telle promesse. Et je savais bien que Jean, à lui tout seul, avait plus raison que tous les autres ensemble.

Je le savais, car, si au Luxembourg toutes mes fredaines n'allaient jamais jusqu'à me faire adresser la parole à une fille, j'en rencontrais encore quelques-unes à la maison : les sœurs de mes camarades, quelques amies de ma petite enfance. Jean, qui était innocent, mais qui de ce fait devinait tout, me répétait qu'il fallait que j'en profite, car bientôt ce ne serait plus possible. Il avait bien raison : c'étaient les dernières heures de cette facilité merveilleuse.

Je me sentais bien dans la compagnie des filles. Elles écoutaient encore mieux que les garçons. À moins qu'elles ne fissent semblant ! Mais c'était un doute qui ne m'effleurait pas.

Chaque fois que je racontais une histoire, que

je fabriquais un scénario de légende, que j'adaptais un livre aux besoins de mes rêves (et, elles présentes, je devenais intarissable), elles étaient volontaires pour me suivre.

À la différence des garçons, jamais elles ne discutaient d'absurdes points de vraisemblance. Elles étaient si bien chez elles dans l'imagination qu'avec elles je pouvais rêver double. Elles donnaient l'écho. Plus ce que j'inventais était irréel, plus elles étaient contentes. Elles mettaient en scène l'impossible.

De temps à autre, j'étais bien obligé de me souvenir qu'elles étaient des filles, qu'elles me cachaient quelque chose d'essentiel, et cela me troublait. Mais généralement, je n'y pensais pas. Je vivais avec elles hors du monde. Je profitais de la permission.

Enfin un jour – un jour difficile – les filles ne vinrent plus chez moi, étant devenues des jeunes filles. Pour les retrouver, il fallut que Jean et moi nous fassions d'abord un long chemin.

De treize à seize ans, les mauvais garçons et les jolies filles nous avaient également abandonnés. Ce fut alors le temps des vacances à deux, des confidences interminables et sans objet, de la terre qu'on croit découvrir avec sa vie toute neuve et qui vous rappelle que vous, vous ne vivez pas encore entièrement des pensées qui naissent, qui n'ont pas le temps de grandir et sont remplacées par d'autres, le temps surtout de ce bonheur d'exister que, à défaut d'autre mot, nous appelions l'Amour.

Nous grimpions, depuis une demi-heure déjà, au flanc d'une colline au-dessus de la vallée de la Seine, dans la caillasse et les broussailles. Tout à coup, venant de percevoir que le paysage avait fait un dernier plongeon sur ma droite, je disais à Jean : « Regarde ! Cette fois on domine ! Tu vas voir toute la courbe du fleuve, à moins que le soleil ne te gêne ! »

Jean, alors, sursautait, ouvrait les yeux et s'écriait : « Mais tu as raison ! »

Cette petite scène, sous mille formes, était fréquente entre nous. Et, si elle vous surprend, c'est que vous oubliez combien il est difficile à ceux qui possèdent quelque chose – des yeux, la chance ou le bonheur – de le savoir, et de s'en servir.

Retour de promenade, dans sa famille, Jean disait, parlant de moi, des phrases comme celle-ci : « C'est fou le nombre de choses qu'il m'a fait voir aujourd'hui ! »

Il faut ajouter (mais vous l'aviez compris) que Jean passait de longues heures à rêver. Il faisait de continuelles plongées dans son monde intérieur. Il m'avait cru quand je lui avais dit que ce monde-là n'est peut-être pas plus riche que l'autre mais certainement aussi riche et presque complètement inexploré.

Je lui avais montré des chemins d'accès : je connaissais bien l'itinéraire. Maintenant, c'était tout juste s'il n'allait pas plus loin que moi.

Seulement, s'il avait appris à descendre en lui, il devenait maladroit quand il s'agissait de remonter. La remontée, dans ce voyage-là, c'est toujours le plus difficile. Pour moi, depuis cinq ou six ans, je faisais l'aller-retour continuellement : c'était une routine.

J'expliquais à Jean que, ce qui lui rendait le mouvement difficile, c'était un préjugé – d'ailleurs commun à presque tous les hommes –, celui qu'il existe deux mondes, l'extérieur et l'intérieur. J'étais sans cesse obligé de recommencer l'explication, parce que Jean avait très envie de me croire, mais ne me croyait pas. Toujours à cause du préjugé !

Nous parlions de ce sujet au moins une fois par semaine, comme on se rend à l'office du dimanche. D'ailleurs, c'était exactement un sujet religieux.

Le fait – l'Unité du monde – me plantait là, incapable d'en bien parler, à cause de son évidence. Je ne savais que répéter : « Il y a un seul monde. Les choses extérieures n'existent que si tu jettes vers elles tout ce que tu portes en toi. Quant aux choses intérieures, tu ne les verras jamais bien, à moins que tu ne laisses entrer toutes celles du dehors. »

Passer de la lumière interne à celle du soleil, ce n'était pas l'affaire des sens : un déclic suffisait, un très léger changement de point de vue – comme de tourner la tête d'un centième de cercle. Finalement, il suffisait de croire : le reste se faisait tout seul.

Pour convaincre Jean (ce qui me tenait terriblement à cœur), je réunissais tous les arguments. S'il voulait être heureux totalement, il fallait qu'il n'y eût qu'un seul monde : c'était la condition.

Cette joie, moi je la connaissais. Elle était la Grâce de mon état. Quand je lisais dans les Évangiles que le Verbe s'était fait chair, je me disais que cela était vrai.

En même temps, je me rendais compte que je n'avais rien fait pour mériter cela : que cela m'avait été donné. Je priais Dieu pour que Jean, lui aussi, le reçût.

S'il y a une différence entre un garçon de quinze ans et un homme de quarante ans, hélas ! j'ai bien peur qu'elle soit à l'avantage du premier ! Le garçon fait tout par attention, et l'homme ne fait plus rien que par habitude.

Attentif, Jean savait l'être, au point que rien ne pouvait l'en distraire : ni la tombée de la nuit, ni mes bavardages sans queue ni tête, ni même la faim.

Quinze ans ! C'est l'âge où l'on ose tout dire, et où l'on trouve toujours quelqu'un qui vous écoute. Je savais écouter Jean aussi.

Quand l'un de nous cherchait à faire sortir de sa tête une idée ou tout un spectacle qui s'obstinaient à ne pas prendre forme, l'autre jugeait que cela était tout naturel : il attendait, il comprenait déjà.

Allez dire à une grande personne que vous ne voyez pas les choses comme elle ! Gare à vous : vous allez l'ennuyer. Vous allez même la choquer, c'est probable. Et si vous vous embarquez dans la description de vos différences, vous avez une chance sur deux de vous faire un ennemi. Jean et moi, au contraire, nous supportions tout l'un de l'autre. Nous étions à l'affût de la plus petite nouveauté.

Il me racontait pendant une heure quel effet produisait sur lui la musique de Schubert, et quel autre effet la musique de Beethoven. En retour, je déroulais pour lui le cinéma de l'histoire.

Comment cela m'était venu, je n'en avais aucune idée. Mais chaque fois qu'on mentionnait devant moi un événement (datant du règne de Tibère ou de la Première Guerre mondiale), l'événement allait aussitôt se projeter, à sa place, sur un écran : une sorte de toile intérieure.

Cette toile, à la façon des retables que peignaient les artistes du Moyen Âge, pouvait s'ouvrir tout entière ou bien se replier : mais autant de fois que je le voulais.

Si j'avais besoin du siècle d'Auguste, je fixais le siècle d'Auguste sur la toile et je laissais cachés, à gauche la République romaine, à droite les autres empereurs et leur décadence.

Je pouvais élargir ou rétrécir à volonté le champ de ma vision. Les époques où les événements étaient rares – comme ces VIe et VIIe siècles entre la prophétie de Mahomet et le couronnement de Charlemagne –, je les voyais en grisaille. Les époques chargées – celles qui commençaient avec les Révolutions américaine et française –, je les découpais en autant de tableaux qu'il le fallait.

De cette façon (inutile de le dire), l'étude de l'histoire était devenue un jeu pour moi. Et quel jeu coloré !

Car, sur ces tableaux, grands et petits, ce n'étaient pas des chiffres que je voyais, ni des lignes imprimées, mais les personnages et les lieux de l'histoire, aussi complets que je les avais appris : Jeanne d'Arc à Reims, Jeanne d'Arc au bûcher, la peste de Marseille, Gutenberg devant sa première Bible, Sainte-Sophie pillée par les Turcs, Christophe Colomb sur sa caravelle.

Jean avait eu droit cent fois à tous les détails. Il ne s'en fatiguait pas. Il comparait mon univers avec le sien. Il constatait que, dans le sien, il y avait bien moins d'images et bien moins de couleurs. Cela le mettait presque en colère : « En fin de compte, disait-il, lequel de nous deux est aveugle ? »

C'est pourquoi, si je lui demandais de voir, il se laissait faire : il regardait. Alors aussitôt je me servais de ses yeux. Et quand, à mon tour, je disais « j'ai vu la forêt, je vois le soleil qui se couche », il me croyait.

Pourtant, il fallut garder ces secrets entre nous : ils n'étaient vraiment pas assez ordinaires. Et, Jean parti, je dus attendre des années avant que le courage ne me revînt de les confier à personne. Il n'est pas toujours facile d'être différent.

9

La première salle de concert où je sois entré, à huit ans, fut à elle seule, pour moi, en une minute, plus que tous les royaumes de légende.

Le premier musicien que j'y entendis, là, devant moi, à quelques pas de mon fauteuil d'orchestre, fut un autre enfant : Yehudi Menuhin.

Chaque samedi, d'octobre à mai, pendant six ans, mon père est venu me chercher à la sortie du lycée, a hélé un taxi et m'a conduit à l'un des concerts que donnaient à Paris les grandes associations symphoniques.

Paul Paray, Felix Weingartner, Charles Munch, Arturo Toscanini, Bruno Walter m'étaient devenus si familiers que je savais, sans qu'on eût besoin de me le dire, qui, ce jour-là, était au pupitre. L'orchestre prenait le pas Munch, le pas Toscanini. Qui s'y tromperait ?

L'entrée dans la salle était le premier épisode d'une histoire d'amour. L'accord des instruments : c'étaient mes fiançailles. Après, je me jetais dans la musique comme on se roule dans le bonheur.

Le monde des violons et des flûtes, des cors et des violoncelles, des fugues, des scherzos et des gavottes, obéissait à des lois si belles et si claires que toute musique semblait parler de Dieu. Mon corps n'écoutait pas : il priait. Mon esprit n'avait plus de limites. Et si des larmes me montaient aux yeux, je ne les sentais pas couler : elles étaient hors de moi. Je pleurais de reconnaissance chaque fois que l'orchestre commençait à chanter.

Un univers de sons, pour un aveugle, quelle grâce soudaine ! Plus besoin de s'orienter. Plus besoin d'attendre. C'est le monde intérieur devenu objet.

J'ai tant aimé Mozart, j'ai tant aimé Beethoven qu'à la fin ils m'ont fait ce que je suis. Ils ont modelé mes émotions, ils ont conduit mes pensées. Ai-je en moi quelque chose que je n'aie pas reçu d'eux un jour ? J'en doute.

Aujourd'hui, pour moi la musique pend à un clou d'or qui porte le nom de Bach. Mais ce ne sont pas mes goûts qui ont changé : ce sont mes relations. Dans mon enfance, je vivais avec Mozart, Beethoven, Schumann, Berlioz, Wagner et Dvorak, parce que c'étaient eux que je rencontrais chaque semaine. Avant d'être la parole d'un homme – cet homme fût-il même Mozart –, toute musique est musique.

Géométrie, mais de l'espace intérieur. Phrases, mais libérées du sens. Sans aucun doute, de toutes les créations humaines, la musique était la moins humaine. Si je l'entendais, j'étais là tout entier, avec mes peines et mes plaisirs, pourtant ce n'était pas moi tout à fait : c'était mieux que moi, c'était plus grand, c'était plus sûr.

La musique pour un aveugle est une nourriture, comme pour ceux qui voient, la beauté. Il faut qu'il la reçoive, il faut qu'on la lui donne périodiquement, comme une nourriture. Sans quoi, un vide se creuse en lui, et qui fait mal.

Mon père avait l'habitude de rentrer du concert à pied jusqu'à la maison, me faisant ainsi cadeau de quelques-unes des plus belles heures de mon enfance.

Comment les gens peuvent-ils appeler la musique un plaisir ? Un plaisir satisfait vous appauvrit, vous attriste. Une musique entendue vous construit.

Au bras de mon père, j'étais plein de sons, dirigé par les sons. Mon père sifflotait, il chantonnait une mélodie. Il me parlait du concert. Il me parlait de toutes les choses qu'il y aurait un jour pour moi dans la vie : il n'avait plus besoin de me les expliquer. L'intelligence, le courage, la franchise, les conditions du bonheur et de l'amour, toutes ces choses étaient dans Haendel, dans Schubert, entièrement dites, lisibles comme le soleil du haut du ciel à midi. Ah ! Si tous les pères partageaient avec leur fils, comme le mien savait le faire, quelque chose de plus qu'eux-mêmes, la vie deviendrait meilleure !

Et maintenant – qui le croirait ? – je n'étais pas musicien. Pas vraiment.

J'appris à jouer du violoncelle. Pendant huit ans, je fis des gammes, des exercices. J'interprétai même décemment quelques morceaux simples. Je fis partie un jour d'un trio et je parvins à ne pas le détruire tout à fait. Mais la musique n'était pas ma langue. Je savais l'entendre à merveille, jamais je ne saurais la parler.

La musique est faite pour les aveugles. Mais il est des aveugles qui ne sont pas faits pour elle : j'étais de ceux-là, j'étais un aveugle visuel.

Je ne devenais pas un musicien, et la raison en était drôle : à peine avais-je formé un son sur les cordes de *la*, de *ré*, de *sol* ou de *do* que déjà je ne l'écoutais plus. Je le regardais.

Sons, accords, mélodies, rythmes, tout se transformait immédiatement en images, en courbes, en lignes, en figures, en paysages et, par-dessus tout, en couleurs.

Quand, de l'archet, je faisais résonner à vide la corde de *la*, il se faisait devant mes yeux un tel éclatement de lumière et si prolongé que je devais souvent m'arrêter de jouer.

Au concert, l'orchestre pour moi était peintre : il m'inondait de toutes les couleurs du prisme.

Si le violon entrait en solo, j'étais empli soudain d'or et de feu, et d'un rouge si clair que je ne pouvais pas me souvenir de l'avoir vu posé sur un objet réel. Quand c'était le hautbois, un vert limpide m'envahissait tout entier, et si frais qu'il me semblait sentir sur moi le souffle de la nuit.

Je visitais le pays de la musique. J'arrêtais mes yeux sur chacun de ses spectacles. Je l'aimais à perdre haleine. Mais je voyais trop la musique pour pouvoir parler sa langue. Ma langue à moi était celle des formes.

Curieuse chimie, qui transformait une symphonie en intention morale, un adagio en poème, un concerto en promenade, accrochait les mots aux images, les images aux mots, barbouillait l'univers de couleurs, enfin faisait de la voix humaine le plus beau de tous les instruments !

J'avais avec Jean qui, lui, était musicien plus que moi, de longs débats à ce sujet. Ils se terminaient tous par une découverte exaltante, toujours la même : qu'il n'est pas une chose au monde qui ne puisse être remplacée par une autre, que les sons et les couleurs s'échangent sans arrêt, comme l'air que nous respirons et la vie qu'il nous donne, que rien n'est jamais solitaire, jamais perdu, que tout vient de Dieu et retourne à Dieu au long de tous les chemins du monde, et que la plus belle musique n'est encore qu'un chemin.

Seulement il est des routes enchantées, et celle dont les étapes portent les noms de Vivaldi, de Beethoven ou de Ravel conduisait plus loin, je le savais bien, que les routes de la terre.

En 1937, je fis un voyage qui tient dans ma vie une place capitale, étrange. Je partis avec mes parents pour Dornach, village suisse situé aux environs de Bâle. Là, au sommet d'une colline, s'élevait un bâtiment singulier : le Goetheanum. Rudolf Steiner l'avait fait construire quelques années avant sa mort intervenue en 1925. Il avait fait de lui un lieu de travail et de réunion pour tous ceux qui suivaient son enseignement. Lui-même avait parlé là. Il avait parlé ; il n'avait pas prophétisé. Il avait montré, sur un ton admirablement simple et parfaitement dépouillé, que les mondes spirituels existent. Il avait affirmé, sans emphase et sans précipitation, mais avec une force calme, qu'ils commandent notre univers physique. Il avait expliqué en quoi ces mondes consistent et pourquoi en général nous les ignorons, et quelles étaient les causes et quelle avait été la signification de cette ignorance. Le temps était venu, disait-il, de révéler publiquement ces secrets détenus jusque-là par quelques initiés seulement. Autrichien d'origine, il avait parlé en allemand ces centaines et ces centaines de conférences où il semblait ne rien inventer, mais décrire ce qu'il avait, à ce moment même, sous les yeux. Dornach, dans son entourage de montagnes basses, conservait la marque de son passage, marque profonde et non pas austère, respectueuse et non pas crédule.

Mon père avait, depuis plusieurs années, au sein de la section française de la société anthroposophique, une activité importante. Il donnait des conférences régulières qui occupaient tous ses loisirs. Il parlait ainsi beaucoup, devant moi, de Steiner et de son œuvre. Peu à peu je comprenais davantage et une vénération discrète, jamais contrainte, s'emparait de mon esprit. Les enseignements de cet homme étonnant – ceux-là du moins qui pouvaient alors me toucher – me frappaient d'un sentiment inconnu jusque-là, le sentiment de l'évidence. Le cycle des réincarnations successives, en particulier, donnait à ma conscience un repos complet. Ce repos, je l'éprouve encore aujourd'hui. Car, selon cette vue nouvelle, le scandale de l'injustice terrestre, celui de la souffrance imméritée s'apaisent soudain. Notre malheur est désormais à la mesure seule de notre responsabilité ; notre inquiétude et notre désespoir ne sont plus définis que par notre ignorance. Nous devons payer nos fautes passées, répondre de nos fautes présentes, mais nous pourrons les racheter dans nos vies à venir. Seule notre histoire apparente, extérieure est une histoire absurde, arbitraire. Notre destin intérieur ne connaît que l'équilibre et la réciprocité. Nous voilà d'autre part partiellement maîtres de notre aventure personnelle, coupables non plus, comme tant de religions nous l'enseignent, d'exister, de naître et de mourir, mais coupables seulement d'exister dans l'abandon à la matière, dans l'oubli de nous-mêmes. Enfin l'éternité ne se projette plus ainsi, inexplicablement, dans l'avenir, mais baigne notre vie, notre vie dérisoire et essentielle à la fois, de toutes parts.

J'écoutais ces leçons dans le recueillement, mais sans jamais forcer en moi la volonté de les admettre. Je ne cultivais aucune croyance. J'acceptais de voir ce qui m'était montré. La vie seule déciderait de mon choix.

Je passai à Dornach deux semaines, fixant partout mon attention. Un spectacle pourtant me retint plus que tous les autres. On me fit en effet assister à une séance d'« eurythmie ». Dans le Goetheanum, sur une scène de théâtre ordinaire, des hommes et des femmes dansaient. Ou plutôt, ils paraissaient danser. Car l'eurythmie n'était pas un style chorégraphique particulier, mais un art, un art nouveau, aussi complet, aussi original que peuvent l'être la musique ou la poésie. Steiner avait conçu son principe et établi ses premières règles. Il s'agissait, si l'on veut, de réconcilier la parole et le mouvement, de faire correspondre à chaque son de la voix un mouvement du corps, de figurer, de dessiner le sens des textes. Il existait donc un alphabet eurythmique fondé sur la signification spirituelle, intérieure, des lettres, et comme une grammaire très libre du reste, afin de les composer entre elles. Parfois les eurythmistes évoluaient au long d'une musique, parfois suivant un poème récité. Des poèmes de Goethe furent ce soir-là déclamés ; quelques-uns aussi de Steiner lui-même. Ils me frappèrent beaucoup car, sans les comprendre entièrement (ils étaient dits en allemand), je parvenais sans effort à les deviner. Les acteurs vivaient les mots par la voix, comme on fait de la main, du bras, du corps entier un geste. Ils semblaient dire ce que les mots disaient, et non pas, comme tant d'autres acteurs, dire des mots. La langue allemande me parut aussitôt d'une beauté sonore exceptionnelle ; elle me parut surtout douée d'un pouvoir merveilleux, unique, de métamorphose. Elle ne semblait jamais définitive, jamais morte. Elle brassait les sons dans un mouvement d'invention ininterrompu. Elle les faisait s'élever, puis retomber sans jamais les suspendre et suivant des lignes qu'on eût été impuissant à superposer. Certes elle était souvent rude et parfois lourde ou, du moins, appuyée : elle battait l'air de coups sourds. Mais elle ne se complaisait pas en elle-même ; elle semblait toujours en exploration et comme à la poursuite de ses mots, de ses formes. Sa grâce me séduisait. Je dis bien : sa grâce ; non pas semblable certes à celle, étincelante et balancée, du français, mais plus insistante, plus volontaire. J'entendais les voyelles ou les diphtongues chaudes « u », « au », « eu » adoucir, selon un rythme très lent et très sûr, les coups de cymbales des « st », « pf », « cht » ; d'autres fois mettre pied à terre, s'affermir par un « g » ou un « t » final : *Wirkung, aufgebaut*. L'allemand devenait pour moi une langue de musicien-architecte qui prenait assise et élan sur les sons pour construire patiemment son discours. Je venais ainsi d'être jeté dans un enthousiasme qui devait durer, sans défaillance, pendant près de dix ans et me saisit encore aujourd'hui à chaque nouvelle occasion : j'avais la passion de la langue allemande. Bientôt vint la passion de l'Allemagne et de tout ce qu'elle cache de menaces et de trésors.

Je me trouvais en face d'un mystère. De 1937 à 1944, toute une part de ma vie allait rester injustifiée : chaque jour, pendant huit ans, j'allais entendre l'appel de l'Allemagne. Je me sentais porté irrésistiblement vers l'est. Il me semblait être, chaque jour, comme à la veille d'un départ possible. L'Allemagne me donnait le goût de vivre, exaltait toutes mes facultés.

Et en effet, quittant Dornach, vers le 15 août, je partis avec mes parents pour l'Autriche où nous devions achever le mois. Jamais je n'avais tant désiré un voyage. Il me donna plus encore que je n'attendais de lui. Nous nous étions fixés à Zell am See, entre Innsbruck et Salzbourg. Le temps fut constamment pluvieux. Nos promenades se trouvaient chaque jour abrégées. Ce furent, en réalité, d'assez mauvaises vacances. Et pourtant, un plaisir profond, sensible jusque dans mon corps, ne me quitta pas. Je l'éprouvais avec un étonnement dont je pris très vite conscience. Mais mes réflexions n'y changeaient rien : il s'imposait à moi, tenace. J'écoutais parler l'allemand. Je songeais, émerveillé, à ma position nouvelle au milieu de l'Europe et la géographie me paraissait avoir des intentions. Mes rêves, dans ce pays, se nourrissaient de l'air que je respirais ; ils montaient de chaque roseau du lac, de toutes les chansons des vallées. Mes rêves d'amour et de gloire, de patience et de puissance vivaient, se mêlaient, sans que j'eusse à les soutenir. Je visitai le glacier du Grossglockner : il n'était pas plus beau, j'en étais sûr, que cette « mer de glace » qui, deux ans plus tôt, à Chamonix, m'avait tant séduit.

Mais je venais à lui transformé déjà : il me parut plus important que tout autre. Je parcourus Salzbourg sous la pluie, vis la maison natale de Mozart, assistai vers le soir à un spectacle de marionnettes : la légende de Faust au Puppenspieltheater. Cette ville était une ville enchantée. Je ne pouvais l'expliquer mais, dès le matin, je l'avais su, lorsque, soudain, en pleine rue, sous des arcades, un petit orchestre avait joué du Mozart, puis une cloche juste au-dessus de moi dans le ciel quelques airs d'opéra. Mais, en vérité, tout ce que j'avais pu voir en Autriche, les spectacles réels de mon voyage, ne comptaient guère. Il s'était passé autre chose : j'avais appris en quelques jours dans un éclair de bonheur qu'il existait deux soutiens insoupçonnés de la vie : le courage et la poésie.

J'avais conservé de mon voyage une impression d'étrangeté et de familiarité à la fois. J'avais acquis cette conviction bizarre : les affaires d'Allemagne me concernent personnellement.

À quatorze ans, j'étais une tour de Babel en petit.

Les mots latins, les mots allemands, les mots français, les mots grecs menaient joyeuse vie dans ma tête. Chaque soir, je m'endormais à moitié assourdi. Voilà ce qui arrive quand on est trop bon élève, quand on a trop de mémoire, quand on a un penchant pour la littérature, quand on lit plus que de raison et quand les mots sont devenus pour vous aussi réels que des êtres.

Heureusement, j'avais trouvé un moyen de me protéger : j'avais découvert, contre l'enseignement de tous les livres, que les mots avaient d'autant plus de sens qu'on les prenait moins au sérieux. La bonne manière de les regarder, c'était de loin, par grandes masses. Plus ils étaient nombreux, plus ils avaient de chance finalement de signifier quelque chose.

Je m'arrêtais de lire tout à coup, je sortais ma tête de dessous les vagues du langage, et je me tenais aux aguets. J'attrapais des mots au vol. Ce n'était pas difficile : il en flottait toujours autour de moi dans la chambre. Je braquais mes phares sur chacun d'eux, pendant une seconde et, vite, vite, je le remplaçais par d'autres.

Les associations, les mariages qui en résultaient me paraissaient souvent admirables. Mais je ne prenais pas la peine de les noter : cela aurait gâté mon plaisir.

Mon vrai plaisir était d'entendre les mots sonner, de leur voir faire tous ces efforts comiques pour me faire croire qu'ils avaient un sens. D'autre part, ils n'étaient pas des figures abstraites en circulation dans le monde mental : chacun d'eux avait une voix, une voix voltigeante, mais que mon oreille percevait distinctement.

Le jeudi, il me semblait faire l'école buissonnière, quand j'allais à la Comédie-Française.

Saurait-on rêver pourtant des divertissements plus graves ? J'allais entendre *Polyeucte* et *Britannicus*, *Tartuffe*, *Athalie*, *Zaïre* !

Jean, par exception, ne m'accompagnait pas, ayant toujours quelque travail scolaire en retard. J'avais recours à des garçons plus légers – c'est-à-dire moins consciencieux – et qui tous, plus ou moins récemment, étaient tombés amoureux d'une actrice.

Leur faisant un devoir de m'accompagner, je favorisais leur passion : ils contemplaient l'objet de leur flamme, du haut du poulailler, aux prises avec la cruauté d'un prince troyen ou tout occupé à s'administrer un poison.

Cette dose hebdomadaire d'alexandrins classiques me grisait. Les places les plus éloignées de la scène étant les seules que nous puissions nous offrir, surtout si nous voulions, aux entractes, nous accorder le luxe d'un Esquimau glacé, nous entendions généralement très mal les acteurs. Seuls les cris tragiques montaient bien jusqu'à nous. Il fallait donc emplir les vides avec de l'imagination, ce qui nous tenait éveillés et ravis.

Déambulant parmi les bustes en marbre de tous les dramaturges français depuis le temps de la Renaissance, au long des galeries solennelles du théâtre, nous faisions des hypothèses sur les épisodes de la pièce que nous n'avions pas entendus. Immanquablement, cela nous enivrait.

À la sortie du spectacle, pendant des heures,

mon cerveau était balancé de droite à gauche par le rythme des alexandrins, comme l'océan l'est, dit-on, par l'attraction de la Lune.

Au poulailler, j'entendais mal : à cause de la distance, à cause aussi de fanatiques du théâtre (ils pullulaient en ce temps-là) qui ne pouvaient pas se retenir de réciter la prose de Marivaux ou les vers de Racine, juste en même temps que les acteurs, à voix haute et passionnée, à cause enfin de ma cécité qui m'empêchait, bien sûr, de voir ce qui se passait sur la scène. Mais, en ce temps-là, chez moi, la faculté d'invention prospérait.

Un coup de coude de mes camarades suffisait pour me faire comprendre que le traître, le bourreau ou l'amant de cœur entrait en scène. Des bouts de phrases soufflés à l'oreille construisaient le décor, décrivaient l'action : « Elle tombe !... Il meurt !... Il y a un fauteuil à droite... Il soulève son chapeau... » Je n'en demandais pas plus. Je n'avais pas besoin de plus.

À l'entracte, les copains qui, eux pourtant, avaient vu le chapeau ou le poignard, me demandaient à moi, le plus sérieusement du monde, mon opinion sur la mise en scène. C'était une habitude bien établie : je donnais mon opinion, je rectifiais leurs jugements. Ils n'avaient pas un seul instant l'idée de me trouver ridicule.

C'était vrai : j'avais vu la pièce. Pour chaque vestibule de palais romain, j'avais choisi la place des colonnes.

J'avais réglé soigneusement le maquillage d'Agrippine et celui de Néron. J'avais modifié l'éclairage d'acte en acte. Pourquoi ne l'aurais-je pas dit ?

De temps en temps, il est vrai, je tombais sur un copain incrédule. Ses doutes ne m'embarrassaient pas longtemps. « Après tout, lui disais-je, quand vous, vous lisez un roman, vous ne voyez pas les personnages. Vous ne voyez pas non plus les lieux de l'action. Et pourtant vous les voyez, ou c'est alors que le roman est mauvais. » Le copain résistait déjà plus mollement.

Ce que j'aimais dans le théâtre, c'était que, à la façon de la musique, il ouvrait sur la vie de chaque jour des portes qu'avant lui on n'avait pas aperçues.

Je n'avais encore rencontré nulle part dans la réalité le Misanthrope, ni surtout Phèdre, mais je sentais bien que ces gens-là n'étaient pas irréels : ni plus ni moins que mes parents ou mes professeurs.

L'étonnant, quand on voyait Phèdre ou le Misanthrope, c'était leur transparence : ceux-là ne vous cachaient rien. Tout se passait au théâtre comme dans les voix : les apparences fondaient aussi vite que la neige au soleil. Après tout, j'avais l'habitude, depuis quelque temps, de découvrir la cruauté dans la voix langoureuse d'une femme du monde, la sottise dans la rhétorique d'un prof plein de science, et cent autres laideurs analogues. Les hommes de théâtre devaient être comme moi : ils avaient double oreille.

Il restait, c'est entendu, des situations incompréhensibles. L'abus que l'on faisait, sur la scène de la Comédie-Française, de l'adultère, de la mégalomanie, du meurtre prémédité, du cocuage et de l'inceste, me laissait rêveur. Quand, par miracle, il restait assez d'argent à mon camarade et à moi pour nous payer la folie d'un verre de bière après le spectacle, ces grands problèmes, autour de la table du bistrot, prenaient l'allure d'une conspiration. Nous étions alors d'avis que le monde était une affaire inquiétante, mais sans aucun doute plus extraordinaire que tout Racine et tout Shakespeare. Nous étions tellement pressés d'y aller voir par nous-mêmes que nous rentrions chez nous en courant.

En ce temps-là, la Comédie-Française dédaignait quelque peu Shakespeare. Il est remarquable que l'amour de Shakespeare a toujours été en France sujet à éclipses, comme si les Français étaient périodiquement mécontents de rencontrer un si grand bonhomme hors de chez eux.

Cependant, à la radio, un soir, j'étais tombé sur une représentation d'*Hamlet*. Je me souviens précisément que je n'avais rien compris, mais que j'étais resté fasciné.

C'était aussi convaincant que du Racine, avec de la brume en plus, du brouillard partout, entre les vers, entre les scènes, avec des personnages dont on ne savait jamais très bien où ils étaient ni quels noms il fallait leur donner : fou ou raisonnable ? Ambitieux ou bon ? L'équivoque anglaise me semblait plus vraie que toutes les définitions françaises.

J'avais découvert en Shakespeare un esprit enfin aussi compliqué que la vie. Je me mis à le lire tout entier en traduction. Mettre en scène Shakespeare dans sa tête, c'était une telle réjouissance ! Il vous aidait si bien ! Il déversait sur vous toute l'ombre et tout le soleil, les chants des oiseaux et les gémissements des fantômes. Il ne vous disait pas une seule chose abstraite. Plus besoin ici d'imaginer Roméo ni Juliette : on les touchait. On se croyait soi-même Roméo.

Finies, les petites ou même les grandes mesures de l'intelligence, ce qui est convenable et ce qui ne l'est pas. Le probable et l'improbable se mélangeaient, comme ils doivent le faire, comme ils le font dans la réalité.

Shakespeare était plus grand que les autres, parce qu'il avait ce que je cherchais partout en vain dans le théâtre classique français : l'excès divin.

Puck, Mercutio, Prospero, Henry VIII, Lady Macbeth, le roi Lear et Ophélie trébuchaient dans ma tête. Ils m'obsédaient à la fin. Il ne me restait plus qu'une chose à faire pour me délivrer d'eux : me mettre moi-même à l'ouvrage.

En deux ans, je composai une dizaine de tragédies shakespeariennes. Soit ! Aucune d'entre elles ne parvint jusqu'au stade de l'écriture. Mais je n'avais rien à faire d'un texte écrit : je ne composais pas, je créais ! Entre une version latine et un problème de géométrie, je me réfugiais dans la fantaisie et dans le drame. Les murs tachés de sang, les châteaux hantés défilaient.

Il faut noter pourtant que le côté français de ma nature ne tardait pas à revenir au galop. À la fin du drame shakespearien, mes héros, qui estimaient que mourir en série était prématuré, voire primitif, avaient recours au raisonnement : ils s'adressaient les uns aux autres de très longs discours qui, au bout du compte, les apaisaient. Ils calculaient passionnément, mais ils calculaient un compromis, une réconciliation.

Bref, ressusciter les morts, éviter par exemple, grâce à une entrevue ménagée en temps utile, qu'Hector ne fût traîné ignominieusement autour des murailles de Troie, me paraissait une fonction poétique noble. J'avais décidé que ce serait la mienne.

Pour aller au lycée, Jean et moi avions le choix entre deux itinéraires : ou bien enfiler la rue d'Assas, et traverser le Luxembourg en oblique jusqu'au boulevard Saint-Michel, ou bien gagner aussitôt les jardins de l'Observatoire, et couper le Luxembourg en ligne droite.

Même distance. Mêmes rencontres. Mais deux climats, et combien différents !

Si nous prenions la rue d'Assas, le silence tombait sur nous. Nous ne pouvions pas parler. Les mots restaient en suspension dans nos têtes, au point de créer une sensation d'impatience et de chagrin. Au contraire, sur la route de l'Observatoire, nous avions tant à dire qu'il fallait nous contrôler l'un l'autre. De telles impressions, jamais je n'aurais pu les communiquer à d'autres : ils m'auraient ri au nez. À Jean, je n'avais pas même besoin de les dire : il les vivait en même temps que moi.

Pour nous, il n'y avait pas deux lieux dans le monde qui fussent semblables. Il n'y avait pas de trottoir indifférent, pas de mur aveugle, pas de carrefour sans nom, pas un arbre qui pût être remplacé par un autre, pas une chose qui fût impersonnelle. C'était notre observation, c'était notre connaissance, et nous tenions à elle comme à un trésor.

Un été, enfin, nos parents nous réunirent pour les vacances. Nous allions vivre pendant un mois tous les deux à la montagne.

Cette montagne fut le Haut-Vivarais, les contreforts orientaux du Massif central, à l'instant où celui-ci plonge, en deux paliers arrondis mais nets comme des marches, sur la vallée du Rhône. Un pays de pâturages embaumés par la citronnelle et la marjolaine, de sous-bois que les myrtilles rendent violets, de forêts de pins tourbillonnantes de mouches et d'abeilles, de vallées abruptes mais dont les flancs sont couverts d'herbes et de mousses, où le rocher n'affleure presque jamais.

J'avais découvert la montagne quelques années plus tôt, mais Jean n'était pas encore là : la joie qu'elle m'avait donnée, je l'avais gardée secrète. Cette fois, je pouvais la détailler, la chanter. Ce n'était pas Jean qui la trouverait bête !

Nous partions le matin, nous rentrions le soir, à grand-peine : nos jambes ne nous portaient plus. Puis nous aurions tant voulu rester là-haut dans l'air sans fin.

Jean, pour mieux me guider, avait inventé un code.

Une pression de sa main sur mon épaule droite disait : « Pente à droite. Porter le poids du corps sur la gauche. » Et réciproquement.

Une pression sur le milieu du dos annonçait : « Aucun danger en vue droit devant nous. On marche plus vite. »

Une pression sur le dos, mais du côté gauche, signifiait : « Ralentir ! Tournant sur la droite. » Et si l'appui de la main se faisait plus fort, c'était que le virage se présentait en épingle à cheveux.

Il y avait un signe pour chaque obstacle : une pierre à enjamber, un ruisseau à sauter, des branches à éviter en baissant la tête. Jean affirmait qu'en moins d'une heure la méthode était au point, que pour moi c'était comme si j'avais retrouvé mes yeux et que, en ce qui le concernait, c'était si simple qu'il n'y pensait déjà plus.

En effet son système de radar fonctionnait si bien qu'une dégringolade le long d'un sentier étroit, au bord d'un abîme et sur des pierres roulantes créait une tension à peine plus grande qu'une promenade apéritive sur les Champs-Élysées. Les problèmes physiques avaient toujours une solution : telle était la leçon du radar.

« De toute façon, disait Jean, il faut bien que je regarde où je marche. Te dire à toi, c'est juste une question de mécanique. »

Pour l'orientation, nous nous étions inspirés du cadran solaire. Si Jean voulait me raconter les brumes roses qui baignaient, vers 6 heures du soir, la crête du mont Chaix, m'indiquer d'où elles venaient, où elles allaient, il disait simplement : « Il y a une minute, elles étaient à 3 heures. Mais, pendant que je parle, elles glissent vers 2. » Il suffisait, pour comprendre, d'avoir admis, une fois pour toutes, que midi serait, où que nous nous trouvions, dans la ligne droite de mon visage. Puisque, dans le monde physique, il n'y avait que des points de vue et des conventions, il ne restait qu'une chose à faire pour avoir raison de lui : inventer à notre usage autant de conventions et de points de vue, et s'en servir.

Quand nous escaladions les pentes et roulions dans les vallées, tout allait de soi. Je ne demandais plus rien à Jean, sauf qu'il m'indiquât, de temps à autre, un repère : l'arbre au tronc fendu, le rocher qui avait des cornes, ce toit dont on ne voyait pas la maison, cette barrière par où la chèvre tout à l'heure était passée. Je faisais le reste.

Jean était distrait, vous vous en souvenez. Il ne l'était pas pour les choses immédiates. Là, il se sentait responsable : il ne faisait pas une faute de conduite. Mais regarder le paysage sans interruption, c'était trop pour lui. C'était bon pour moi. C'était ma fonction particulière dans l'équipe.

J'étais chargé d'indiquer à Jean (quitte à interrompre la conversation) tous les changements de spectacle. Si, à un tournant du chemin, la forêt s'épaississait donnant ainsi une chance d'attraper la lumière selon un rayonnement plus sombre, si la prairie descendait, raide, jusqu'au torrent, puis remontait de l'autre côté suivant le même angle, promettant quelques reflets noirs et bleus en direction du fond, je devais le dire.

J'annonçais les étapes. Je pointais les villages : « Satillieu est là-bas, derrière ce mamelon. Quand les arbres seront plus bas, tu apercevras Saint-Victor. »

Au total, cela faisait des dialogues bien étranges. Le voyant guidait, l'aveugle décrivait. Le voyant parlait des choses proches, l'aveugle, des lointaines. Et aucun des deux ne se trompait.

La montagne était pour moi le lieu béni de la perception à distance.

Était-ce le bourdonnement circulaire des insectes qui délimitait pour moi la forêt ? Était-ce le rebondissement et l'écho silencieux des pierres qui disait la forme du pic devant moi ? Était-ce cette odeur tranchante, jaillie tout à coup des lourdes vapeurs végétales, qui m'annonçait le rocher miroitant d'eau fraîche ? Je ne me posais plus ces questions.

Tout parlait : cela était sûr. Il n'y avait pas l'ombre d'un arbre qui fût épaisse exactement comme celle de l'arbre voisin, dentelée ni tordue de la même manière. Le parfum de la menthe sauvage avait deux façons de se promener, selon qu'il circulait sur une prairie grasse ou sur un champ de cailloux. La lumière elle-même coiffait les bosses ou emplissait les trous juste suivant leurs contours. Pour les connaître, il n'y avait qu'à la suivre.

Les paysages se composaient, se modifiaient pour moi de seconde en seconde et, quand l'air était frais, quand le vent ne mettait pas un casque sur ma tête, d'une façon si précise qu'il me semblait les voir à travers une loupe. Quelle surprise, quand j'indiquais à Jean, sans une erreur, deux chaînes de crêtes successives !

Là, tout de même, nous nous arrêtions. Mais nous ne trouvions rien à en dire. C'était comme ça. Que les gens y croient ou non, que cela soit ou non imprimé dans les livres.

Sur les sentiers de montagne, comme partout ailleurs, Jean et moi nous nous heurtions à un fait : il n'y a pas de limites. Ou s'il y en a, ce ne sont jamais celles qu'on nous a apprises.

Les gens autour de nous semblaient satisfaits quand ils avaient dit qu'un boiteux boite, qu'un aveugle ne voit pas, qu'un enfant n'est pas assez grand pour comprendre, que la vie s'arrête à la mort. Pour nous deux, dans notre été de pâturages, de crépuscules et d'aubes qui sans cesse recommencent, aucune de ces affirmations ne tenait debout.

Nous avions avec nous notre amitié. Nous avions l'ignorance et la joie. Nous regardions tout à travers elles. Elles nous apprenaient tout. Et l'aveugle, lui-même, voyait, et le voyant, près de lui, le savait bien. La vie était bonne, bonne.

10

Le 12 mars 1938, alors que je tourne les boutons de la radio pour faire, comme chaque soir, mon petit tour d'Europe, soudain, sur la longueur d'onde de Radio-Vienne, qu'est-ce que ce bruit ?

Des vagues de hurlements martèlent le haut-parleur. Une masse humaine en délire. Le *Deutschland über alles*, le *Horst Wessel Lied*, musique et voix, à bout portant sur vous comme des revolvers chargés ! « *Anschluss ! Heil Hitler ! Anschluss !* » L'Allemagne vient de se ruer sur l'Autriche. Il n'y a plus d'Autriche. L'allemand, cette langue que j'aime, le voilà défiguré au point que je ne reconnais plus ses mots. Mon imagination de treize ans voudrait faire face au choc, mais c'est trop, d'un seul coup, pour elle. L'histoire se jette sur moi : elle a exactement le visage des assassins.

On m'avait parlé de la souffrance, et même beaucoup. Elle était, avec l'amour, le seul sujet des livres. D'ailleurs, l'amour et la souffrance, dans les livres, arrivaient presque toujours ensemble. Je me demande bien pourquoi ! Mais dans ma vie, il n'y avait pas de souffrance.

Juste après mon accident, j'avais eu très mal. Mais d'abord cela n'avait pas duré. Puis, c'était un accident. Tout le monde sait bien qu'il y a des choses inévitables.

Un matin au lycée, pendant la récréation, j'étais là quand ce garçon à la voix sifflante s'était jeté sur l'un de mes camarades, tous ongles dehors pour le frapper aux yeux. L'autre s'était heureusement jeté de côté, il s'était enfui en pleurant. J'avais été horrifié. Mais tous finalement avaient conclu que l'agresseur était fou. C'était une explication.

Un soir vers minuit – c'était le 6 février 1934 – mon père était rentré du quartier de l'Étoile et avait raconté, avec une excitation dans la voix que je ne lui connaissais pas, que des manifestants sur les Champs-Élysées arrachaient les clôtures de métal qui entouraient les parterres de fleurs et les jetaient à la figure des agents de police, et que, sur la place de la Concorde, un autobus brûlait. J'avais mal compris. Cela ressemblait aux tragédies, aux romans. C'était comme dans les manuels d'histoire – un peu plus chaud seulement –, cela n'était pas réel.

Je n'avais encore jamais vu mourir personne. Tous les hommes mouraient bien sûr, mais c'était alors que Dieu les rappelait à lui : il n'y avait pas là de quoi s'indigner. Au contraire.

Je savais en mars 1938 assez d'allemand déjà

pour suivre les bulletins d'information de la radio nazie.

Mais j'allais apprendre cette langue à fond, afin d'être sûr, afin de sentir ce que ces hommes nous voulaient.

L'Europe basculait vers l'est, vers Berlin, Hambourg, Nuremberg et Munich, et j'allais basculer avec elle : j'en avais le sentiment invincible. Où cela finirait-il, je n'en avais aucune idée, mais je me préparais. Pendant les cinq années suivantes, j'étudiai l'allemand deux heures par jour.

Entre l'Anschluss et la capitulation de Munich, je fis de tels progrès que je pus lire le *Buch der Lieder* de Heine, le *Guillaume Tell* de Schiller et l'autobiographie de Goethe.

Tous ces livres défiaient ma raison : je n'apercevais aucun rapport entre eux, leur langage harmonieux, humain, leurs pensées si hautes qu'on ne pouvait pas toujours les suivre jusqu'au bout, et les divisions blindées, les SA, les SS, les meetings de la haine au Sportpalast de Berlin, sur le champ de foire de Nuremberg, les juifs insultés, arrêtés – certains disaient même torturés –, tous ces hommes qui fuyaient l'Allemagne, parce que, en Allemagne, disaient-ils, un homme libre ne pouvait plus vivre, la guerre, la mort.

La guerre ! Il y avait des hommes qui réellement l'aimaient. Maintenant, j'en étais sûr. Quant à la mort, il y avait des hommes qui la donnaient par plaisir.

Alors l'histoire était vraie tout entière : tous les esclavages, tous les supplices, toutes les batailles, tous les massacres. Et elle allait recommencer avec nous. Ce n'était plus qu'une question de semaines ou de mois. S'il restait pendant l'été de 1938 des politiciens en Europe pour en douter, ils auraient bien fait de consulter le lycéen de treize ans que j'étais : lui n'hésitait pas.

Je guettais tous les soirs à la radio les déclarations de Daladier, de Chamberlain, de Ribbentrop. En septembre, dans les semaines qui précédèrent Munich, il n'y eut pas une entrevue, pas un discours que je manquai. Si je tombais sur la BBC, mon ignorance de l'anglais me donnait de véritables remords : je patientais pendant deux heures jusqu'à ce que la BBC transmît les mêmes informations en français ou en allemand.

Je n'avais pas peur, pas encore : de cela au moins je suis certain. J'avais des états d'âme bien plus intéressants : la curiosité du malheur, le besoin de comprendre, la fascination du mystère, le lyrisme de l'avenir, la surprise. La surprise avant tout.

Grâce à mon père, nous avions des amis allemands. S'étant rendu plusieurs fois en Allemagne dans l'exercice de sa profession d'ingénieur, mon père s'était fait là-bas quelques relations. Mais surtout, consacrant tous ses loisirs à des recherches philosophiques et anthroposophiques, il avait noué en Allemagne de vraies amitiés avec des hommes admirables : un professeur de mathématiques, un ancien ministre bavarois.

Voici que ces hommes paisibles qui, pour moi, ressemblaient à Heine, à Goethe, à Beethoven, prenaient la fuite. J'apprenais qu'ils étaient tous menacés d'emprisonnement, peut-être de mort.

Dans les premiers jours d'août 1938, mon père prit une initiative qui me jeta en pleine aventure : il m'emmena passer trois jours à Stuttgart.

Sur les pentes de la Uhlandshöhe, au-dessus de la ville, nous rendîmes visite à un directeur d'école Rudolf Steiner allemand, ami de mon père. Le calme de cet homme me frappa, sa modération mais aussi sa tristesse. Il nous dit que tous les Allemands qui désiraient la paix ou qui, simplement, la préféraient à la guerre, souffraient en ce moment même, ou se préparaient à souffrir. Il parla peu, et presque à voix basse. Pourtant, il nous laissa entendre que toutes nos imaginations restaient en deçà de la réalité, et que ce n'était pas l'Allemagne seulement, mais la France, l'Angleterre, le monde tout entier qui allaient prendre feu d'un instant à l'autre.

Quant à lui, il fallait qu'il quittât son pays avant la fin de l'année : il le savait. Il ne pouvait pas s'y résoudre.

De retour à Paris, naturellement, je jouai les prophètes devant mes camarades. Presque sans exception, ils ne me comprenaient pas. Dans leurs familles, ils n'entendaient rien dire de spécial : des événements, il y en avait eu toujours, il y en aurait toujours. Trois ans plus tôt, il y avait eu une guerre coloniale en Éthiopie, des menaces de blocus de la part des puissances occidentales, et pas de blocus. En ce moment même, il y avait en Espagne une guerre civile. Les journaux le disaient.

Seulement, une des règles du confort bourgeois – du confort des familles – était qu'on lût les journaux mais qu'on ne les crût pas. La presse mentait toujours : plus ou moins, mais toujours. Le mieux était donc d'y penser aussi peu que possible.

Pour moi, ce refus de voir était la chose la plus stupide que j'eusse rencontrée dans mes treize années d'existence. J'en avais honte pour mes camarades et pour leurs parents. Si j'avais su le faire, je les aurais convaincus.

Je trouvais que la plupart des adultes étaient décidément de beaux imbéciles ou de fameux lâches. Ils ne cessaient pas de nous expliquer, à nous les gosses, qu'il fallait nous préparer à la vie, c'est-à-dire à mener justement l'espèce de vie que, eux, ils menaient, parce que c'était la seule bonne et la seule juste – ils en étaient sûrs ! Vraiment, merci ! Vivre dans les gaz asphyxiants sur les routes d'Abyssinie, à Guernica, sur le front de l'Èbre, à Vienne, à Nuremberg, à Munich, au pays des Sudètes et bientôt à Prague : quelle perspective !

Je n'étais déjà plus un enfant : mon corps

me le disait. Mais toutes les choses que j'avais aimées, quand j'étais un gosse, je les aimais encore. Ce qui m'attirait et me terrifiait à la fois dans la radio allemande, c'est qu'elle était en train de détruire mon enfance.

Les ténèbres extérieures : c'était elle. Un endroit pire que tous les mélodrames, où il faut que les hommes hurlent à tue-tête pour se faire entendre, où, quand ils veulent déshonorer, ils parlent de l'honneur, et de patrie chaque fois que l'envie les prend de piller.

À pareille école, j'aurais dû apprendre à aimer la guerre. Mais non ! je ne l'aimais pas.

J'aurais dû apprendre à détester les boches. Grâce à Dieu, pas davantage ! Ma famille m'en dissuadait. Les livres, les symphonies me disaient qu'il ne le fallait pas. Je continuais à appeler les Allemands : les Allemands, avec respect.

Quelques-uns de mes camarades se déclaraient patriotes. Pas moi. Je n'avais aucune envie de leur ressembler, à ceux-là : ils étaient tous des fanfarons, et pas un parmi eux n'avait fait le plus petit effort pour comprendre ce qui se passait. D'autre part, dans leurs familles antiallemandes, c'était extraordinaire l'indulgence qu'on avait pour Hitler et ses crimes.

Sans me le dire clairement encore, je pressentais des nazis partout. Le monde ressemblait désormais à une marmite géante que la rancune et la violence chauffaient.

À la fin de 1938, je rêvais encore, mais, pour

la première fois, cela ne se faisait plus tout seul : il fallait y veiller, garder en quelque sorte la porte du Royaume ouverte derrière soi.

La grande Unité s'était coupée en deux : d'un côté l'amour, de l'autre la haine, d'un côté la peur, de l'autre la joie.

Tout allait être sûrement difficile : un peu plus, de jour en jour. Et tant pis, après tout ! Si la vie n'était pas bonne, il y avait encore toutes les apparences qu'elle allait être passionnante.

Cette jeune fille que Jean avait rencontrée dimanche pour la deuxième fois s'appelait donc Françoise. Pourquoi m'avait-il caché son nom après leur première rencontre ?

Cette fille m'était indifférente à moi, puisque je ne l'avais pas rencontrée. D'ailleurs, je ne la verrais jamais probablement : elle était la fille d'amis assez vagues de la famille de Jean. N'empêche que tout allait de travers pour moi, depuis qu'il était question d'elle.

Jean avait une façon bizarre d'en parler : il disait qu'elle avait des yeux d'ange et couleur noisette. Surtout, il répétait qu'elle avait la taille très fine et des souliers dont il ne pouvait pas détacher les yeux.

Il revenait sans cesse à cette taille, à ces souliers, au tissu de la robe et à un certain grain de beauté qu'il situait au niveau de la nuque. Sa voix prenait, pour dire ces choses, un ton susurrant qui m'énervait. J'avais très envie de lui dire qu'il était ridicule, mais je n'osais pas, de peur de l'interrompre et qu'il ne voulût pas me donner d'autres détails. Cette Françoise m'intéresserait-elle à mon tour ? Était-ce possible ?

Je n'étais pas heureux comme avant. Plus moyen d'en douter : j'avais des soucis.

Ce lundi matin, le lendemain de la deuxième rencontre avec la fille, Jean m'avait aussitôt révélé qu'elle s'appelait Françoise, parce qu'il ne pouvait plus se retenir. En venant me chercher, il l'avait croisée par hasard sur la plate-forme de l'autobus. Et comme la plate-forme était pleine de monde, il avait été forcé, pendant cinq minutes, de se tenir tout contre elle. Elle était plus petite que lui et, pour lui répondre, pour le regarder, il avait fallu qu'elle lève un peu les yeux. Alors, il les avait bien vus, ces yeux : ils étaient devenus le centre du monde.

Moi, j'écoutais Jean et j'avais mal.

Vraiment mal : une boule qui grossissait dans ma poitrine. Jean ne semblait pas du tout s'en apercevoir. Il monologuait. Heureusement, en un sens : s'il m'avait posé une question, je n'aurais pas pu ouvrir la bouche.

Mais pourquoi ? Il n'y avait rien de nouveau dans une fille nommée Françoise et qui avait les yeux couleur noisette.

Ma peine dura pendant des jours entiers. Elle devint de plus en plus grosse, et de plus en plus vague. Déjà Françoise n'était plus pour rien dans l'affaire. Elle aurait pu s'appeler Monique, elle aurait pu s'appeler Jeanine. Elle aurait pu avoir les cheveux blonds au lieu de bruns comme la Françoise de Jean : j'aurais eu mal tout de même.

Le dire à Jean sans délai : c'était le seul parti à prendre. Je ne trouverais pas d'autre médecin que lui. Lui, il m'aimait encore : il ferait quelque chose.

Seulement cette fois, au lieu de sortir mon aveu comme d'habitude tout franchement, je me vis faire des préparatifs interminables. Je calculais mon coup. J'avais peur de moi.

J'avais peur tout court ! Parbleu ! C'était ça, mon mal !

Dès que cette idée me vint, je me jetai tête baissée dans les aveux. J'entraînai Jean dans une promenade de trois heures autour de la porte d'Italie, parce que je savais que ce quartier restait désert jusqu'à l'heure de la sortie des usines.

D'abord je lui demandai pardon de tout le mal que je ne lui avais pas encore fait (et que, du reste, j'étais probablement en train de lui faire). Je lui fis comprendre que Françoise avait été seulement une occasion : à cause d'elle, je m'étais rappelé que j'étais aveugle. Plutôt, je m'étais aperçu que je l'étais, pour la première fois.

Je ne pourrais jamais voir les cheveux des filles, ni leurs yeux, ni leur taille. Quant à la robe et aux souliers, je sentais bien qu'ils étaient importants, mais que pourrais-je en faire, moi ? Cela me faisait peur de devoir rester loin toujours de ces grandes merveilles. Et puis, les filles en général tenaient tellement à ce qu'on les regarde que peut-être je n'existerais pas pour elles.

Tout en parlant, j'avais bien commencé à me dire que j'avais tort, qu'il y aurait des filles d'une autre sorte. Mais l'embarras de Jean à la fin de mon discours fut énorme. Je ne l'avais jamais vu dans cet état : il ne trouvait pas ses mots, sa main tripotait mon épaule comme s'il avait voulu la faire parler à sa place.

Non : l'incident n'eut pas de suites. D'abord Jean ne revit pas Françoise – ou la revit à peine. Ensuite il se conduisit envers moi avec une gentillesse qui, plusieurs fois, me brisa le cœur. Décidément l'alerte était chaude, si maintenant c'était de la pitié que je méritais !

Je venais de donner du front, sans le savoir, dans l'un des obstacles les plus durs qu'un aveugle puisse rencontrer, et je devais aller ainsi, de chute en chute, pendant deux ans, jusqu'à ce que le bon sens me revînt.

Je me mettais à la fenêtre de ma chambre. J'écoutais les bruits de la cour. Je palpais, j'entendais, mais je ne percevais plus comme autrefois. Un voile tombait. J'étais aveugle.

Alors, je fermais la fenêtre. Je me claquemurais. Je me racontais des histoires de frontières infranchissables. Je me moquais de mes rêves de gosse. J'avais le cœur plein et les mains vides, sans armes en face d'un monde où tout est fait pour être vu, où l'on ne peut aller nulle part si l'on n'y va pas seul. Je me sentais réduit à ce que je faisais le mieux, mais qui m'intéressait le moins : briller dans les études.

Ma gorge se serrait d'envie quand on me parlait de garçons qui allaient faire des promenades en vélo avec des filles. Je resterais à la maison : c'était fatal.

Par bonheur, jalousie et sottise n'occupèrent jamais, même pendant ces deux années, que la moitié de ma personne : la plus petite moitié même.

Avant tout, grâce à Jean, qui cherchait, avec une patience bouleversante, tous les arguments pour me prouver que ses avantages étaient presque nuls. « Si tu savais, disait-il, comme nous voyons peu de choses en réalité ! Les filles ne nous montrent rien. »

Aussi, il y avait une voix qui parlait dans mon esprit. Quand j'avais la force de ne pas la faire taire, je l'entendais clairement me traiter d'imbécile. D'après elle, j'étais tombé dans un piège : j'avais oublié le vrai monde, celui qui est au-dedans de nous, et qui fait tous les autres. Je devais me rappeler que ce monde, au lieu de disparaître, grandirait avec les années, à une seule condition : que je croie en lui inébranlablement.

La voix ajoutait que ce qu'on a vu un jour, dans l'enfance, on ne cesse jamais de le voir. Elle m'ouvrait des perspectives superbes : des filles faciles – celles qui ne pensent à rien, sinon à elles-mêmes (et encore !) – me laisseraient tomber. Mais il y aurait les autres, les vraies. Et celles-là étaient meilleures à prendre.

À l'avance, elles attendaient de moi que je ne doute jamais d'elles. Elles ne voulaient pas que je renonce à ce que j'aimais, parce qu'elles l'aimaient aussi. Elles m'interdisaient avant tout de comparer ma situation à celle de la majorité des hommes. Cela, au moins, je l'avais entendu : comparer, c'était souffrir, et stupidement, puisque, de toutes façons, rien n'est jamais comparable.

Tout de même, j'avais beau faire, j'avais beau écouter les bonnes voix, j'aurais donné cher pour retrouver la paix de mes douze ans. Depuis que j'en avais quinze, le monde avait pris je ne savais quelle grossièreté opaque. Les gens travaillaient, parlaient à la radio ou faisaient la cour aux filles, comme si chacun d'eux avait été seul au monde.

Plus moyen de rien partager, si ce n'était avec Jean. Même avec lui, cela durerait-il toujours ? La question le tourmentait, comme moi, si bien que, pendant l'été de 1939, nous eûmes recours, pour nous rassurer, à des serments solennels.

Chacun de nous jura qu'il dirait à l'autre toute la vérité, toujours, quelle qu'elle fût, et qu'aucune fille ne nous séparerait jamais.

Le serment à peine prononcé, nous découvrîmes avec stupeur que nous ne nous étions jamais dit toute la vérité encore. Il y avait, dans nos consciences, des replis sans nombre où nous n'avions jamais été voir. Nous étions si mal fabriqués, c'est-à-dire timides, égoïstes, versatiles, jaloux, pudibonds, oublieux, qu'il fallait bien le reconnaître : nous n'étions pas des gens profonds. Simplement, chacun de nous était à double fond, à triple fond : une mécanique à se tromper lui-même, à tromper l'autre.

Seulement, c'était juré : nous allions faire bonne garde ! Finis les mystères et les bienséances entre nous ! On ne se passerait rien. On irait jusqu'au bout des mots, et si les mots faisaient mal, on se consolerait mutuellement.

La vie étant ce qu'elle était, avec tous ces ministres et ces pères de famille qui préparaient la guerre, avec toutes ces filles qui riaient pour un rien et vous décochaient des œillades dont on ne savait jamais ce qu'elles voulaient dire au juste, nous ne serions sûrement pas trop de deux pour l'attaquer.

DEUXIÈME PARTIE

Mon pays, ma guerre

1

Le chauffeur du car, après s'être arrêté devant moi pour être bien sûr, me dit avec un enjouement tout méridional : « Alors, petit ! Tu n'y vois pas. Hé bé ! Pour une fois, tu as de la chance. Elle durerait cent ans, cette guerre, que tu ne la ferais pas ! »

Là-dessus, il s'était retourné, guilleret, avait pris place devant son volant et, tambourinant des doigts sur le tableau de bord, il s'était mis à siffloter un air vaguement militaire. Pourquoi disait-il, celui-là, que j'étais content de ne pas faire la guerre ?

Cela se passait à Tournon-sur-Rhône le 2 septembre 1939, quelques heures après l'apparition, sur tous les murs de France, des ordres de mobilisation générale. Nous étions, Jean et moi, dans cette petite ville, aux rues pleines de l'odeur des pêches et de celle des oignons, depuis quelques jours, chez ma marraine. La guerre mondiale avait commencé la veille.

Tous les hommes partaient à la guerre. Le chauffeur du car aussi.

Il avait vingt-cinq ans, une femme et une petite fille. Il nous racontait toute sa vie. Cette course-là, c'était la dernière qu'il faisait dans son car : demain matin, il serait soldat.

Il grognait bien de temps en temps, il soupirait, mais, au total, il n'avait pas l'air triste. Il attendait les clients qui prendraient son car pour Lamastre. Mais aujourd'hui – il le remarquait à haute voix –, il n'y avait pas de clients. Ça le faisait rigoler. « Personne va venir », disait-il. Et il le redisait, comme pour mieux savourer le fin de la chose.

5 heures sonnèrent. En effet, Jean et moi étions les seuls voyageurs. Alors, notre chauffeur démarra en chantant. Il avala un ruban de route nationale, au bord du Rhône, à cent à l'heure, puis attaqua, sans ralentir presque, les premiers virages de la route de montagne.

Il roulait à gauche, il roulait à droite, il cornait comme un fou. Avait-il bu pour se donner du courage ? Pas même ! Il était frais comme l'œil ! Seulement, il partait pour la guerre : il en rêvait déjà.

Depuis la veille, depuis que, très tôt le matin, la radio avait annoncé que les *Panzer Divisionen* nazies s'étaient engouffrées en Pologne, les gens n'étaient plus les mêmes : je le voyais bien.

Il y avait des femmes qui pleuraient, il y en avait qui retenaient leurs larmes. Sur la place de la mairie, les anciens racontaient 14-18. Cela n'était guère encourageant. Les Français, c'était évident, ne savaient pas du tout pourquoi il fallait se battre. Le Corridor de Dantzig, les traités avec la Pologne, ça ne leur évoquait rien.

Quand enfin notre chauffeur eut dégringolé de son siège, nous étions, Jean et moi, aussi excités que lui. Et – qui sait – pour les mêmes raisons, peut-être. D'ailleurs, tout le monde était excité.

De peine ou de plaisir ? On aurait eu du mal à le savoir. Mais il y avait de l'aventure partout. Les gens ne prenaient plus l'autocar. Ils n'allaient plus se coucher à l'heure. Les grands rapides sifflaient deux coups et s'arrêtaient dans les petites stations. La radio jouait de la musique militaire jusqu'au milieu de la nuit. On ne s'écrivait plus de lettres : on s'adressait des télégrammes. Le bruit courait que les avions de Göring avaient déjà bombardé Paris, d'autres disaient que c'était Londres. On discutait pour savoir s'il y aurait des gaz asphyxiants, des obus bactériologiques, des tranchées comme à l'autre guerre. Une seule chose dont personne ne parlait, c'était de la victoire. Cette fois, on n'allait pas à Berlin !

La réalité de la guerre entrait dans ma conscience goutte à goutte, exactement comme un alcool. La première ivresse résorbée, une question grandit, supprimant toutes les autres : « Est-ce que la guerre nous concerne ? »

Nous ne nous étions pas encore prononcés là-dessus, Jean et moi. Mais ce n'était pas faute de connaître la réponse. C'était parce que nous la savions trop bien au contraire, et qu'elle nous paraissait déraisonnable ou, pour tout dire, puérile. Puisque nous n'avions encore que quinze ans, nous étions à l'abri : et tout le reste était fumée !

Toutefois, cette fumée s'épaississait étrangement de jour en jour : elle formait devant nous, dans notre avenir, un nuage. Aucune des figures du nuage n'était claire. Pourtant, à la fin, nous y lisions cette évidence : « Ce sera votre guerre à tous les deux. »

Eh quoi ! Nous étions surpris jusqu'à l'inquiétude, concernés jusqu'à l'angoisse. Il n'y avait pas moyen de sortir de là.

Jean finit par me dire que, dans son cas – et toute imagination mise à part –, le présage n'était pas nécessairement stupide. La guerre allait peut-être durer deux ans. Alors il s'engagerait : pourquoi pas ! Ou quatre ans, comme la précédente, et on mobiliserait même les très jeunes classes. Mais dans mon cas, c'était absurde. Il ne pouvait pas y avoir de présage, j'étais hors du coup.

Raisonnement sage, mais qui n'apportait pas de réponse : ni à moi, ni même à Jean. Je m'en aperçus aussitôt avec une joie indicible : il ne croyait pas à ce qu'il disait. Il avait les mêmes visions d'avenir que moi. Folles ou non, elles étaient importunes comme une prophétie.

Elles nous tiraient en avant de tout leur poids. Elles étaient pour nous plus un appel qu'une menace : une sorte de vertige, une aimantation.

Enfin je dis à Jean : « Je ferai la guerre. Je ne sais pas comment, mais je la ferai. » Et lui cessa toute résistance.

Septembre passa, très vide. On se battait à peine aux frontières.

La Pologne était déjà vaincue, mais qui l'avait achevée ? On ne le savait pas. Le 17 septembre, brusquement, les troupes soviétiques l'avaient envahie à l'est. Il n'y avait plus que des ennemis en Europe.

Un grand changement (un changement qui nous sembla grand) eut lieu dans notre vie : mon père, mobilisé comme officier-ingénieur dans une poudrerie, était appelé à Toulouse. Ma mère, mon frère et moi allions le rejoindre. Mais Jean aussi, car, ne voulant pas me quitter, il avait convaincu sa mère de s'établir également à Toulouse. Pour la première fois, cette année, nous n'habiterions plus Paris. Je fis remarquer à Jean que l'impossible devenait vrai.

Pour un temps, nos présages furent couverts par des réalités : une autre ville, le midi de la France, des voix nouvelles, un autre soleil. Pourtant les présages sautaient à nouveau sur nous aux moments les plus inattendus. Mais enfin la guerre, était-ce une chose que nous aimions, qu'on pouvait aimer ?

À les entendre, tous les gens la détestaient. Ce qui ne nous empêchait pas de noter que, depuis le 1er septembre, les visages moroses s'étaient faits beaucoup plus rares qu'auparavant.

Ce qu'il y avait sur les visages, cela n'était

peut-être pas de la gaieté, mais c'était de l'intérêt. Au moins, personne n'était plus aux mêmes endroits aux mêmes heures. Les hommes ne retrouvaient plus chaque soir la même femme et les mêmes enfants dans la même maison auprès des mêmes voisins.

Une espèce de liberté flottait partout. Les gens disaient plus volontiers ce qu'ils pensaient. Le temps lui-même était devenu une matière précieuse : on le comptait, on disait qu'il passait trop vite, ou trop lentement, bref on s'occupait de lui, et c'était une activité passionnante.

Les morts n'étaient pas encore devenus gênants. Il y en eut beaucoup, vers la fin de l'année, sur les lacs gelés de Finlande : des milliers de héros qui se battaient pour une liberté impossible et, par conséquent, plus belle – s'il se pouvait – que la nôtre. Mais qui, en France, se souciait alors de la Finlande ? Des étudiants géographes comme nous, qui suivions toutes les avances et retraites sur de grandes cartes consciencieusement. Personne d'autre, ou presque.

Cette guerre avait l'air de ne pas être vraie. Certains murmuraient déjà qu'elle n'aurait jamais lieu, qu'elle était un montage politique gigantesque.

Quant à moi, je n'étais pas d'accord : elle aurait lieu, bel et bien. Pour en être sûr, il me suffisait d'écouter la radio allemande tous les soirs. Et c'était là (je n'en doutais plus en cet hiver de 1940) qu'était la prophétie. Elle était là, ma guerre.

Le nuage, le monstre, il était dans ces rassemblements nazis. La voix de ces foules avait été trop loin : elle était sortie du monde des hommes. Il faudrait qu'elle se taise, ou moi je ferais quelque chose.

Je me sentais agité, pris entre ma passion et le sens du ridicule. Un gamin de quinze ans, un gamin aveugle et, de l'autre côté, Hitler et son peuple ! Il y avait de quoi rire ! Pourtant, je devais me tenir à quatre pour ne pas répandre la nouvelle autour de moi.

Ayant connu, à Toulouse, le bonheur jusqu'à l'intoxication, je puis bien donner ce conseil : si à seize ans, garçon ou fille, vous êtes heureux, ne le dites à personne !

Ou alors, choisissez bien votre confident : prenez-le du même âge que vous.

Si vraiment vous ne pouvez pas vous retenir, montrez aux grandes personnes que vous êtes heureux, mais faites-le sans trop d'espoir : presque toutes les grandes personnes ont la mémoire courte, elles s'imaginent toujours que le bonheur commence à dix-huit ans, voire même à vingt et un.

Et, de toute façon, ne leur donnez jamais les raisons que vous avez d'être heureux : la famille la plus libérale et la plus aimante s'inquiéterait tout de suite, vous croirait dérangé. En gardant le secret, vous ne perdrez rien : le secret fait pousser le bonheur.

Cette politique nous réussit, à Jean et à moi. Pendant toute l'année, nous nous sommes cachés.

Plus invraisemblables étaient les cachettes, meilleures elles étaient. Il y avait des bonheurs si beaux que nous ne pouvions pas nous les confier dans un cadre ordinaire : dans la rue par exemple.

Pourtant les rues de Toulouse étaient étroites, sinueuses, mal pavées, dépavées. Les caniveaux serpentaient au milieu de la chaussée. Les odeurs de chat, de pierres moisies, d'eau savonneuse, de friture à l'huile d'olive, d'ail et de miel vous attaquaient à tous les pas. Eh bien, même ces ruelles de poète ne faisaient plus l'affaire. Il nous fallait un endroit affreux, pour donner plus de piquant au bonheur : nous choisissions le hall de la gare centrale.

Ou bien alors, nous fuyions vers la campagne dans des marches d'une journée entière et dont le principe était de n'avoir aucun but. Savoir à l'avance où nous allions eût été une faute. Nous avions le bon sens de le comprendre.

L'important était de se perdre : dans les collines sèches et désertes au sud de la ville, dans la luxuriante vallée de l'Ariège, parmi les maisons en ruine des villages abandonnés, au milieu des friches, autour de petits pays aux noms sonores – Sayas-en-Gayss, Courtousour, Lacroix-Falgarde. N'importe où, mais se perdre ! Ne pas penser à retrouver le chemin, n'avoir en tête que son bonheur, marcher en zigzag ou tout droit jusqu'à la grande fatigue, laquelle est un autre bonheur.

Nous devenions amis chaque jour pour la première fois. Encore une chose qui était essentielle. L'amitié, c'était un état de l'âme et du corps, fragile et qui s'en allait dès qu'on en prenait l'habitude. La rendre nouvelle tous les jours était un devoir. C'était même un travail.

Tantôt nous devions la mettre en liberté, la faire bavarde et indulgente, dévider tous nos rêves sans choix, sans scrupules. Tantôt nous la voulions difficile et même sévère. Ces jours-là, la censure était impitoyable : Jean n'avait littéralement pas le droit de dire une bêtise, et moi non plus. Nous remettions tout en cause, les articles du pacte un à un : loyauté, fidélité, tolérance et partage.

De toutes les clauses, celle du partage était la plus épineuse. Nous n'arrivions pas à stipuler clairement jusqu'où elle devait aller. D'abord théorique, la question devint pratique vers le mois de mars. Il y eut crise.

Jean habitait, depuis son installation à Toulouse, un appartement exigu, dans une maison aux escaliers obscurs donnant sur une rue étroite. Mais cette sombre maison était illuminée par la présence d'une jeune fille.

Jean, « par vertu » disait-il, avait d'abord tenté de ne pas la voir. Mais sa tentative avait échoué de plus en plus complètement.

Aliette (c'était le nom de la jeune fille) était vraiment inévitable. En effet, elle avait dix-huit ans. Elle était belle sans même y penser. Elle ne marchait pas : elle volait. Elle ne descendait pas les escaliers : elle glissait jusqu'en bas comme une fleur qu'on jette au vent. Elle chantait du matin au soir, au point qu'on se demandait comment elle pouvait bien faire pour apprendre ses leçons. Et soi-même on n'apprenait plus les siennes, parce qu'on avait l'oreille tendue à percer la cloison, parce qu'on n'avait plus qu'une idée : la rejoindre, boire sa chanson contre ses yeux, contre sa bouche, et s'en retourner chez soi sans avoir été vu. Ou bien alors elle ne chantait pas. C'était sûrement qu'elle était triste. Malade peut-être ! On voulait courir à son secours. Consoler Aliette, c'eût été si beau !

Elle ne disait rien, elle ne faisait rien comme tout le monde. Jean me l'apprenait avec une conviction que je commençais à partager. Il se demandait d'où venait la différence. Elle employait les mots ordinaires, mais, à peine sortis de sa bouche, ces mots prenaient des milliers de sens à la fois, on n'avait même plus le temps de les entendre, le soleil se mettait à jouer sur eux comme des ailes de papillon, à vous brouiller la vue.

Pour tout compliquer, depuis une ou deux semaines, Jean était sûr qu'elle s'intéressait à lui. La preuve : elle lui parlait, elle le laissait même parler. Sur leur palier commun, ils avaient échangé des tuyaux concernant une composition de mathématiques. Elle disait ne rien comprendre aux mathématiques. Elle l'avait enfin invité à jouer du piano chez elle et, comme elle se penchait pour tourner les pages, les cheveux d'Aliette avaient frôlé sa joue.

D'un mot, Jean était amoureux. Mais, vous le comprenez, amoureux est un mot très faible ! En fait, mon pauvre Jean ne vivait plus : il bondissait. Et c'est ici que mon récit nécessairement s'embrouille. Car à mon tour je ne vivais plus, à mon tour j'étais amoureux.

La découverte fut terrible. Elle mettait tout en cause d'un coup : l'amitié – ses droits et ses limites –, l'avenir, nos études, la sérénité de notre existence, enfin notre amour lui-même. À qui appartenait-il, cet amour ? À Jean ou à moi ?

Si, entre Aliette et Jean, il n'y avait qu'une cloison, c'était un hasard après tout. Et, grâce à un autre hasard, c'était moi qui le premier avais rencontré Aliette, c'était à moi qu'elle avait fait la première conversation. Historiquement, j'avais des droits certains.

Si je plaisante un peu aujourd'hui en vous contant ces choses, alors nous ne plaisantions pas. Nous nous lancions dans des randonnées plus longues que jamais à travers les collines et qui n'étaient, d'un bout à l'autre, qu'un seul et même orage.

N'allez surtout pas croire que nous nous battions ! Nous n'étions pas en colère : nous étions en contemplation. L'intensité, la grandeur du problème était telle que presque infailliblement, au bout d'une heure ou deux, elle nous faisait oublier le problème. Alors, le reste du temps, nous étions seuls tous les deux, avec notre double jeune fille. Nous regardions sans fin la double image que nous portions d'elle en nous, et rien au monde ne nous semblait plus divisé.

Il me faut dire à la gloire de Jean, à la mienne, et à celle d'Aliette, qu'aucun de nous trois jamais ne vint abîmer l'image. Au contraire, elle devint si douce et si pure que personne ne se soucia plus de la confronter avec son modèle.

Le modèle cependant était bien là, vivant, de plus en plus chaud, de plus en plus familier. Nous rencontrions Aliette désormais tous les jours, mais tous les deux ensemble, pas séparément.

Nous lui donnions des rendez-vous sur les places publiques, à l'angle des ruelles dans l'ombre rouge des maisons de brique. Nous l'attendions à la sortie du lycée. Nous avions avec elle des entretiens sous des porches humides. Quand je m'étais rendu jusqu'à sa maison, elle et Jean me reconduisaient chez moi, nous repartions chez elle, ils me raccompagnaient, et la nuit d'été s'enflait autour de nous, nous berçait.

Ce qu'on se disait pendant toutes ces heures, je ne le sais pas bien. On comptait les étoiles : cela, je me le rappelle. On tenait chacun Aliette par un bras. On ne pressait pas trop fort : elle était sacrée. On laissait sa voix faire sa ronde dans notre cœur et dans nos pensées. On l'aurait fait parler par amour de la joie. Je crois bien qu'on finissait par l'oublier, notre Aliette, tandis qu'elle gambadait ainsi entre nous, rieuse, légère, parce qu'elle était plus belle que tout, parce que rien ne voulait plus rien dire. Et que la réalité s'en aille au diable !

Une jeune fille rêvée, ou vécue ? Vécue : cela est sûr. Parfois jusqu'au bord des larmes, tant elle faisait plaisir. Mais vécue à cet instant unique de la vie où les choses, pour exister, n'ont pas besoin encore d'avoir lieu.

Plus loin, vers le nord, jetant sur notre bonheur une lumière bizarre, la guerre continuait. Elle s'achevait en désastre. En cinq semaines de mai et de juin, la France avait été vaincue. Les armées d'Hitler descendaient, chargées de malheur. Elles seules pouvaient nous séparer.

Aliette, en nous quittant la veille au soir, avait dit qu'il vaudrait mieux ne plus nous voir, du moins pas tous les trois ensemble, pas aussi souvent. Nous ne savions pas pourquoi elle l'avait dit. Elle ne s'était pas expliquée. Et voilà que, dix minutes plus tard, la radio nous annonçait que les troupes allemandes étaient rentrées dans Paris, que Paris s'était rendu sans résistance. Paris prisonnier ! Aliette qui s'éloignait ! À qui fallait-il penser d'abord ?

Enfin ce matin, sur la grande porte du lycée, cet avis écrit à la main en hautes lettres maladroites (ils n'avaient sûrement pas eu le temps de le faire imprimer) : « Par suite des événements, les épreuves écrites des baccalauréats première et deuxième parties sont reportées à une date ultérieure. À dater d'aujourd'hui, les classes sont suspendues dans toute l'Académie de Toulouse jusqu'à nouvel avis. »

Les événements. Aliette. Les événements ! Nos têtes allaient éclater.

Jean était de mon avis : il ne fallait plus être égoïste. Dans huit jours peut-être notre pays n'existerait plus. En un pareil moment, l'intérêt général prime l'intérêt particulier.

Facile à dire ! Mais les émotions nous fouettaient de tous les côtés à la fois. Elles étaient plus violentes les unes que les autres. Nous ne savions pas où nous mettre à l'abri.

La France, oui. La guerre était perdue. Nos alliés anglais prenaient la fuite : ils s'embarquaient tous à Dunkerque. On ne pouvait pas le leur reprocher. Les armées françaises aussi prenaient la fuite : au sud de la Loire, disait-on.

Au cours des deux dernières semaines, trois cent mille réfugiés avaient envahi Toulouse : des femmes, des vieillards, des enfants, même des hommes. Ils accouraient de Hollande, de Belgique, du Luxembourg, du nord et de l'est de la France, de Paris, de la Normandie, d'Orléans. Ils ne savaient pas où ils allaient. Ils descendaient vers le sud : c'était tout. Toulouse était une grande ville : ils s'y arrêtaient.

On les entassait sous des tentes dans le parc des sports, au bord de la Garonne. Deux mille d'entre eux avaient passé la nuit (en majorité des femmes et des bébés) dans la chapelle du lycée. Les maisons de la ville accueillaient tous ceux qu'elles pouvaient contenir : souvent on logeait à cinq, parfois à dix dans une même chambre.

Les autorités municipales s'inquiétaient : un tel rassemblement de population constituait pour l'aviation ennemie un objectif idéal. Un bombardement de Toulouse était imminent.

Au centre de la ville, on se serait cru à Paris un matin de révolution. La foule ne formait plus qu'un seul attroupement, énorme et sans but. Il est vrai que les gens n'avaient pas l'air menaçant, ni même effrayé : ils donnaient l'impression de ne pas comprendre.

Des voitures tachées de boue, aux ailes étoilées de balles de mitrailleuses, gisaient, sans chauffeur, de guingois par rapport au trottoir. Mais où étaient l'armée, les généraux ? Où était le gouvernement ? Le bruit courut qu'il s'était réfugié à Bordeaux.

Des informations terrifiantes circulaient, confirmées par les journaux, par la radio : des avions mitraillaient les populations civiles en exode au long des routes. Sur les routes du nord, les avions étaient allemands, sur celles du sud, ils étaient italiens. Un homme qui passait dit : « Il n'est plus temps de pleurer. Cette fois, c'est la fin. » Qu'avait-il dit, celui-là ? Nous étions indignés. Un pays ne meurt pas comme ça ! La France...

Mais déjà nous nous étions engagés dans une rue latérale plus calme. Et le souvenir de la veille revenait : Aliette ne veut plus nous voir.

Est-ce que nous lui aurions déplu ? Est-ce qu'elle s'était trompée sur nos intentions ? Soudain, je dis à Jean :

« Je sais ! C'est qu'elle aime un de nous deux. Ça ne peut être que ça. »

L'idée était incroyablement simple : nous avions aimé Aliette pendant des mois sans nous demander une seconde si elle nous aimait. Si même elle pensait à nous aimer, ni lequel de nous deux elle choisirait. Parce qu'il faudrait bien qu'elle choisisse. Cela aussi nous l'avions complètement oublié. Nous avions perdu de vue le fait – un fait détestable mais certain – que l'amour est une chose personnelle. Nous avions été ridicules, voilà tout. Et comme elle devait nous en vouloir !

Jean se reprit et me dit : « Ne pensons pas à elle, veux-tu ? » Mais le moyen de ne pas penser à tout à la fois, quand tout est grave ?

La nuit, nous dormions bien (on dort quoi qu'il arrive, à seize ans), mais à peine ouvrions-nous les yeux que le double drame nous sautait au visage : notre amour et la France.

Vous savez combien, malgré notre âge, nous étions avisés. Tout ce qui se passait avait un sens pour nous. Nous savions ce qu'étaient les partis, les gouvernements, les régimes politiques, les alliances. Entre un armistice et une défaite, nous étions très capables de faire la distinction.

Quand le 17 juin à midi, à la radio, le maréchal Pétain s'adressa aux Français, leur dit que les armées étaient hors de combat, qu'il fallait se rendre, que toute résistance supplémentaire serait une faute, et que lui, le plus vieux et le plus illustre soldat de France, le vainqueur de Verdun, consentait à signer l'armistice avec Hitler et les généraux de la Wehrmacht, faisant ainsi « le don de sa personne à la France », nous étions là, nous écoutions, et nous ne le croyions pas. L'idée qu'il fût un traître ne nous vint pas à l'esprit. Mais nous étions sûrs qu'il se trompait. La cause de la France n'était pas celle de ses armées.

Le 18 juin au soir, lorsqu'un jeune général, presque inconnu encore et qui portait un nom de légende héroïque, Charles de Gaulle, lança de Londres son premier appel à la résistance des Français, à la continuation de la guerre dans tous les territoires où la France gardait encore les commandes – en Afrique du Nord, en Afrique occidentale, en Afrique équatoriale, en Indochine – et même en France métropolitaine, avec toutes les armes morales et physiques qui restaient à la disposition des Français, nous étions là aussi, mais cette fois nous le croyions. Nous disions « oui ».

Pas le plus léger doute : nous deviendrions des soldats de la France libre. Quand ? Comment ? Quelles seraient les armes de Jean ? Et cette autre question bien plus difficile : quelles seraient mes armes ? Je ne puis dire qu'une chose : nous ne savions rien, mais nous savions déjà tout. Nous étions entrés dans le sérieux de la vie comme un clou bien frappé entre dans le bois : cela tenait.

Ce n'était pas de la bravade. Ce n'était même pas du patriotisme : la France était pour nous une notion un peu vague et que les événements démentaient. Ce que nous avions dans la tête et dans le cœur, nous l'appelions : la Liberté. La liberté de choisir sa croyance, son mode de vie, de laisser les autres choisir les leurs, celle de refuser de faire le mal. Mais quel besoin de s'expliquer là-dessus ? La Liberté !

Aliette aussi était libre. Voilà qu'elle nous appelait à nouveau. Elle avait le droit de nous voir, de ne pas nous voir. Elle avait même le droit d'exiger de l'un de nous qu'il parte. Si au moins nous avions pu lui demander lequel des deux elle aimait. Nous étions presque décidés à le faire. Mais l'amitié dans cette histoire, qu'allait-elle devenir ?

Jean reculait devant ma peine. Je reculais devant la peine de Jean. Si nous parlions, il faudrait que l'un des deux se retire. Quelle que fût l'issue, nous ne pouvions qu'y gagner de la souffrance. C'est alors que Jean fit un raisonnement parfaitement confus dans les termes, parfaitement clair pour moi.

J'étais aveugle et, pour une fois disait-il, cela avait une conséquence : mes chances de parler à Aliette, de m'isoler avec elle n'étaient pas égales aux siennes. Mes chances matérielles, bien entendu. Cela n'était vraiment pas juste. Jean se sentait le devoir moral de me donner assistance. Donc il s'engageait, pour gagner Aliette, à ne rien faire que moi, de mon côté, je ne serais pas capable de faire. Il aurait avec elle des conversations (si elle le voulait bien encore), mais à des endroits et à des heures où moi aussi j'aurais pu me trouver sans l'aide de personne. Il lui dirait alors tout ce qu'il voulait, moins une chose : il ne lui déclarerait pas son amour. Moi non plus, je ne le ferais pas : j'allais en faire, comme lui, la promesse.

Jean répétait : « Ne me dis pas merci. C'est un échange. »

Il pensait qu'après une pareille défaite, il allait y avoir des années terribles. Terribles même pour nous, sûrement. Il y aurait des choix très difficiles, des dangers à courir. Personne ne pouvait affirmer qu'au bout du compte il n'y aurait pas la mort.

« Tu as plus d'imagination que moi, disait-il. J'aime la vie, mais tu l'aimes encore plus. J'aurai besoin de ta force. Avec toi je ne serai jamais embarrassé. »

Nous étions des garçons bien romantiques, n'est-ce pas ? Oui et non. Car nous avons tenu les deux promesses jusqu'au bout : celle de la guerre et celle de l'amour.

Puis il me semble bien que nous riions un peu de nous-mêmes. Notre enthousiasme était si grand qu'il pouvait bien supporter une petite charge d'humour.

Aliette était toute changée depuis l'armistice. Avait-elle deviné notre décision – pourtant restée secrète – de l'aimer sans le lui dire ? On aurait dit qu'elle s'était mise tout d'un coup à nous respecter. Les femmes, en temps de guerre, ont terriblement besoin des hommes.

Elle aussi préparait le bachot, le même que nous, et comme nous ne savions pas quand les examens auraient lieu, nous avions résolu de travailler beaucoup pour nous donner patience.

Travailler beaucoup, c'était une chose qu'Aliette n'aimait pas, qu'elle disait même ne pas pouvoir faire quand elle était seule. Elle nous demanda comme un service de la faire travailler. Jamais chevaliers servants ne furent plus exaltés par les exigences de leur dame !

Nous emmenions Aliette dans les bois, nous l'asseyions au pied d'un arbre au milieu d'une clairière, et nous lui faisions réviser son programme à qui mieux mieux.

Jean se spécialisait dans les sciences. Pour séduire Aliette il tirait des équations du second degré, de la géométrie dans l'espace et du principe de l'électrolyse, tout ce que ces sujets, si agressivement hostiles à l'esprit d'une jeune fille, pouvaient contenir de fantaisie, voire de beauté.

Ma tâche à moi, je l'avoue, était plus simple. L'avantage que j'avais m'embarrassait presque. Je devais enseigner l'allemand, l'histoire et cette divine littérature où tous les mots se rapportaient à l'amour.

J'ose à peine dire qu'Aliette fut recalée au bac trois semaines plus tard et que Jean et moi fûmes reçus. Pour nous, ce fut un échec personnel. Heureusement Aliette, essuyant quelques larmes devant la liste des résultats, était plus jolie que jamais. Et puis, comme elle le savait bien, celle-là, que nous étions des hommes et que, dans des compétitions de ce genre, c'était à nous de gagner les premiers, que c'était tout naturel !

Donc le bachot était passé. Je ne m'en étais pas aperçu. Le matin de la composition française, j'étais tellement heureux d'un baiser qu'Aliette m'avait donné, en petite sœur, sur la joue pour me porter bonheur (elle avait donné le même à Jean), que je n'avais plus en sortant aucune idée de ce que j'avais écrit. J'obtins, pour la composition, la meilleure note qu'on m'eût jamais donnée en six années de lycée.

Dès juillet, un silence de deuil était tombé sur la France. Les Allemands avaient imposé qu'on coupât le pays en deux : le nord, le sud. De la « Zone Nord », ils se chargeaient. Et personne autour de nous n'avait le courage d'imaginer ce que cela voulait dire.

Quant à la Zone Sud, on l'appelait déjà « Zone libre ». Cela nous semblait une dérision.

Un gouvernement français, le 10 juillet, s'était installé à Vichy, sous le maréchal Pétain. Un gouvernement, soit. Mais pas celui de la France.

La défaite militaire avait ouvert une brèche par où tous les ennemis de la Troisième République, de la démocratie, s'étaient rués. Les mots, en quelques jours, avaient changé de signe. On ne parlait plus de liberté, mais d'honneur. C'était plus rassurant. On ne disait plus le parlement, les institutions : on disait la patrie. On ne parlait plus du peuple français ni de ses volontés, mais de la famille. La famille, c'est plus petit : cela se tient mieux en main.

Mon père, sincèrement attaché aux principes démocratiques, disait que la France était en train de subir un de ces retours offensifs de l'esprit de réaction dont son histoire est pleine, mais que celui-là s'annonçait plus fort que tous les autres.

Vers la fin d'août, des trains furent organisés en convois pour rapatrier vers le nord tous les réfugiés et tous ceux qui auraient besoin de rentrer chez eux. Mes parents n'avaient pas le choix : nous irions à Paris.

La famille de Jean faisait de même. Nos heures d'amour étaient comptées.

2

Un immense couvent aux parloirs déserts, voilà ce que Paris était devenu en cette fin de septembre 1940.

Un an plus tôt, on n'entendait pas les cloches des églises, si ce n'était le dimanche matin pendant les quelques heures où la circulation des voitures ralentissait. Maintenant, on n'entendait plus qu'elles.

Dans notre appartement, situé boulevard Port-Royal, à l'extrémité sud du quartier Latin, tout le jour je recevais les cloches du Val-de-Grâce, celles de Saint-Jacques-du-Haut-Pas et, si le vent venait de l'ouest, celles de Notre-Dame-des-Champs ; s'il venait du nord, celles plus lointaines de Saint-Étienne-du-Mont, là-bas sur la place du Panthéon. Les cloches tombaient intactes jusque dans ma chambre : elles n'avaient traversé, pour venir jusque-là, que des étendues de silence.

Paris occupé avait l'air de prier sans interruption. Paris avait l'air d'appeler quelqu'un. C'était un grand cri muet.

Allons ! Il fallait se secouer ! Tout cela n'était que des rêves ! Je n'avais rien vu depuis le retour.

Le soir, on était arrivé à la gare d'Austerlitz, venant de Toulouse. Mon cœur était resté en arrière, chez Aliette.

On n'avait pas trouvé de taxi. Il n'y avait plus de taxis. Il avait fallu prendre les valises en main et faire à pied les trois kilomètres qui nous séparaient de la maison. Le long des boulevards de l'Hôpital, Saint-Marcel et Port-Royal, on n'avait pas croisé une voiture, et les rares piétons marchaient au milieu de la chaussée, droit devant eux et très vite.

Paris était beaucoup plus grand et beaucoup plus silencieux que dans mon souvenir. À part cela, je n'avais rien vu.

Où était le malheur ? Personne n'avait l'air de le savoir. Il n'y avait presque plus d'automobiles : des camions seulement. Il n'y avait plus d'autobus du tout : les gens, riches ou pauvres, devaient prendre le métro. Le prix des cigarettes avait légèrement augmenté. Celui du pain et de la viande aussi, mais très peu. Tout cela n'était rien, ce n'était pas le malheur. Où étaient les Allemands ?

Ils se rendaient invisibles. Ils se cachaient dans les casernes, dans les hôtels. Pour ne pas les voir du tout, il suffisait de ne pas aller vers la Concorde, les Champs-Élysées et l'Étoile. Là on trouvait leur odeur – celle de leurs cigarettes, plus sucrée que l'odeur des nôtres à cause du mélange de tabac d'Orient qu'ils aimaient.

Ailleurs, on ne les voyait pour ainsi dire pas. Ou alors ils étaient en voiture et ils faisaient hurler les pneus aux tournants des rues désertes. Si par hasard ils descendaient, on entendait leurs souliers grincer, leur pas raide – toujours raide – et fort. Ils avaient l'air grave et heureux de quelqu'un qui sait où il va. Le savaient-ils réellement ?

On s'attendait, d'un jour à l'autre, à leur débarquement en Angleterre. Mais l'événement était retardé.

Je cherchais le malheur dans les rues. Je ne le trouvais pas. Peut-être les catastrophes de l'histoire, quand elles sont vraies comme celle-là, ne se déclarent-elles pas d'un coup. Sans doute leur faut-il du temps. Demain j'entendrais des cris, j'apprendrais que des gens souffrent, Paris prisonnier cognerait contre sa porte pour sortir. Le lendemain, c'était le silence, comme la veille.

Cela vous prenait à la gorge. Cela faisait entrer la mélancolie dans vos idées. Les maisons étaient devenues trop hautes, les rues trop larges. Les gens étaient séparés par trop d'espace. L'air lui-même, coulant au long des rues vides, était sournois : il gardait ses secrets.

On ne savait plus à quoi penser. On pensait à soi. Tout le monde peut-être ne pensait plus qu'à soi, et à rien d'autre. Je disais à Jean : « C'est une drôle de guerre. On ne verra jamais l'ennemi. Le courage ne sera pas facile. »

Mais surtout, le courage de quoi faire ? Il n'y avait pas une seule direction à prendre. Il n'y avait qu'à rester chez nous, penser à Aliette, chacun de notre côté, penser à elle pendant des heures, de toutes nos forces, et n'obtenir au bout de la peine qu'une image déchirée, un petit visage aussi triste que le nôtre, presque sans regard, presque sans voix, une photographie ratée ; un chagrin qui vous pinçait les nerfs faisait que vous vous leviez, que vous aviez envie de vous battre, que vous vouliez uniquement – et tout de suite – ce qui n'était pas : Aliette absente, Aliette partie (non ! C'est moi qui l'ai quittée) ; Aliette que je voulais prendre dans mes bras, tenir !

C'était bizarre : à Toulouse, je n'avais pas eu ce désir. Je n'aurais pas voulu toucher à Aliette. Mon Dieu ! Si je l'avais touchée, elle aurait disparu ! Mais, depuis que son corps avait été coupé du mien, son corps existait. Je n'embrassais que des ombres !

Nous n'avions plus notre bien-aimée, nous n'avions pas encore d'ennemi. Nous étions lourds et vides. Nous avions la fièvre.

D'autre part, nous ne saurions plus jamais ce qu'Aliette devenait : la correspondance entre la Zone Nord et la Zone Sud était interdite.

Les autorités d'Occupation ne permettaient que des cartes dites « interzones » : un rectangle de carton avec des formules imprimées qu'on avait juste le droit de compléter.

« Je vais », disait la formule, et vous écriviez : « bien, très bien, pas mal. » « J'ai reçu votre (ou ta) carte du... », et vous regardiez un autre carton exactement identique à celui-ci pour voir la date où ceux que vous aimiez vous avaient écrit, eux aussi, pour la dernière fois, ces riens.

L'esprit français est ingénieux : toujours il tourne la loi à la fin. Nous arrivions à glisser des mots chargés de sens. Chargés de sens pour nous, car, de l'autre côté des murs, que pourraient-ils comprendre ?

Les gens ne disaient plus grand-chose sur la guerre : ils n'apprenaient plus rien. Les seuls journaux qui paraissaient étaient allemands, ou vendus à la cause allemande. Radio-Paris était allemand, et l'écoute de la radio anglaise était interdite.

Cela, on le savait : c'était presque le seul ordre clair qui fût jusqu'à ce jour sorti des Kommandanturen.

Naturellement des centaines de milliers de personnes écoutaient quand même « Ici Londres. Les Français parlent aux Français » : le général de Gaulle, Jean Oberlé, Pierre Bourdan, Jean Marin, Maurice Schumann. Ceux-là donnaient des nouvelles. Il y avait dans leurs voix une confiance qui rayonnait. Mais, après les avoir entendus, on n'en parlait pas. On avait peur de ses voisins. Cela grouille de traîtres, un pays dans le malheur.

Nous ne saurions plus jamais ce que pensaient les gens. Il n'y aurait plus moyen de le leur demander, et ils n'auraient pas répondu. Il était là, le vrai malheur de Paris : cinq millions d'êtres humains sur le qui-vive, prêts à se défendre, à se cacher, résolus à se taire dans tous les cas, pour faire le bien comme pour faire le mal.

On n'allait plus savoir distinguer la lâcheté du courage. Ce serait le silence partout.

Cependant les lycées rouvraient leurs portes. Nous entrions le 1er octobre en classe de philosophie à Louis-le-Grand : préparation du deuxième bachot.

Dès le premier jour, un nouveau professeur d'histoire entre dans la classe. Il marche très vite. Il a l'air de savoir extraordinairement bien ce qu'il veut. Nous nous levons tous. D'un petit geste agacé, il nous fait signe de nous asseoir. « Messieurs, dit-il, je vous demande de m'écouter, pas de m'obéir. Ce pays va crever, si tout le monde obéit. »

Il est jeune, il porte d'épaisses lunettes. Il est de petite taille. Il ne tient pas en place. Il circule entre les bancs. Il met la main sur la tête de l'un, sur l'épaule de l'autre. Il nous interroge en personne, face à face : sur notre âge, sur nos projets, sur la défaite de juin et ses causes, sur la conduite « impeccable » de l'armée d'Occupation, sur de Gaulle, Hitler, Pétain. Il nous demande si nous savons ce que c'est que l'URSS, l'Amérique, le Japon, si nous pouvons lui dire où il y a du charbon, de l'acier, du pétrole, du manganèse, dans le monde.

Il parle vite. J'ai besoin de toute mon attention pour le comprendre. En une heure, il dit plus que j'en ai entendu en quinze jours. Avec lui, Paris est encore occupé, mais l'Occupation a un sens nouveau, et l'avenir aussi.

Sa voix est souple et chaude. On dirait une bête vivante. Elle a un geste dans chaque mot. Les idées germent dans ma tête à une telle vitesse que je n'ai plus le temps de les arrêter pour les voir. Tant pis ! Je les rappellerai ce soir, quand je serai seul.

Mais au fait, qu'est-ce qu'il est en train de dire, le prof ? Que dans la classe il y a au moins un traître, et qu'il le sait ! Un garçon qui est prêt à rapporter aux autorités d'Occupation ce qui aura été dit dans les cours ? Cela n'est pas possible. J'ai dû mal entendre.

Non, c'est bien cela : il le répète. Une onde brûlante parcourt ma colonne vertébrale. Il me semble que je revis. Il y a un mal à refuser. Il y aura un bien à faire.

Du fait que j'étais aveugle, je ne tirais décidément que des avantages.

Par exemple, au bout de deux ou trois semaines d'accommodation difficile, je voyais Aliette à nouveau. Jean, lui, ne la voyait pas encore. Il me disait : « Je n'arrive jamais à fermer les yeux suffisamment pour la voir. »

Bien sûr, cette peine-là m'était épargnée. J'étais non seulement plus près du monde intérieur que Jean, mais je m'étais identifié au monde intérieur, depuis huit années, presque complètement. Il avait bien fallu. Le placement devait être bon : voilà que je touchais les intérêts.

Seule, après tout, Aliette visible m'était enlevée : Aliette extérieure. Je reconstruisais sa présence au-dedans de moi, sans y penser.

Je ne savais pas du tout comment l'opération se faisait. Mais j'avais noté que moins j'y travaillais, plus j'avais de succès. Les souvenirs, les émotions étaient sûrement des objets délicats. Il ne fallait surtout pas appuyer, tirer sur eux de toute sa force. Il fallait être négligent : les toucher du bout des doigts, du bout des rêves.

La meilleure façon de ressusciter l'amour – et avec lui le bonheur –, c'était d'attraper gentiment au passage un souvenir d'amour (n'importe quoi : un bout de la robe, un éclat de rire d'Aliette), et de laisser faire le souvenir. C'était lui, et non pas moi, qui était heureux et qui aimait. Ma volonté ne comptait pas. Elle ne pouvait être qu'un obstacle.

J'essayais de tenir ma volonté prisonnière : de temps en temps, elle m'échappait. Elle voulait voir Aliette, la voir mieux. La volonté a horreur des demi-mesures. Alors, aussitôt, tout était à recommencer.

Mais quand je la tenais bien et qu'elle ne bougeait plus, la présence de ma jeune fille aimée emplissait toute la chambre. Aliette n'était plus à ma droite ou à ma gauche, comme à Toulouse, plus ou moins séparée de moi selon qu'elle me tenait le bras ou le lâchait. Maintenant elle était au-dessus de moi, derrière moi, en moi. Je n'avais plus aucun compte à tenir des sottises de la distance ni de l'espace.

Elle avait toujours une figure – la plus jolie

qu'elle eût jamais eue – et une voix. Mais figure et voix m'entouraient, m'acceptaient en quelque sorte. Quand elles étaient là dans le monde réel, c'est-à-dire dans le monde divisé, je n'étais pas toujours sûr d'un pareil bonheur.

Mes parents avaient mis le fond de leur appartement à ma disposition : deux pièces petites mais communicantes, ouvrant sur une cour, et parfaitement isolées du reste de la maison par un long couloir coudé.

C'était mon domaine. J'y avais tous les droits. Je changeais les meubles de place, j'organisais l'ordre et le désordre à ma fantaisie.

Je n'y étais pas toujours seul : on venait m'y voir. Mais alors je recevais. Et quand, après le dîner, j'avais souhaité bonne nuit à tous, j'y faisais retraite. Les deux petites chambres devenaient un temple.

J'y veillais tard, jusque dans la nuit. Je m'étais jeté dans les études de philosophie avec férocité. Je voulais tout comprendre et cela pressait. Je ne savais trop pourquoi, mais il me semblait que l'occasion ne se représenterait plus, que j'allais être happé par des obligations beaucoup plus matérielles.

Toutes les idées des hommes qui avaient pensé m'entraient pour la première fois dans la tête : de Pythagore à Bergson, de Platon à Freud. Je les regardais, d'aussi près qu'il m'était possible de le faire.

Vraiment l'esprit humain (ou ce qu'il y en avait en moi) n'était pas une bonne lunette : il fixait mal. Ce défaut d'attention me donnait souvent des scrupules. Pas trop pourtant : parce que les philosophes eux-mêmes n'avaient pas toujours l'air d'avoir bien vu.

Généralement, ils avaient pointé leur esprit dans une direction, que les meilleurs d'entre eux avaient été capables de suivre tout un livre durant, parfois toute leur vie. C'était le cas avec Platon, avec Spinoza. Mais ce choix même et leur obstination à le poursuivre étaient limitatifs et les empêchaient de regarder autour d'eux. Je voyais leur démarche de pensée comme étant à la surface d'une sphère mais seulement en un point, perdant ainsi le contact avec la réalité de l'univers qui n'était rien de moins que la sphère dans son ensemble. De telle sorte que, plus un philosophe était déductif et systématique, plus grande était sa déroute. Les poètes et la plupart des artistes faisaient et disaient toutes sortes de choses folles, mais du moins ils cherchaient dans toutes les directions, multipliant les risques mais aussi les occasions. Il y avait quelque chose de bien dans leur tourment.

J'étais moi-même tourmenté à l'automne de 1940. Je réfléchissais beaucoup ou du moins j'exerçais ma pensée. J'essayais tous les chemins les uns après les autres, le réaliste et l'idéaliste, le matérialiste et le spiritualiste, l'empirique et le rationnel. D'Héraclite à William James, pas un seul ne me semblait sans intérêt mais aucun ne me satisfaisait complètement. Quant à la psychologie – on nous faisait étudier ses bases et sa doctrine durant neuf heures par semaine –, j'avais une dent contre elle. Pour moi, la psychologie était à cent lieues. Soit elle analysait les propriétés de la pensée et de l'esprit sans tenir compte du fait que l'on pouvait s'interroger sur leur existence même, ou bien subitement elle leur tournait le dos. Elle n'était plus concernée que par les manifestations extérieures.

Manifestations et réflexes ! Mais cela n'était rien d'autre que ses effets. Comment pouvaient-ils être pris pour la totalité de la vie humaine ; l'interprétation de ces signes était nécessairement douteuse, étant faite par des individus qui ne se connaissaient pas mieux eux-mêmes que ceux qu'ils jugeaient.

Je rencontrais chez certains penseurs modernes le mythe de l'objectivité, et je me fâchais. Alors, pour ces gens-là, il y aurait un monde unique, le même pour tous ! Et tous les autres mondes seraient des illusions rétrogrades ! Pourquoi ne pas le dire : des hallucinations ! J'étais payé pour savoir combien ils avaient tort.

Je savais bien, parbleu, qu'il suffisait d'enlever à un homme un souvenir par-ci, une association réflexe par-là, de lui enlever l'ouïe ou la vue, pour qu'aussitôt le monde se transforme, pour qu'un autre monde, entièrement différent, entièrement cohérent, naisse. Un autre monde ? Non ! Le même plutôt, mais aperçu à partir d'un autre angle, compté avec des mesures toutes neuves. Alors toutes ces hiérarchies dites

« objectives » se retrouvaient cul par-dessus tête, éparpillées au vent, pas même comme des théories : comme des caprices.

Surtout les psychologues (deux ou trois mis à part, dont Bergson) me semblaient rater magistralement l'essentiel : la vie intérieure. Ils la prenaient pour sujet, mais ils n'en parlaient pas. Ils étaient aussi embarrassés devant elle qu'une poule qui découvre qu'elle a couvé un canard. Naturellement, j'étais encore plus embarrassé qu'eux pour en parler, mais pas pour la vivre. Et moi je n'avais que seize ans : il me semblait que c'était à eux de me dire. Ils ne me disaient rien.

Les philosophes faisaient travailler mon cerveau : mon cerveau les suivait volontiers. L'entraînement qu'ils lui donnaient fortifiait ses muscles. Mon cerveau appliquait mieux sa force, s'orientait plus vite de jour en jour, mais il n'arrivait nulle part. J'entendais partout des questions : une réponse, jamais.

Notre professeur de philo, cette année-là, était déficient. Le brave homme avait mal vieilli. Heureusement, il y avait les livres. Nous les discutions entre camarades avec un acharnement qui était une nouveauté pour moi.

On eût dit que, de ce Paris occupé, silencieux comme un cercueil, montaient des émanations irritantes. Toutes ces paroles que les gens retenaient parce qu'ils avaient peur devenaient des défis. Presque tous les garçons de mon âge étaient inquiets. Ceux qui ne l'étaient pas étaient des sots : nous les laissions tomber.

Et notre inquiétude était plus complète que celle des adultes. Elle ne consistait pas à se demander qui gagnerait la guerre, et quand, s'il y aurait des restrictions alimentaires (du reste il y en aurait, elles commençaient déjà), si l'ennemi le plus dangereux était le nazisme ou le bolchevisme. Nous voulions apprendre à vivre. C'était bien plus grave. Et nous voulions apprendre très vite, parce que nous sentions que demain il serait sans doute trop tard. Il y avait des signes de mort sur la terre et dans le ciel, de la frontière d'Espagne à celle de Russie. Pas même des signes, des actions de mort.

Cela grondait en nous, cela voulait sortir. Si nous n'étions pas fichus de fabriquer une meilleure vie que celle de nos aînés, l'orgie de sottise et de massacre allait continuer jusqu'à la fin du monde. Qu'ils se taisent, les gens, s'ils pouvaient vivre en se taisant ! Nous, nous ne pouvions pas. Quant à leur peur, elle ressemblait trop à de l'indécence : elle nous écœurait.

Nous n'étions indulgents ni pour les philosophes, ni pour nos professeurs, ni pour nos familles. C'était mieux ainsi : il nous fallait de la force pour nous préparer.

Cet hiver-là, à Paris, les étudiants étaient sérieux. Il y en avait même dont l'expression était tragique. Que voulez-vous ! Le 11 novembre 1940, il y avait eu une manifestation sur les Champs-Élysées : le souvenir de la victoire de 1918 qui ne voulait pas s'éteindre. Cela avait été la première manifestation : la seule et première fois que des Parisiens avaient dit non à l'Allemagne. C'étaient des étudiants qui l'avaient faite. Le lendemain, à l'aube, une vingtaine d'entre eux avaient été fusillés.

On riait encore. Mais oui. On s'amusait même beaucoup. L'équilibre de la vie ne se détruit pas comme ça, en une saison. Seulement, chaque matin, on se réveillait ayant vécu des semaines, on ne savait comment, depuis hier.

Les enfants d'un pays heureux n'en finissent pas d'être des enfants. Mais ceux d'un pays qui souffre sont des hommes déjà avant même qu'ils ne l'aient désiré, avant même que leur corps ne le permette. Ils ont encore leur bouche de dix ans prête à la moue du chagrin, de l'eau claire dans les yeux, de l'encre sur les doigts, l'argot des potaches, et des petites filles dans leur tête auxquelles ils n'ont pas touché, pourtant ils sont des hommes, déjà, avec une passion de comprendre et de faire qu'il faut assouvir tout de suite. Ils ont mille fois plus d'interrogations qu'il n'existe au monde de réponses.

J'étais ainsi. Mes camarades étaient ainsi. Nous gobions les études, mais faute d'une nourriture plus solide. En tout cas, nous n'étions dupes ni des mots, ni de la science, ni de la philosophie, ni des journaux, ni de la patience, pas même de la peur. Nous avions peur de ne pas vivre : ça oui ! De ne pas en avoir le droit, de ne pas en avoir le temps, et que les gens nous disent qu'il fallait le faire d'une façon et pas d'une autre (comme s'ils le savaient !).

Nous étions pressés et résolus. On allait essayer quand même !

De la maison, comme toujours, nous partions à deux. Mais, quand nous arrivions au lycée, nous étions huit, dix ou douze. C'était immanquable.

Des camarades convergeaient sur nous de toutes les rues adjacentes. Certains même faisaient de longs détours pour nous joindre. Le concierge du lycée, que ce spectacle divertissait beaucoup, sortait la tête de son guichet et s'écriait : « Tiens ! Voilà le cortège Lusseyran ! »

C'était bien un peu mon cortège en effet : piloté par la grande main de Jean, j'étais toujours au centre.

Cette présence des autres devenait presque encombrante. Pour retrouver notre intimité désormais, Jean et moi nous devions nous réfugier dans mon appartement : les deux petites chambres du boulevard Port-Royal, mes cellules de moine. Au-dehors, c'était la foule. « Tu les attires, disait Jean. Ils ont besoin de toi. » Et moi qui croyais que c'était moi qui avais besoin d'eux ! Après tout, peut-être les deux choses étaient-elles vraies en même temps. On n'a jamais résolu les mystères de l'attraction.

Jean continuait : « Sais-tu que c'est presque toujours toi qu'ils regardent ? Même quand c'est compliqué, même quand il faut regarder par-dessus l'épaule du voisin. Ils s'imaginent que tu ne les vois pas. C'est peut-être pour ça qu'ils le font. »

Le cortège descendait, remontait la rue Saint-Jacques, dans une sorte de coude à coude, mais sans confusion. Je me demandais parfois d'où tant d'ordre pouvait bien venir.

Chacun parlait à son tour. Il y avait un temps pour la plaisanterie, un temps pour le sérieux. Ils étaient si pondérés, tous ces garçons et, quand ils étaient enthousiastes, ils l'étaient si sourdement qu'on eût dit qu'ils se rangeaient en ordre de bataille. En tout cas, il y avait un sujet tabou : c'étaient les classes. D'un accord unanime, celui qui en parlait devrait quitter le cortège. Priorité aux choses sérieuses ! Et comme nous étions sérieux, même si nous parlions des filles !

Moi je marchais au milieu, et j'étais content. Sans cause précise. Content d'être avec des hommes qui, comme moi, ne voulaient pas fermer les yeux sur la vie. J'oubliais complètement que nous allions au lycée. En classe, j'oubliais que j'étais en classe. Je marchais déjà en plein avenir. Je ne savais pourtant pas ce qu'il serait.

François (c'était un des garçons du cortège) était né en France. Mais sa famille était polonaise, et pauvre. Son père avait émigré vingt ans plus tôt. Il était devenu ouvrier métallurgiste quelque part dans une usine du Nord.

François était passionné. Cela n'aurait pas suffi à le distinguer parmi nous : la température du groupe était élevée. Mais il l'était d'une manière différente, à la « mode slave », disions-nous. Les émotions jaillissaient autour de son grand corps mince (un peu trop mince) à la façon de décharges électriques. Elles lui faisaient faire des mouvements qu'il n'avait pas le pouvoir de retenir : croiser les bras sur sa poitrine, poser les mains sur vos deux épaules tout en vous parlant au ras du visage d'une voix transfigurée, plus ronde, plus chaude, s'arrêter brusquement au milieu de la rue à deux pas en avant des autres et nous fixer tous avec gourmandise, et dire des phrases comme celle-ci : « La vie est belle. » François célébrait sa messe.

Ai-je dit qu'il avait une passion ? En fait, il les avait toutes, et au sommet la passion de la France. Il l'aimait, son pays. Il avait l'air de le connaître mieux que nous. Quelquefois, il l'appelait France, normalement. Quelquefois, il l'appelait Pologne. Pour lui, cela ne faisait qu'un. Je pensais qu'il avait raison.

En présence de nos professeurs, il fallait feindre, ce que nous détestions. Il fallait paraître raisonnables – que sais-je, désintéressés. Il fallait mettre nos passions en veilleuse. Sauf avec cet homme qui n'était pas comme les autres, ce professeur d'histoire. Lui nous exigeait intacts dans sa classe : comiques si nous ne pouvions pas être autrement, furieux si nous étions en colère.

Ce grand bonhomme était aussi vif au bout de six mois qu'il l'avait été le premier jour. Son érudition nous coupait le souffle : il faisait pleuvoir sur nous chiffres et faits comme grêle. De temps en temps, il se frottait les mains d'un air animé et heureux, il faisait sonner un petit rire amical. Nous commencions à bien le connaître : c'est qu'il avait trouvé une idée.

Les programmes d'histoire s'arrêtaient en 1918 avec cette prudence myope qui convient, dit-on, aux programmes scolaires. Qu'à cela ne tienne ! Il continuerait sans programme.

Il continuait au-delà de tout, même après l'heure de la fin des classes. S'il savait que d'autres cours ne nous attendaient pas, il nous gardait une heure, deux heures de plus. Il annonçait en souriant : « Je ne vous retiens pas. Que ceux qui veulent s'en aller s'en aillent ! Cela m'est égal. » Tous restaient, naturellement, absorbés par cet incroyable tourbillon de faits, de renseignements, de vues neuves sur tous les pays et tous les temps, d'appels à la lucidité, au bon sens, à l'énergie, au réveil. Tous, sauf deux. Nous les avions remarqués : ceux-là sortaient à l'heure exacte. Nous apprîmes bientôt qu'ils s'étaient inscrits dans un mouvement de jeunesse pour la collaboration avec l'Allemagne.

Dès qu'ils avaient fermé la porte, le professeur disait : « Maintenant que nous sommes entre nous, poursuivons ! »

Il poursuivait l'histoire de l'Allemagne au-delà de la défaite de 1918, à travers la République de Weimar, Stresemann, le vieil Hindenburg, l'inflation, les grèves, la misère, la faillite des sociaux-démocrates, jusqu'au « putsch » hitlérien et cette naissance du monstre nazi qui maintenant était sur nous allongé de tout son corps.

Il disait l'incendie du Reichstag et ses vrais responsables, la création, dès 1933, d'un lieu unique dans l'histoire par l'organisation scientifique de la cruauté : Dachau, en Bavière, à dix kilomètres de Munich, un camp de concentration.

D'une serviette usée, il tirait des documents inouïs, des pages entières traduites de *Mein Kampf*, des déclarations d'Alfred Rosenberg, de Joseph Goebbels, de Julius Streicher – les cauchemars prolifiques de l'Allemagne nationalsocialiste.

Il nous apprenait ce que c'était qu'un génocide et comment on y procédait. Pas théoriquement. En ce moment même, pratiquement. Et pas si loin de nous : en Pologne, en Tchécoslovaquie. François n'était pas juif, mais j'entendais sa gorge gronder.

Il n'avait pas peur, notre prof. Quelle délivrance pour nous ! S'il avait fait son choix dans cette guerre, il savait pourquoi. Il ne s'en irait pas avant de nous avoir tout dit.

Un jour, finalement, il nous attaqua de front. Il nous demanda ce que c'était que la France, à quoi elle servait, quelle place elle tenait dans le monde. Nous devions lui répondre. Ses questions n'étaient pas rhétoriques.

Il fallait s'y attendre : François parla mieux que les autres. Il dit que la France venait d'être vaincue, mais que cela ne signifiait rien, sinon une énorme infection dans le corps de l'Europe. Cette infection, il fallait la soigner d'urgence, sous peine de voir le monde empoisonné. Le monde tout entier. Et puis la France, disait François (il se levait à demi, il ne tenait plus sur sa chaise), ce n'est pas qu'un pays : c'est une manière de vivre. Pendant ce temps, notre professeur se frottait les mains avec plus de conviction que jamais.

À son avis, François avait raison : il fallait aimer la France. Mais intelligemment, c'était là le plus difficile. Il fallait comprendre que l'empire de la France était blessé, peut-être mort, que les temps changeaient très vite, que l'équilibre des forces était en train de tourner sur son axe. Il fallait voir que l'Allemagne, malgré sa Gestapo et sa Wehrmacht, n'était pas le tout du problème, mais seulement un morceau.

Il voulait que nous regardions par-dessus les frontières, parce que, disait-il, les frontières étaient les baleines d'un vieux corset qui allait craquer. Il ponctuait ses phrases par ces petits rires familiers que nous aimions tant. « Messieurs, disait-il, cette guerre n'est pas une guerre nationale. Il n'y aura plus de guerres nationales. Mettez-vous ça dans la tête ! Le monde est Un. Cela n'est peut-être pas confortable, mais c'est un fait. Et tout nationaliste est un attardé, un vieux croûton ! »

Fascinés, nous le suivions par-dessus les frontières : vers l'est en direction de la Russie, vers l'ouest en direction de l'Amérique. Pour lui, il n'y avait plus que ces deux pays-là qui comptaient : l'URSS et les USA. La puissance de l'Allemagne était provisoire : c'était celle d'un rut géant, cela ne durerait pas.

Les Russes et les Américains n'étaient peut-être pas des hommes meilleurs que les autres, mais sûrement ils étaient plus vivants et la vie finit toujours par avoir raison. L'URSS et les USA n'étaient pas encore dans la guerre, mais ils allaient y entrer. Ce n'était pas une espérance, mais c'était un enchaînement fatal.

Il se mit alors à nous décrire, pendant six semaines, la naissance du bolchevisme, l'empire de Lénine, celui de Staline, les purges de Moscou. Il démonta pour nous, en se fondant sur des textes russes qu'il avait fait traduire, la Constitution de l'Union des républiques socialistes soviétiques. Il nous apprit que, depuis trois ans déjà, l'industrie métallurgique lourde russe, centrée au sud de Moscou et autour des villes ukrainiennes telles que Kharkov et Dniepropetrovsk ou dans le Dombas, avait été systématiquement transférée vers l'est dans ces villes neuves du nord de l'Oural, Magnitogorsk, Tcheliabinsk, et même au-delà, en Sibérie, dans la vallée du Kouznetsk. Plus récemment, des industries alimentaires aussi vitales que celles des pâtes et des conserves avaient suivi le même mouvement.

Est-ce que cela n'était pas clair ? Est-ce que cela ne jetait pas une lumière surprenante sur le pacte germano-soviétique du 23 août 1939 ? L'URSS pouvait-elle être l'amie d'Hitler ?

Si les bolcheviks étaient sincères, cela ne se

pouvait pas, car alors ils défendaient la liberté des gens. S'ils n'étaient pas sincères, cela ne se pouvait pas non plus, car alors ils faisaient le rêve secret de l'empire du monde, et ne pouvaient tolérer longtemps l'empire nazi.

L'URSS pesait lourd. Nous n'avions pas le droit de nous laisser endormir par les illusions qu'entretenait, à son sujet, depuis 1917, le monde occidental. La Russie était un pays terriblement vieux et terriblement jeune à la fois. Sa force tenait dans l'humilité, la naïveté de ses hommes, et dans cette impatience du bonheur qui s'était accumulée, ramassée, pendant des siècles, sous le despotisme.

L'URSS était inconnue, mais l'Amérique ne l'était pas moins.

« Ah ! Ceux-là ! disait notre professeur parlant des Américains. S'ils sont aussi adroits qu'ils sont généreux, nous sommes tous sauvés ! »

Le morceau d'avenir qui se trouvait de l'autre côté de l'Atlantique était plus gros – nous ne devions jamais l'oublier – que l'Europe ne voulait bien l'admettre. Il y avait là un continent immense, comble de richesses, grouillant d'hommes, et qui poussait suivant une raison presque géométrique. Il y avait là le plus grand succès de l'esprit d'entreprise dont les hommes se fussent jamais rendus capables.

Il y avait là de l'emballement et de l'égoïsme, comme chez tous les peuples jeunes, mais aussi une des plus solides réserves de tolérance et de confiance qui fussent au monde.

Les Américains aimaient fabriquer, construire, bref ils aimaient faire, et s'ils gardaient ce goût intact assez longtemps, ils deviendraient l'espoir numéro un de l'Europe. C'était horrible à dire : son seul espoir peut-être.

Nous eûmes des cours sur le krack de 1929, sur la dépression, sur le premier mandat de Franklin Delano Roosevelt, sur son second mandat. On nous parla du « New Deal », de la guérison en flèche de l'Amérique après la Dépression, de la « Tennessee Valley Authority », des plans de reboisement, des centrales électriques des Rocheuses. Et pour la première fois de notre vie, New York, Philadelphie, Pittsburgh, Cleveland, Detroit, Chicago, San Francisco, Los Angeles, Minneapolis même et Duluth, Toledo, Rochester, le Mississippi et le Missouri, les Appalaches et le lac Huron devinrent autre chose pour nous que des noms : des lieux extraordinaires où des millions de gens, chaque année, imaginaient des centaines de façons nouvelles d'utiliser la vie.

J'écoutais, je comprenais. Les frontières de la France, mes frontières éclataient de toutes parts. Sous la baguette d'un professeur de lycée, sous son charme plutôt : et sa compétence, le petit Français de dix-sept ans devenait un Occidental.

En mars 1941, il fallut passer au tableau, ou plutôt à la chaire : mon professeur d'histoire me mettait à l'épreuve. J'avais dû lire, depuis un mois, une vingtaine de livres : les uns concernant l'URSS, les autres les États-Unis. Je devais les résumer pour mes camarades, en faire la synthèse, comme nous disions pompeusement.

Comme c'était vraiment la première fois que j'avais à parler en public, j'étais accablé sous le poids de l'appréhension, et sous le poids des notes. L'angoisse tint bon, mais les notes disparurent.

Je m'étais assis à la place du prof pour commencer mon exposé. Mes mains parcouraient le dessus du bureau : en vain. Il n'y avait plus de notes. Je vis trouble. Alors j'entendis le frottement des mains familier et le petit rire affectueux. « C'est moi qui les ai prises, vos notes ! disait le professeur. Quand on part en voyage, on met ses bagages au fourgon. »

Du coup, je vis encore plus trouble. Puis quelque chose s'éclaira dans ma tête : je me souvins de l'écran intérieur, et je découvris que j'y lisais mes notes facilement. Elles y étaient même plus lisibles que sur le papier. Comment avais-je bien pu, depuis plusieurs mois, oublier l'existence de cet instrument merveilleux ? Quel imbécile je faisais !

D'autre part, tandis que je parlais, ma voix me rassurait : elle avait presque l'air naturel. Quant au silence des copains, il était de bon augure : ils ne me voulaient aucun mal, quelques-uns même voulaient m'aider. J'en étais certain. Je les sentais penchés vers moi, François et Jean en particulier.

Au bout d'une heure (tous m'apprirent que cela avait duré une heure ! Je n'en crus pas mes oreilles), je m'entendis conclure, et le professeur applaudir. Il n'applaudissait jamais, surtout pas ses élèves. Qu'est-ce que j'avais bien pu raconter ?

Je l'appris quelques instants plus tard par les autres. J'avais dit, paraît-il, une chose étonnante, à savoir que la guerre était à peine commencée, que nous ne saurions vraiment où elle allait qu'après l'entrée dans le conflit de l'URSS et des USA, et que cette double intervention ne tarderait certainement plus... Grand Dieu ! Mais comment avais-je pu dire ces choses ? Je ne les avais pas préparées. Mieux : je ne les savais pas, littéralement pas !

Il fallait me faire une raison : mon esprit courait plus vite que ma conscience. Cette petite trouvaille avait de quoi me faire rêver. Et je n'y manquai pas.

3

Weissberg était le nom d'un petit homme maigre, à la barbiche et aux cheveux blancs, toujours poli, toujours hospitalier. Ancien camarade d'études du père de Jean, il s'était pris pour Jean d'une affection tranquille qui n'exigeait rien d'autre qu'une petite visite une fois par mois.

Célibataire, il disait aimer Jean comme le fils qu'il n'avait pas eu.

Il avait fait, toute sa vie, de patientes études de biologie. Il avait fait de vraies découvertes dans le domaine pharmaceutique, mais il avait été trop modeste et trop distrait pour exploiter ses inventions : il était resté pauvre.

Au retour de chacune de ses visites chez Weissberg, Jean était épanoui. Le vieil homme lui avait montré, lui avait fait aimer tant de choses nouvelles.

Un soir du début d'avril, Jean était parti vers l'avenue de Clichy pour sa visite mensuelle. Mais la concierge, l'arrêtant au passage, lui dit que le vieux monsieur du quatrième n'était plus là : deux jours plus tôt, le matin vers 5 heures, la police allemande l'avait pris. « Ils étaient à trois pour le chercher, disait la concierge. Tous très polis, surtout le plus grand qui parlait français. » Mais, comme ils emmenaient le pauvre monsieur, ajoutait-elle, le plus grand (un officier, c'était sûr) s'était retourné vers elle et lui avait dit : « Ne vous en faites pas ! Ce n'est qu'un juif ! »

Quelques jours plus tard, Radio-Paris « allemand » annonça que, des lignes téléphoniques utilisées par l'armée allemande ayant été coupées en Bretagne, près de la côte, par des terroristes français, dix otages français venaient d'être fusillés.

Un midi, comme je sortais du lycée, un homme jeune que je ne connaissais pas accrocha mon bras au passage. Il m'attira dans un coin du hall et me dit, d'une voix anxieuse : « Gérard a été arrêté ce matin par la Gestapo. Je crois qu'il est à la Santé. »

La Santé ! Le nom de cette prison parisienne sonnait pour la première fois à mes oreilles, proche, personnel.

Le jeune homme continuait : « Je suis le frère aîné de Gérard. Je suis moi-même en danger. Notre père a rejoint les Forces françaises libres à Londres dès juin de l'année dernière. Cela, vous devez déjà le savoir. Ils retiennent certainement Gérard comme otage. Puisque vous étiez son meilleur ami, j'ai cru nécessaire de vous informer. »

Trois jours plus tard, je tombai malade.

J'hésite à dire que ce fut à cause de Weissberg, de Gérard et des otages. Ma maladie fut en somme assez banale : une forte rougeole, qui se déclara en quelques heures, fit son éruption en quatre ou cinq jours et qui, en s'éloignant, libéra en moi un torrent d'énergies. J'hésite à le dire, et pourtant je le pense. Je le pensais alors sans aucun doute.

Dès les premières heures de la fièvre, il me devint évident que mon corps se purgeait d'un poison, crachait au-dehors des corps étrangers. Mais le poison était moral aussi bien que physique. De cela, j'étais sûr.

Au sommet de ma fièvre, je fus secoué de frissons. Mais, étrangement, je ne perdis pas ma lucidité. Je vis la bataille se faire.

Des émotions poussaient mon corps et mon esprit dans tous les sens. Je me jetais rageusement en avant. Je chassais l'ennemi.

Bientôt, l'idée même que j'étais malade n'eut plus aucun intérêt pour moi : ce n'était pas un microbe, ce n'était pas un virus qui entrait, c'était une résolution.

Elle s'installait de ma tête à mes pieds en pays conquis : je ne pouvais simplement pas lui résister. Elle s'était mise au volant à ma place. Elle me conduisait vers des points précis auxquels, avant elle, je n'avais pas pensé.

Elle me donnait des ordres. D'abord, je ne devais rien dire dans ma famille, du moins pas tout de suite. Je devais rencontrer aussitôt que possible deux de mes camarades, François et Georges, eux en priorité, mais en tête à tête : Jean lui-même ne serait pas là. Plus tard, il me faudrait en contacter une dizaine d'autres. La liste était toute prête.

Ma résolution ne m'apprenait pas ce que je leur dirais. Cela m'était égal. Quand le temps en serait venu, je le saurais bien. Je n'avais plus qu'une hâte : guérir mon corps pour le risquer dans l'aventure.

Bienheureuse rougeole ! Elle avait catalysé en moi tout un lot de peurs et de désirs, d'intentions, de colères qui me tenaient dans leur poing fermé depuis des semaines et que, tout seul, je n'aurais jamais été capable d'ouvrir. Au premier jour de ma convalescence, je me dis à moi-même, à haute voix dans ma chambre : « Ma maladie, c'est l'Occupation. »

On était en avril : notre premier printemps nazi. La jeunesse, l'Occupation, la convalescence dansaient dans mon sang. Mes tempes battaient, littéralement, quand je voyais tout autour de mon pays immobile tous ces gens qui ne disaient rien, qui ne faisaient rien. Depuis peu, pour les désigner tous, un mot nouveau circulait : « les attentistes ».

Attendre quoi ? Que la terreur s'installe ? Que, travaillant à la façon d'un énorme microbe, elle mange toutes nos joies vivantes (elle ferait vite, il n'en restait déjà plus tant) ? Que tous les Weissberg soient arrêtés, disparaissent ? Qu'il n'y ait plus en France que deux sortes d'hommes : les otages et ceux pour qui on tue les otages ? Je ne le voulais pas.

Naturellement, vouloir était, une fois de plus, un mot vide. Tous ces gens qui attendaient, rien ne me prouvait qu'ils le fissent par plaisir. Ils le faisaient malgré eux. Et puis, attendaient-ils tous vraiment ? Comment le savoir ? Personne ne communiquait plus.

Dans les conversations, quand les mots « nazis », « Gestapo », « tortures », « fusillades » apparaissaient, aussitôt, chez votre interlocuteur, quelque chose se fermait. J'étais devenu si sensible au phénomène qu'il me semblait presque entendre un bruit particulier. Alors on ne savait jamais si c'étaient leurs yeux que les gens fermaient, ou leurs poings, ou leurs bouches. Il ne restait plus d'eux, devant vous, qu'une boule de refus.

Cela était vrai surtout des adultes. Mais le mal, récemment, avait gagné mes camarades eux-mêmes.

Voilà, je le tenais mon sujet pour François et pour Georges : je leur parlerai des raisons pour lesquelles on se taisait tous, je leur montrerai qu'elles étaient toutes mauvaises, je les ferai parler, ou je parlerai à leur place.

J'avais des mots dans la tête, dans la gorge. Mais il n'aurait servi à rien d'en faire un roman ou des poèmes. Le temps n'était pas aux discours : j'avais des mots jusque dans les bras et les mains.

Si je ne savais pas encore ce qu'était au juste

l'Occupation, c'était parce qu'elle était trop importante et, après tout, presque invisible. Les nazis avaient mis au point une façon toute neuve de se glisser dans le corps de l'Europe : ils se tenaient bien en ordre, au garde-à-vous, correctement – du moins en France. Ils nous volaient, ils nous pillaient, emmenant chez eux 85 % de la production agricole et industrielle du pays. Mais ils n'en parlaient pas, ou à peine. Ils ne menaçaient personne. Ils se contentaient de signer des ordres de réquisition.

Derrière l'armée (tout le monde le savait, et ceux qui n'étaient pas sûrs avaient peur, ce qui était encore plus efficace), il y avait un secret. Cela n'était pas une guerre comme les précédentes. Au fond de cette guerre, il n'y avait pas la violence. Il y avait pire : une idée fixe. Faire l'Europe nazie, c'est-à-dire tuer tout ce qui n'était pas allemand, ou le soumettre.

Et cette idée fixe n'était pas furieuse : personne ne la voyait écumer. Elle avait une administration : c'était là son secret. Tous ses plans étaient écrits à l'avance. Ils étaient à l'abri dans des tiroirs de bureau, de Narvik à Saint-Jean-de-Luz et, depuis quelques jours, jusque dans l'île de Crète. À Paris, les tiroirs étaient rue des Saussaies, rue Lauriston, dans tous les immeubles que la Gestapo avait occupés.

Cette fois il me semblait comprendre l'Occupation. Il n'y aurait pas de massacres. On pouvait compter sur les nazis pour être plus habiles. Ou, s'il y en avait, ils se feraient homme par homme, disparition par disparition. Un jour (au bout de plusieurs années peut-être), on s'apercevrait que, dans notre France, il ne restait plus un seul Gérard, plus un seul homme libre, plus un Weissberg.

La rougeole guérie, ma résolution de parler devenait une seconde maladie : elle aussi me donnait des frissons, piquait ma langue. J'avais mal, réellement.

Je dis alors à Jean : « Si nous apprenions à danser ? »

Je me doute bien que le rapport entre la rumba, le slow-fox et ma nouvelle maladie de liberté a toutes les chances d'échapper, même à des lecteurs attentifs. C'était pourtant un rapport très simple. Je n'étais pas encore prêt, pas tout à fait. Le bouillonnement de mon esprit, se transmettant à mon corps, me donnait une virulence que je ne sais comment appeler. Cosmique, peut-être !

Il y avait en moi un tel convoi de forces en route vers des actes, qu'il fallait bien qu'il occupât tous les chemins à la fois pour pouvoir passer.

J'appris toutes les danses de base en quinze jours, très vite, comme on se désaltère en plein été : de la valse jusqu'au swing. Je me fixai sur le swing avec enthousiasme. Pas pour des raisons esthétiques, on s'en doute ! Mais vraiment le swing, c'était une danse d'exorcisme.

Quand vous aviez agité, pendant cinq ou six heures de suite, un paquet de filles au bout de vos bras, avec tous leurs parfums renversés sur vous à poignées, vous étiez fourbu, soit ! Mais vous aviez chassé des démons. Ils sont tous faits pour qu'on les agite : les politiques et les privés.

D'ailleurs, cette différence que les gens faisaient entre les problèmes qui les concernaient « personnellement » et ceux qui ne les concernaient qu'« en général », comme ils disaient, nous paraissait, à François, à Georges, à Jean et à moi, parfaitement répugnante. La vie du pays était notre affaire. Là-dessus « pas de question » !

C'était un fait, et qui éclata dès les premières conversations que j'eus avec eux tous dans les derniers jours d'avril.

Début mai, j'avais adopté le mode de vie ascétique qui convenait à un soldat de l'idéal.

Chaque jour – dimanche compris – je me levais à 4 heures et demie, avant l'aube. Mon premier mouvement était de m'agenouiller et de prier.

« Mon Dieu, disais-je, donnez-moi la force de tenir mes promesses. Puisque je les ai faites pour le bien, elles sont à vous aussi. Maintenant que vingt garçons – et demain peut-être cent – attendent mes ordres, dites-moi quels ordres leur donner. Par moi-même je ne sais presque rien faire, mais si vous le voulez je suis capable de presque tout. Avant tout, donnez-moi la prudence, car je n'ai plus besoin de votre enthousiasme : j'en suis plein. »

Je faisais alors une toilette rapide, à l'eau

froide. Puis je me penchais à la fenêtre de ma chambre pour écouter Paris.

Je prenais Paris plus au sérieux que jamais. Sans me monter la tête pourtant, sans me croire responsable de la ville entière ! Mais, dans cette ville à demi stupéfiée et que, chaque nuit, de minuit à 5 heures, le « couvre-feu » gelait, j'étais devenu depuis trois jours l'un des responsables. À cela personne ne pouvait plus rien : même pas moi !

C'étaient les autres qui l'avaient voulu, mes camarades. Moi qui, la semaine précédente, quand j'avais eu ce premier tête-à-tête avec François et, deux heures plus tard, avec Georges, me demandais encore si cette tempête de phrases qui sortait de moi aurait un sens pour eux ! François avait presque crié de bonheur aux premiers mots. Il m'avait embrassé – ce que nous ne faisions jamais entre camarades. Il bégayait : « On attendait tous ça de toi. » J'avais dû mordre ma langue pour ne pas dire : « De moi ? Pourquoi de moi ? »

Le reste de l'heure, il avait fallu le passer à jeter de l'eau sur cet incendie. J'avais à peine dit à François que nous n'avions plus le droit de supporter l'Occupation qu'une colonne de projets avait jailli de sa tête. Pas des projets fous : minutés au contraire comme des rapports de manœuvres (il n'avait sûrement pensé à rien d'autre depuis l'été dernier), mais des projets si téméraires qu'ils eussent risqué nos vies à tous dans l'heure.

Il fallait bien me l'avouer : j'avais pensé à tout, sauf au danger. Et voilà que François jetait sur moi le danger tout droit, comme un poing en pleine figure. Mon danger et le sien à la fois, celui de tous ceux à qui je parlerais. À cette réalité-là, il me fallait du temps pour m'habituer : je ne dirais plus un mot qui ne fût un acte. J'avais un urgent besoin de Dieu. Je me promis de prier chaque jour.

La façon de Georges n'avait pas été celle de François. Georges était un petit Français audacieux mais concentré. Et puis, son manque de dons intellectuels l'avait retardé dans ses études : il avait vingt ans déjà. Ensuite, à la différence de François, il ne comprenait que les choses concrètes. Il m'avait harcelé pour obtenir des détails sur mes plans. Moi, c'était une intuition que j'avais : ça n'était pas des plans !

Je m'étais donc vu dans l'obligation soudaine d'improviser une organisation, là, sur-le-champ.

Georges questionnait :

« Quelle sorte de types veux-tu contacter ? Quel nombre ? Quand auras-tu besoin d'argent et de combien ? Où vas-tu mettre le quartier général de ton mouvement ? À quels moyens disciplinaires penses-tu pour contrôler l'activité des membres ? À quel moment comptes-tu faire connaître ton existence à Londres ? »

Ton existence ! Ton mouvement ! Ils allaient tous plus vite que moi. Mais, si j'étais surpris de voir le pas qu'ils prenaient, je l'étais bien plus encore de voir le mien. Par une gymnastique dont je ne me savais pas capable et que, en tout cas, je n'avais apprise nulle part, non seulement je suivais François et Georges mais je les précédais. De très peu, mais sans faute : juste d'une phrase, d'une tête.

Par exemple, je m'entendis dire à Georges que nous ne connaîtrions les proportions du Mouvement qu'après deux mois d'exercice, que, avant la fin de ces deux mois, il ne fallait pas traiter les camarades contactés en hommes au sens complet du mot, mais en boy-scouts, qu'inévitablement, sur les vingt premiers, il y aurait un déchet de dix environ, et qu'un pareil déchet, on ne pouvait se le permettre que dans les premières heures, avant l'organisation définitive. Après, ça serait la loi martiale, puisque ce serait la clandestinité.

Georges avait sûrement entendu ce qu'il voulait entendre, parce qu'il avait dit finalement : « Je te jure... » Puis il avait eu une hésitation et s'était lancé : « Je te jure sur la tête de ma mère que je suis avec vous. »

Le lendemain, j'avais convoqué trois autres camarades dans ma chambre. J'en avais rencontré deux autres dans l'aller-retour au lycée.

Une inquiétude – presque un doute – m'était venue à constater que je ne disais pas la même chose à tous. Il y en avait que je ranimais, d'autres que j'apaisais. Sans calcul précis, mais de raison impérieuse, je réservais le tout de l'affaire à Georges et à François : je n'en dis à Jean que la moitié.

Au bout de quatre ou cinq jours, une dizaine de garçons m'entouraient, qui exigeaient une action. D'où, pour moi, un embarras panique, jusqu'à éprouver un raidissement douloureux des muscles de la nuque. De quelle action, moi l'aveugle, étais-je capable ? Pourtant, c'était moi qu'ils attendaient tous.

Je ne consultai personne : je n'en eus pas le temps. J'avais déjà lancé des invitations pour une réunion préliminaire : elle aurait lieu dans l'appartement de la famille de Jean le mardi suivant. Les dix camarades contactés s'y trouveraient tous à 5 heures pile.

Ils y furent. Mais ils n'étaient pas dix : ils étaient cinquante-deux. Quand j'entendis ce flot de voix gravir l'étroit escalier de l'immeuble, j'eus l'idée stupide que nous avions été dénoncés.

Mais quand, dix minutes plus tard, les cinquante-deux garçons, accroupis en désordre au milieu du grand salon à verrière, portant tous leurs yeux sur moi, firent silence d'un seul coup comme je n'avais jamais entendu des hommes faire silence, et que l'un d'eux (Georges, je crois) me dit : « Les jeux sont faits. C'est à toi de parler ! », ma tête s'emplit d'une clarté inconnue, je n'eus plus un battement de cœur à côté. Je me mis à savoir, en une fois, tout ce que j'avais cherché et n'avais pas trouvé depuis des semaines.

Les consciences de mes camarades me semblaient grandes ouvertes devant moi : je n'avais qu'à les lire. Quant à ma conscience personnelle, elle ne me gênait plus : je l'avais mise au service d'une cause qui devait être terriblement vraie, puisqu'elle me dictait tous ces mots que, avant elle, je n'avais jamais prononcés.

Je leur disais, aux cinquante-deux, que leur engagement était sans retour. Ils ne fermeraient pas sur eux la porte qu'ils avaient ouverte ce soir. Ce que nous étions, eux et moi, en train de faire, cela s'appelait un mouvement de résistance.

Le fait que le plus âgé d'entre nous n'avait pas encore vingt et un ans, et que moi je n'en avais pas tout à fait dix-sept, ne simplifiait pas toutes les opérations, mais en permettait plusieurs : aussi longtemps qu'on nous croirait des gosses, on ne nous tiendrait pas pour suspects. Du moins, pas immédiatement. Ce préjugé et cette chance, il fallait les exploiter à fond dans les six mois à venir.

Pendant ces six premiers mois – et une année entière s'il le fallait – notre résistance serait passive : on se préparerait.

D'abord on procéderait à la création des cellules du Mouvement, une à une. Règle sans appel : cette réunion de cinquante-deux avait été une folie – involontaire, nécessaire même peut-être – mais ce serait la dernière. Les membres du Mouvement ne se rencontreraient jamais plus de trois à la fois, sauf exceptions impératives.

Pendant la période préparatoire, il fallait balancer impitoyablement tous les rêves de gosse : tous les rêves à la Dumas Père, de conspiration et de guérilla. Jusqu'à nouvel ordre, il n'y aurait pas d'armes dans le Mouvement. Pas même un fusil de chasse. Et il ne serait pas question d'armes dans les conversations.

D'ailleurs, dans les conversations, il ne serait question de rien. Il fallait, dès ce soir, mener une vie rigoureusement double. Une vie de jeunes gens candides pour nos familles, les professeurs, les camarades étrangers et les filles, et l'autre. Ceux qui auraient le temps d'avoir des petites amies en auraient, mais ils leur parleraient d'amour et de pantoufles, à l'exclusion de tout autre sujet. Quant aux familles, elles étaient le danger majeur : étant par définition bien intentionnées envers nous, elles feraient obstacle ou bavarderaient.

Cela faisait moins d'une semaine que j'avais dit toutes ces choses. Maintenant la machine tournait. J'étais le chef d'un mouvement de résistance.

De la cour devant moi, où les rayons du soleil levant jetaient leurs premières taches de bruit, montait l'odeur, faite de sel et de sucre à la fois, appétissante, du four de la boulangerie voisine. C'était une odeur aussi douce que les odeurs d'autrefois, avant la Résistance. Elle vous donnait des envies de plaisir, pas d'action. Parmi tous les dangers qui me guettaient, il y aurait celui-là aussi : celui qui vient du bonheur des choses.

Je m'étais ôté le droit de rêver. En tout cas,

je ne pourrais plus rêver que dans une seule direction, et je ne saurais jamais ce qu'il y a au bout du chemin que j'avais pris avant que cela ne soit « sur moi ».

Déjà, sous la pression de Georges et de François, puis de deux autres, Raymond et Claude, il avait fallu créer un Comité central du Mouvement. Comité central ! Cela sonnait presque d'une manière bouffonne. Comme si nous avions joué aux soldats de plomb. Pourtant, non. C'était nécessaire, et l'on y travaillait.

Ce que je n'étais pas capable, moi, d'inventer, l'un des quatre autres l'inventait. Il n'était pas question, n'est-ce pas, d'aller consulter des experts : des politiciens, des officiers, des journalistes, pas même nos parents. Et, quand il faut amener cinquante garçons à faire quelque chose ou, pis, les empêcher de le faire, une tactique s'impose.

Le premier Comité central s'était réuni la veille près de la porte d'Orléans, à la lisière sud de Paris, dans l'un de ces immeubles pauvres qui ressemblaient à des ruches et où, dans les escaliers, il se faisait un passage incessant. Toutefois, nous étions arrivés et partis, chacun suivant un itinéraire établi à l'avance et différent de celui des autres. Seuls Georges et moi nous étions deux : je ferais forcément exception.

Le Comité central, à l'unanimité moins une abstention – la mienne –, avait pris une décision : pendant les trois premiers mois je serais seul chargé du recrutement. Le Comité estimait que ce risque m'appartenait de droit : en tant qu'initiateur moral de toute l'affaire, et en tant qu'aveugle.

C'était mon emploi, ma spécialité. J'avais, disaient-ils, le « sens des êtres ». Dans mes premiers contacts, je n'avais pas fait une erreur. En outre, j'entendrais mieux, je ferais plus attention, on ne me tromperait pas facilement, je n'oublierais ni les noms, ni les lieux, ni les adresses, ni les numéros de téléphone. Chaque semaine, je rendrais compte de la prospection sans avoir recours à des petits papiers ni à des listes. Tout témoignage écrit (fût-il rédigé en code) était un risque qu'aucun de nous n'avait le droit de courir.

Je m'étais abstenu de voter, mais de refuser aussi ce qu'on m'offrait. Rien au monde ne pouvait m'aider plus à vivre que cette confiance de mes amis, que ce danger, pour quelques semaines plus grand peut-être que celui qu'eux-mêmes couraient.

Plus tard, s'il fallait espionner, porter des armes, s'enfuir ou se battre, je passerais la main. Je resterais aux arrières. Bien forcé ! Mais avant que mes yeux ne me condamnent à ne pas faire la guerre (s'ils m'y condamnaient un jour), j'aurai dû à mes yeux de la faire le premier, aux avant-postes.

Près de six cents garçons, en moins d'un an, prirent le chemin du boulevard Port-Royal. Ils venaient voir l'aveugle.

On comprendra mieux cette époque et le

poids de ses secrets si je dis que, dans la plupart des cas, ils ignoraient jusqu'à mon nom et ne le demandaient pas.

Un des cinquante-deux du groupe initial tenait en observation un de ses camarades pendant plusieurs jours, parfois plusieurs semaines. Si enfin il le jugeait digne de confiance, il l'expédiait vers moi.

Les consignes étaient strictes : je ne recevrais en aucun cas les individus qui n'auraient pas été annoncés. Je ne les recevrais pas non plus s'ils arrivaient avec cinq minutes d'écart sur l'heure fixée. Si leur venue ne répondait pas à ces conditions, et si je ne pouvais pas les chasser (difficulté probable), je les ferais entrer, mais, simulant un malentendu, je ne parlerais de rien. Les membres des groupes de base savaient que je n'entendais pas plaisanter. Ils le savaient d'autant mieux qu'eux-mêmes ne jouaient pas. « Va chez l'aveugle ! disaient-ils au néophyte. Quand il t'aura vu, j'aurai des choses à te dire. »

Alors ils expliquaient que j'habitais boulevard Port-Royal, juste en face de la maternité Baudelocque, que la porte de ma maison était entre une pharmacie et une confiserie, qu'il fallait prendre l'escalier principal de l'immeuble jusqu'au troisième, et là sonner deux coups longs et un coup bref. J'ouvrirais moi-même, je les conduirais dans mon appartement. Ils n'auraient plus qu'à se laisser faire, répondre à mes questions si je leur en posais.

Dans les premières semaines, il ne vint que

de très jeunes garçons (dix-sept à dix-neuf ans), en train de terminer leurs études secondaires au lycée. Mais peu à peu, il vint des garçons plus assurés et plus difficiles à connaître : de vrais étudiants des Facultés des lettres, des sciences, de médecine, de pharmacie, de droit, des Écoles supérieures d'agronomie, de chimie, de physique. Le Mouvement grandissait au rythme d'une cellule vivante. De plus, il portait un nom : nous étions les « Volontaires de la Liberté ».

Chaque semaine, je rapportais mes décisions au Comité central. « Un tel » était admis sans réserve : il entrait dans le groupe de la Faculté de droit, à égalité avec les autres. Tel autre était admis « à l'essai » : il serait surveillé pendant un temps. Un groupe de base n'existait que s'il comportait deux membres : l'un en pleine activité, l'autre ne montrant ses intentions à personne, et spécialement chargé du contrôle des cas douteux.

À qui n'a pas vécu cette époque de l'Occupation, de telles mesures de prudence paraîtront excessives. Elles ne l'étaient pas. L'avenir allait en donner la preuve. Quant à nos projets, étaient-ils si grandioses que nous ayons besoin de six cents jeunes hommes pour les exécuter ? Réellement ils étaient modestes, mais aussi très difficiles. Ils justifiaient la réunion de toutes nos forces.

Tâche numéro un : informer la population. Les seuls journaux qui paraissaient alors en

France étaient censurés de la première à la dernière ligne. Selon l'esprit, et parfois selon la lettre, ils étaient des copies de la presse nazie. Souvent même ils renchérissaient sur elle, conformément à cette loi qui veut que les traîtres se fassent pires que les bandits. Les Français ignoraient tout de la guerre. Ils en étaient réduits à leur instinct.

Il y avait, c'est vrai, la radio de la France libre à Londres. Mais ses émissions étaient brouillées neuf fois sur dix si efficacement qu'on ne pouvait pas reconnaître les mots. De plus, se mettre à l'écoute de la radio anglaise était interdit. Et si, en fait, les Allemands n'exerçaient que des contrôles sporadiques, la peur jouait à plein : bien peu de familles écoutaient. Notre premier travail allait être la publication d'un journal.

D'un journal ou si cela était, au commencement, au-delà de nos moyens, d'un bulletin de nouvelles imprimé sur feuilles volantes et que nous ferions circuler secrètement, de la main à la main.

Plusieurs membres du Mouvement se mettraient à l'affût de la radio anglaise et de la radio suisse. Nous allions grouper les vraies nouvelles de la guerre, les mettre en ordre, les répandre et les commenter.

Orienter l'opinion publique, la redresser était urgent. Ne jamais oublier qu'en ce milieu de 1941 la plupart de nos compatriotes (l'Europe presque tout entière) avaient perdu l'espoir. La défaite nazie semblait pour le moins improbable ou rejetée dans un avenir sans fond. Nous avions le devoir de dire, de crier notre foi dans la victoire des Alliés. L'information, oui. Mais le courage plus encore. Et la lucidité. Nous étions résolus à ne rien cacher. Car il y avait ce monstre à combattre : le défaitisme, et cet autre monstre : l'indifférence. Il fallait tout faire pour empêcher les Français de s'habituer au nazisme, ou de ne voir en lui qu'un ennemi comme ceux d'autrefois : un ennemi de la nation, un adversaire momentanément vainqueur. Nous savions, nous, que le nazisme menaçait l'humanité entière, qu'il était un mal absolu, et nous allions le dire.

Notre troisième tâche était plus lente. Il fallait découvrir dans la jeunesse française tout ce qui restait intact. Il fallait trier les forts des faibles, les fidèles des lâches. L'heure n'était plus aux nuances.

Nous savions que le retour victorieux des Alliés ne se ferait pas du jour au lendemain. Nous savions aussi que, lorsqu'il se ferait, le pays aurait besoin de légions d'hommes prêts, afin d'accueillir et d'assister l'invasion libératrice.

Des hommes prêts, cela signifiait des hommes qui s'étaient choisis depuis des mois, des années peut-être, qui s'étaient éprouvés dans la patience et le travail secret, qui seraient incapables de fausseté, incapables de défaillance.

Et pas seulement des hommes, mais des jeunes hommes. C'était une évidence. Les hommes de plus de trente ans qui nous entouraient avaient peur pour leurs femmes et leurs enfants. Ceci était de véritables raisons, des raisons justes, mais ils craignaient aussi pour leurs biens, pour leur position, ce qui nous mettait en colère ; par-dessus tout ils craignaient pour leur vie à laquelle ils s'accrochaient tellement plus que nous. Nous avions moins peur qu'eux, les années à venir allaient le prouver. Les quatre cinquièmes de la Résistance en France étaient composés d'hommes qui avaient moins de trente ans.

Nous pouvions aider d'une façon différente. Nous étions si jeunes que nous pouvions circuler très facilement en faisant croire que nous nous amusions, en blaguant, sifflant, les mains dans les poches, à la sortie des usines, près des baraquements ou près des convois allemands, traînant dans les cantines, et sur les trottoirs, escaladant les murs. Tout jouait en notre faveur, même l'aide des filles quand il y en avait.

Les « Volontaires de la Liberté » allaient construire un réseau d'informations composé non pas d'agents de métier mais, ce qui est mieux, d'agents dévoués corps et âme et presque invisibles car ils avaient l'air de jeunes tout à fait inoffensifs. Pour finir, il fallait entrer en contact avec Londres, mais même ça ne nous faisait pas peur.

Finalement, dans notre travail de tous les jours, nous devions être un mouvement sans arme. Mais le Comité central allait rassembler ceux d'entre nous – environ une vingtaine –

qui avaient été mobilisés ou s'étaient engagés comme volontaires en 1939 et qui connaissaient le maniement des armes. Nous étions sur le point de créer quelques centres d'entraînement dans les environs de Paris ou même à la campagne, dans des fermes isolées. Nous avions déjà pris des contacts avec des fermiers dans la région située entre Arpajon et Limours. D'après un plan minutieux nous devions maintenir une centaine d'entre nous prêts à toute éventualité. Personne n'avait l'illusion d'être indispensable, mais tous nous avions la certitude d'être nécessaires. Mais revenons à mon appartement et aux consultations que j'y donnais.

Quelle image les nouveaux venus (trois ou quatre dans la même soirée parfois) pouvaient-ils bien avoir du mystérieux jeune homme que j'étais ?

Le visiteur ne savait de moi qu'une chose : il est aveugle. S'il avait observé correctement le code de la sonnette, il me suivait le long d'un couloir obscur (j'oubliais presque toujours d'allumer l'électricité). Deux portes successivement se fermaient derrière lui.

Enfin, il était introduit dans une chambre étroite : une fenêtre sur la cour, un lit, un fauteuil pour lui, une chaise pour moi, un bahut mince et bas. Par la porte toujours ouverte sur la deuxième chambre, il apercevait un entassement de livres braille qui escaladait les trois murs de la pièce.

En face de lui, il y avait un garçon, dont une

pipe courte en perpétuel fonctionnement dissimulait mal la grande jeunesse. Mais ce garçon parlait avec une animation et une sûreté auxquelles il ne s'attendait pas. La sûreté d'un adulte et l'enthousiasme d'un enfant, ou quelque chose dans ce genre. En tout cas un mélange d'énigme et de franchise qui le portait aux confidences.

Allait-il se méfier d'un aveugle ? Qu'est-ce qu'un aveugle viendrait faire dans des eaux troubles ? En tout cas, s'il avait encore des soupçons, puisque lui il avait des yeux, il n'avait qu'à s'en servir pour observer. Il pouvait se permettre de rougir tout à son aise s'il était pris d'une émotion, faire des mouvements brusques de la tête ou des doigts, avoir des tics, reculer, sourire : un aveugle ne s'aperçoit pas de ces choses.

Pendant ce temps-là je travaillais de tous mes instincts. Je n'avais certes aucune méthode, et l'idée d'en adopter une ne m'effleurait pas. Je savais que le seul moyen de connaître mon visiteur était de l'essayer.

Et d'abord « à vide ». Il fallait absolument que les dix premières minutes de la conversation n'eussent aucun sujet déterminé. Après tout, c'était peut-être une méthode.

J'avais rodé toute une série d'entretiens vagues – vagues ou insolites – mais sans aucun rapport avec mes projets. Parmi mes visiteurs, il y en avait que cette façon aberrante d'entrer en matière fâchait tout de suite. La colère étant une émotion très difficile à simuler (dont l'imitation sonne toujours faux), on gagnait du temps avec ceux-là, on les connaissait aussitôt.

Mais la plupart étaient déconcertés, à demi inquiets. Alors ils essayaient, par tous les moyens, d'en venir au but. Ils balbutiaient des explications compliquées. Et rien n'est plus éclairant sur un individu (tout psychologue le sait bien) qu'une explication compliquée.

Mais finalement toutes ces tactiques comptaient peu. Si je pouvais sonder les cœurs et les consciences (je n'avais aucun doute sur ce point), c'était parce que j'étais aveugle, et pour aucune autre raison.

J'avais pris, très jeune, l'habitude de deviner, puisque je ne voyais plus, de lire les signes au lieu des gestes, et de composer les signes entre eux afin de faire un univers cohérent.

De plus, il faut le dire, j'étais éperdument heureux de faire ce travail. Avoir des hommes devant moi, les faire parler d'eux, les amener à dire ce qu'ils ne disaient pas d'habitude parce que c'était trop profond, entendre brusquement sonner dans leur voix le timbre le plus inimitable de tous – celui de la confiance –, cela m'emplissait d'une certitude qui ressemblait à de l'amour. Cela traçait autour de moi un cercle de protection magique : il ne m'arriverait rien de mal. La lumière qui se faisait dans ma tête était si forte qu'elle s'identifiait à la joie. Je devenais invulnérable.

Je devenais infaillible aussi, ou presque. Et cela,

les camarades du Comité central et tous ceux du Mouvement le savaient. Ils me le disaient : les uns dans des phrases à demi ironiques, embarrassées, les autres, comme François ou comme Georges, avec une conviction religieuse.

Nous étions quelques-uns à nous habituer, de jour en jour, à des phénomènes bizarres. Depuis que nous faisions de la Résistance, nous avions reçu un supplément d'esprit. Toutes sortes de problèmes obscurs s'étaient clarifiés. Notre mémoire à tous avait une agilité incroyable. Nous lisions entre les mots et dans les silences. Des actes qui, deux mois plus tôt, nous paraissaient infaisables, dressaient des murs ou des fantômes devant nous, s'effritaient en une poussière de petites actions faciles.

Georges avait bien raison d'appeler cet état « l'état de grâce ». Quant à moi, je sentais bien que ma conscience était entrée en communication avec des centaines d'autres consciences et, souffrant ou espérant avec cent autres, grandissait.

Ces apports étaient quotidiens : je me surprenais à savoir des choses qu'on ne m'avait pas apprises, à avoir le matin au réveil une intention impérieuse et entièrement nouvelle et que je découvrais être, trois heures plus tard, celle de deux, de dix autres camarades. L'esprit de la Résistance était né. Il se servait de moi.

Pourtant, l'esprit de la Résistance, qui eût pu dire ce qu'il était ? Chez nous, aux « Volontaires de la Liberté », il avait vingt figures.

Par exemple, Georges était nationaliste. Patriote, veux-je dire, et même cocardier ! Au point que, si l'envie le prenait de chanter *La Marseillaise*, il ne pouvait jamais finir la chanson : elle le faisait pleurer comme une petite fille. Nous moquions-nous de lui !

Donc, s'il faisait de la Résistance – et il la faisait comme un lion –, c'était pour « sauver la France ». L'Allemagne pouvait crever, mais, avec elle, l'Angleterre et tous les cinq continents ! J'avais bien entrepris sa conversion, mais la conversion me prit plus de trois ans, et elle n'aboutit pas.

Claude et Raymond, eux, étaient philosophes. Ils pensaient que la France n'était qu'un cas particulier des démocraties, et que c'était la démocratie qu'il fallait défendre, qu'elle était digne de tous les courages.

D'autres, tels François et Jean et bientôt la plupart, exprimaient moins clairement leurs raisons de se battre, mais les connaissaient mieux.

Les mots leur étaient aussi indifférents qu'à moi. Ils se battaient pour l'Honneur, la Liberté, l'Idéal, le Droit à la Vie, la Pureté, le Christianisme, le Respect... Simplement, ils ne supportaient plus qu'on bombarde et affame des populations civiles, qu'on mente en public et conformément à des lois, qu'on appelle alliance le pillage, et protection le despotisme policier.

Surtout, nous ne voulions plus qu'on traite un monstre (ou même un homme : Adolf Hitler) comme s'il était un dieu. « Dieu n'est ni allemand, ni russe, ni français » : je le répétais sans cesse à Georges. « Dieu, c'est la Vie, et tout ce qui attente à la vie est contre Dieu. »

Nous ne voulions pas qu'on torture les prisonniers parce qu'ils étaient des prisonniers, et qu'on tue les juifs parce qu'ils étaient juifs. Or les nazis torturaient et tuaient partout.

Depuis le 22 juin au matin, et leur entrée en URSS (comme notre prof d'histoire avait eu raison !), ils brûlaient la Galicie, la Russie blanche et l'Ukraine, champ après champ, maison après maison.

Le 23 août, la nouvelle nous parvint qu'ils avaient fusillé le même jour deux Français : Gabriel Péri, un leader communiste, et d'Estienne d'Orves un officier conservateur et catholique, deux héros. Cette double mort était officielle : Londres l'avait confirmée.

Mais ce qui se savait moins (et que nous, nous savions), c'était que, dix jours plus tôt, les quatre-vingt-sept membres d'un réseau de Résistance avaient été arrêtés. Parmi eux, plusieurs anthropologistes et ethnologues réputés. Des hommes et des femmes qui s'étaient jetés dans le combat, comme nous, par idéalisme. Ils publiaient deux journaux clandestins, *La France continue* et *Résistance*. Ces journaux, nous les avions reçus par ballots de mille. Les membres du Mouvement les faisaient circuler. Nous apprenions que, déjà, plusieurs de ces hommes avaient été décapités, à Fresnes, à la Santé, au Cherche-Midi, les trois grandes prisons de

Paris, et que les autres étaient embarqués vers l'Allemagne : vers des forteresses ou des camps de concentration, pour une mort plus lente.

Chez tous les gens la peur montait : nous assistions à cela aussi. Les triomphes allemands en Russie étaient fracassants au cours de l'été. Londres était sous les bombes. L'Amérique restait immobile. Peut-être notre résistance était-elle désespérée.

Le fond slave de François s'en trouvait rajeuni. Il me secouait et me disait : « Quelle fête, pense donc ! Quelle fête, si au bout de tout cela il n'y a aucune chance ! Ce sont des larves, ceux qui s'imaginent qu'on se bat pour réussir, hein ! On se bat pour être heureux ! »

Certainement nous étions heureux de nous battre, même aussi modestement. Dans l'effort, je jetais des étincelles : je passais le deuxième bachot avec la mention « très bien », comme une fleur ! C'était tellement moins difficile que la Résistance ! Maintenant, j'allais entrer à l'université.

Ce fut alors que Gérard (mon ami retenu comme otage à cause de la présence à Londres de son père) fut libéré, sans cause visible. Il se précipita chez moi. Il y parla cinq heures. À sa sortie, il était membre du Mouvement.

Pourtant, lui, il avait appris : il avait vu des hommes rentrer « mutilés » des interrogatoires de la Gestapo. Il avait entendu et vu qu'on tuait tous les jours. Mais cela ne le faisait pas hésiter. Au contraire.

D'ailleurs aucun de mes amis n'hésitait plus. Pour dire le vrai, beaucoup d'entre eux brûlaient de mourir. La mort à vingt ans est encore possible. Tellement plus qu'après ! Nous nous étions tous mis dans le courage : c'était notre élément. Nous y nagions, n'ayant plus d'yeux que pour la rive.

4

Au-dessus de moi, il n'y avait plus personne. Cette solitude du commandement commençait à me coûter cher.

J'avais informé mes parents du genre d'activités où je m'étais engagé. Courageusement, ils avaient fait taire leur inquiétude. Ils m'avaient donné leur complicité entière. Mais nous étions convenus que je ne leur dirais plus rien. Quel besoin de multiplier les risques ? Ils mettaient leur appartement à notre disposition : c'était un danger suffisant.

Même au Comité central, je ne trouvais pas de conseil : si nous étions dans l'embarras, nous l'étions ensemble. Nous étions tous des apprentis. Il me fallait à toute force un patron.

Malheur à celui qui n'admire et ne respecte que lui-même ! Son âme est infirme. Il me fallait un homme à qui je pourrais me confier, qui se porterait garant de moi, et il fallait que cet homme fût extraordinaire puisque ce que nous faisions était extraordinaire. Jean, qui éprouvait ce besoin tout autant que moi, m'entraîna un jour chez notre professeur d'histoire.

Cet homme fut parfait. Il écouta ce que nous lui disions, il nous approuva, mais il nous interrompit très vite. « J'en sais bien assez, nous dit-il : gardez le reste pour vous. Vous avez toute ma confiance. Maintenant, revenez me voir une fois par semaine : chaque fois je vous donnerai deux heures. Apportez-moi vos difficultés : elles me passionnent. En échange, quand je pourrai, je vous aiderai. » Je n'avais pas besoin d'autre chose. Avec cet appui, cette confiance derrière moi, je me sentais prêt à recevoir les dangers, et même les malheurs, s'ils venaient.

Mon Jean, lui, s'habituait mal à notre nouvelle vie. La méfiance lui paraissait un sentiment horrible. Ce n'était pas chez lui manque de courage : c'était besoin de propreté. Comme nous tous désormais, il lui fallait soupçonner les gens, supposer qu'ils cachaient leurs intentions ou qu'ils mentaient, mentir lui-même parfois pour être bien sûr qu'eux disaient la vérité. Tourner autour des actes, se salir le cœur ! Il en tremblait de dégoût, mon pauvre Jean ! Il n'aurait jamais cru que l'idéal fût une chose aussi mélangée.

Sa joie à lui avait toujours été de se donner tout entier d'un coup à ceux qui lui souriaient, et de ne jamais se reprendre. Il était un grand garçon clair comme du cristal. Comment le cristal pourrait-il se rendre lui-même obscur ?

Il me disait : « Je ne serai jamais un bon résistant. Je ne ferai de la Résistance qu'à travers toi. Envoie-moi où tu veux : si j'y vais à ta place, n'aie pas peur, j'irai. Mais rappelle-toi ! Si j'étais tout seul, je ne ferais rien : je n'en aurais pas la force. »

Jean se mit alors à circuler à travers Paris, porteur de commissions dont je le chargeais. Comme il avait des ennemis, le savait, mais ne pouvait pas penser à eux parce que cela lui faisait trop de peine, il avançait droit devant lui, avec la démarche un peu raide de ses longues jambes, il ne se retournait jamais. Il n'était pas prudent. « La prudence me dégoûte, me disait-il. C'est bête ! »

François et Georges, au contraire, étaient à leur affaire. Plus ils avaient à se cacher, plus ils devenaient intelligents. François surtout avait pris des allures de valet de comédie. Il ne s'introduisait plus dans les immeubles bourgeois que par l'escalier de service « pour ne pas alerter la concierge ». Pour « faire moins étudiant », il s'habillait en ouvrier. Il avait tellement pris l'habitude de regarder autour de lui que, même s'il se trouvait seul avec moi dans ma chambre, sa tête pivotait encore continuellement.

Tout cela n'était pas au détriment de sa santé. Oh, non ! Il n'avait pas de complexe : il avait un métier, et il le faisait bien.

Il s'était fait « clandestin intégral ». C'était l'expression dont nous nous servions. Afin de mieux aider le Mouvement, de l'aider jour et nuit, il avait interrompu ses études. Il logeait dans un galetas, au sommet d'une maison noire, dans une chambre de bonne avec accès direct sur les toits, afin de faciliter une évasion si besoin. Des collectes dans le Mouvement lui assuraient les mille francs par mois qui l'empêchaient de mourir de faim.

Il vécut de la sorte pendant deux années, de plus en plus maigre, de plus en plus agile, de plus en plus heureux. Le contact de sa voix avait pris une qualité électrique : avec des lâches il aurait fait des héros ! « Tout ça, c'est à cause de mon atavisme polonais, disait-il. Nous, on nous persécute depuis cinq siècles. »

Même Jean ne pouvait plus se cacher le fait que nous avions des ennemis. Nos activités grandissaient très vite.

Deux fois par mois, nous publiions un bulletin de liaison et d'information. Le but : maintenir les gens en état de lucidité et d'attente active, dénoncer tous les crimes nazis qui viendraient à notre connaissance. Ils arrivaient de toutes parts en foule.

Ce n'était qu'un bulletin : ce n'était pas encore un journal. Pourtant, il avait bien fallu du papier. Et comme la vente du papier était entièrement contrôlée par l'armée d'Occupation, il avait fallu le voler. Georges et François avaient organisé le « commando ».

Après, ç'avait été le tour de l'encre, puis des machines à ronéotyper. Sans complices, nous n'obtenions rien, et tout complice était un traître en puissance.

Maintenant, où et quand faire tourner les ronéos ? C'était à moi que le Comité central avait posé la question. Ils avaient tous eu l'air d'admettre que j'étais bénéficiaire d'une grâce spéciale : celle de trouver des réponses. Et, de façon bien inattendue, ils avaient eu raison. Car le lendemain même, je recevais la visite d'un médecin, un jeune psychiatre, qu'un camarade m'expédiait car « il avait des informations ».

Henri, le psychiatre, avait des copains dans la police française : il pourrait de temps en temps nous faire connaître, une ou deux heures à l'avance, les barrages de police organisés sur ordre des Allemands. C'était précieux.

Mais bientôt la conversation avait glissé vers ses malades : ces pauvres femmes démentes qu'il soignait à Sainte-Anne, l'hôpital psychiatrique. Et la solution pour les ronéos était tombée de sa bouche, sans qu'il y prît garde. Il y avait à Sainte-Anne des cellules capitonnées réservées aux « fous furieux ». On avait rarement l'usage de toutes à la fois. L'une d'elles serait notre atelier. Henri prenait l'affaire en main. Quand je rapportai la nouvelle au Comité central, le Comité central la trouva toute naturelle : il prenait un peu trop vite l'habitude du miracle !

Nos bulletins n'étaient pas très bien rédigés, du moins étaient-ils virulents. Ils circulaient de main en main à travers le Mouvement. Nous avions même formé trois premières équipes de distribution générale.

François dirigeait la première. Georges, la deuxième. Et Denis, un nouveau venu, la troisième.

Denis, ah celui-là ! Un bonhomme de vingt ans, blond comme les blés, les yeux naïfs, le teint rose, quelque chose de craintif, même de suppliant dans la voix, les mains brûlantes et dont la peau était douce comme celle d'une fille, pieux (il égrenait fréquemment un chapelet dans sa poche), prêt à rire de tout mais ne le faisant jamais de peur d'intriguer les autres, et toujours si poli avec nous – d'une politesse démodée, un peu gauche – qu'on aurait cru qu'il se prenait lui-même pour un petit enfant, et nous pour des vieillards chargés d'honneurs.

La distribution générale du bulletin, cela signifiait des courses dans les immeubles parisiens, des exemplaires glissés sous les portes – un garçon de l'équipe surveillant les issues, les autres volant, leurs chaussures à la main, d'étage en étage.

Les traîtres se rapprochaient. Il n'eût servi de rien de se le dissimuler. Nous n'avions pas peur des professionnels. Nous savions qu'ils étaient rares, et presque toujours maladroits. Mais il restait les traîtres involontaires, et avec ceux-là c'était le diable ! Allez vous défendre contre des gens que la peur affole !

Constatation déplaisante, mais qu'il fallait bien avaler : la moitié de Paris était faite de ces gens-là. Ils n'avaient pas d'intentions criminelles ; ils n'auraient pas fait, comme on dit, de « mal à une mouche ». Mais ils protégeaient leur famille, leur argent, leur santé, leur situation, leur réputation dans l'immeuble. Pour eux, nous étions des « terroristes », ils ne se faisaient pas faute de le dire. Ils en parlaient entre eux sur le pas de leur porte, au téléphone. Si nous n'avions eu qu'à compter sans eux ! Mais ils étaient pires que la Gestapo. Comme tous les peureux, ils étaient frivoles : ils parleraient de nous à la légère, ils nous dénonceraient sans même y penser.

Ils nous dénonçaient. En janvier 1942, un membre de notre mouvement s'était fait arrêter parce que son voisin de palier, un brave homme, allait racontant à l'épicerie, à la boulangerie, qu'il ne savait ce que c'était que cette littérature que le « petit d'en face » trimbalait, mais que s'il était à la place du père il y mettrait bon ordre, parce que c'était dangereux.

Georges me dit un jour : « Il faut que je te montre Nivel. Ce type décidément ne me paraît pas sûr. » Georges, comme les autres, vivait avec cette idée que, étant aveugle, j'avais des chances supplémentaires – des chances énormes – de voir à travers la surface des gens.

Il allait me faire rencontrer Nivel, lequel, depuis quelque temps, était beaucoup « trop bien » selon lui : trop zélé, trop renseigné. Accusation absurde, pensait Georges, mais il voulait en avoir le cœur net.

Il m'emmena donc un soir entre la place d'Italie et la gare d'Austerlitz, dans un entrepôt d'usine désaffecté où, au milieu d'un entassement de caisses vides, de murs écaillés, de rouleaux de fil de fer rouillés et de courants d'air, l'expertise eut lieu.

Ce Nivel était un inconnu pour moi, et je ne me fiais guère aux appréhensions de Georges. Mais lorsque Nivel entra et fit éclater un « bonjour » plein de sourires, le diagnostic se fit sans tâtonnements : « Lâcher ce type ! Se décrocher de lui au plus vite ! »

Sa voix chaude, ses paroles bien rondes lui faisaient un visage que j'avais vu d'abord. Mais sous ce visage il y en avait un autre, immédiatement perceptible. Et cet autre, tantôt fuyait, se pelotonnait, tantôt revenait en avant, malgré lui. Cela faisait comme une boursouflure. Ce type avait des cloques dans la voix.

Il palabra une demi-heure. Il crut peut-être que nous l'aimions. Lui parti, je dis à Georges qu'il avait « salement raison » de se méfier ! Et Georges me dit que, pendant la rencontre, j'avais eu l'air absent.

J'avais fait un tour dans les profondeurs : c'était vrai. Il y avait en moi une chambre secrète : quand j'avais la bonne idée d'y descendre, toutes choses devenaient simples et sûres. Les gens en particulier s'y trouvaient lavés de leurs apparences : dans un mot doux, je pouvais entendre une menace, dans une vantardise, la peur. Et cet endroit de clarté – était-ce drôle ! – c'était simplement cet espace intérieur qui m'était devenu familier quand, à huit ans, j'étais devenu aveugle.

Je ne sus jamais exactement quel accident mon intuition nous avait épargné. Mais, quelques mois plus tard, Nivel le suspect fut aperçu parmi les membres du service d'ordre du Rassemblement national populaire, lors d'un meeting pour la collaboration avec l'Allemagne. Il portait l'insigne du parti et hurlait, avec les autres, « *Heil Hitler !* ».

Temps béni où mon corps ne se rappelait à moi que pour me réjouir !

Les petites gênes physiques – celles, en particulier, qui résultaient du surmenage intellectuel –, il suffisait le dimanche de vingt-cinq kilomètres à pied, sans halte, faits avec Jean, pour les effacer. Le soir, on était brisé. Le lendemain, on se levait à 5 heures, et c'était le premier jour du monde.

Le puits de mes forces ne se vidait jamais. Plus je veillais, meilleur était mon sommeil. Plus j'apprenais, plus j'étais capable d'apprendre.

Ma mémoire ne savait dire que « oui ». Elle faisait de la place pour tout : pour les mille cinquante numéros de téléphone parisiens nécessaires à mon travail de Résistance et que je lui avais confiés en 1942 afin de ne rien noter par écrit, pour le système des monades selon Leibniz, pour l'histoire de la Turquie au XIXe siècle, ou bien pour ces quinze pages en latin de la *Correspondance* de Cicéron. Si un contingent de faits nouveaux se présentait à elle, au lieu de se mettre à l'étroit pour le recevoir, elle s'élargissait : procédé plus simple !

Mon esprit, c'était alors un monde en expansion : il n'avait pas trouvé ses bornes. Et si mon intelligence renâclait un peu sous l'effort, j'avais recours à d'autres univers en moi : celui du cœur, celui de l'espérance. Ils faisaient aussitôt le relais, et moi, je courais toujours.

Je n'avais pas encore la dureté d'un homme : j'étais élastique comme un enfant : ce qui rend compte de mes exploits entre 1941 et 1943. À les regarder aujourd'hui, du milieu de ma vie et de sa fatigue, je les comprends à peine.

J'étais entré à l'université de Paris, à l'automne de 1941. J'avais choisi les études de lettres : elles répondaient à mes capacités, à mes goûts. À leur terme brillaient les seules professions que je pouvais aimer, celles qui me mettraient en contact direct avec d'autres hommes : la diplomatie, l'enseignement.

Toutefois, je n'étais pas devenu un étudiant tout à fait ordinaire. Sur le conseil de mes professeurs, j'étais entré dans une classe spéciale qui, je le crois du moins, n'existe qu'en France : la première supérieure. On ne trouvait cette sorte de classe qu'à une douzaine d'exemplaires à travers le pays. Elle groupait les plus brillants élèves de lettres des classes finales des lycées : une quarantaine d'étudiants par classe, et tous engagés dans un jeu sévère de concurrence.

La passion que d'autres appliquaient aux sports physiques, nous la donnions aux sports intellectuels. Mais quelle frénésie !

Au bout de deux ou trois ans d'études, selon

les cas, les élèves de première supérieure se présentaient à un concours : celui qui donnait accès – si l'on était reçu, et cela n'était pas facile – à l'institution la plus haute de l'enseignement français, à l'École des écoles, l'École normale supérieure de la rue d'Ulm.

Le travail auquel nous étions soumis était intensif (une sorte de production en chaîne du savoir), incommensurable en tout cas à celui des cours réguliers de l'université. Trente heures de cours par semaine, où des professeurs, choisis pour leur talent et leur érudition, étaient censés nous apprendre tout le latin, tout le grec, toute la littérature française, toute la philosophie, l'histoire du monde antique et l'histoire universelle depuis 1715 jusqu'à nos jours. Ne souriez pas de telles ambitions ! Tout le monde était sérieux en première supérieure : professeurs et étudiants.

Je dus suivre ce train d'enfer pendant deux ans et – ô surprise – je le suivis avec un plein succès. Mais, en même temps, je devais faire la Résistance.

Cela devint très vite une gageure : y arriverais-je ou n'y arriverais-je pas ? J'avais mis mon point d'honneur à faire l'équilibre entre mes deux vies : la publique et la secrète. Mes journées se balançaient entre les études et l'action à une cadence effrayante.

Le matin, de 4 heures et demie à 7 heures, doublant, triplant le pas, je marchais dans les livres. De 8 heures à midi, j'écoutais les professeurs, prenais des notes comme un enragé et essayais d'assimiler les connaissances au fur et à mesure qu'elles étaient données. L'après-midi, de 2 heures à 4 heures, j'étais encore en classe. À 4 heures, la Résistance commençait.

Courses à travers Paris suivant des itinéraires établis à l'avance pour plus de sécurité, rencontres, expertises, verdicts, discussions, ordres donnés, angoisse, remise en train des hésitants, contrôle d'un groupe de base, appels au sang-froid distribués à ceux qui prenaient la Résistance pour un roman policier, délibération sur les articles du bulletin, filtrage des nouvelles, temps perdu dans ces convocations qui ne pouvaient se faire ni par lettres – à cause de la censure – ni par téléphone – à cause de la « table d'écoute ». Il était 11 heures du soir déjà, et je ne m'arrêtais, je crois bien, qu'à cause de l'approche du couvre-feu.

Enfin seul dans ma chambre, je replongeais dans les études, et jusqu'à ce que mes doigts se raidissent sur les pages braille, j'apprenais, j'apprenais.

Mon intérêt pour la vie, ma confiance en elle n'ayant aucune limite, toutes choses me paraissaient aussi grandes à la dixième rencontre qu'à la première. De là un élan qui me permettait de traverser, insensible, la fatigue, la nourriture devenue bien mauvaise, et même le froid.

Ces hivers de l'Occupation furent glacés. Les bonnes gens disaient qu'il en était toujours ainsi au temps des guerres, la plupart soutenant que l'hiver était froid à cause de la guerre, mais certains, plus intrépides, qu'il y avait la guerre parce qu'il faisait froid. En tout cas, à Paris, on n'avait plus de quoi se chauffer : le charbon français partait tout entier vers l'Allemagne. Le soir, un poêle unique brûlait dans la maison, et comme je devais m'isoler dans mon appartement je ne profitais guère de lui. Pour être encore en mesure de lire en braille (le toucher est un sens qui meurt au-dessous de dix degrés centigrades), je devais braquer le feu étroit d'un radiateur parabolique à trois centimètres de mes doigts.

Je le répète : rien de tout cela ne m'embarrassait. Pour tous les François, tous les Georges, tous les Denis et pour moi-même, c'était le printemps éternel. Nous trouvions même dans la peine de vivre une excitation fortifiante : elle nous rendait plus tranchants, nous coupions mieux l'obstacle.

Des misères, nous en avions, mais d'une tout autre nature. Et la plus insistante était cette évidence, à laquelle aucun de nous ne pouvait passer outre, que nous étions exceptionnels.

Exceptionnels, nous ! Alors que nous étions persuadés de faire la chose la plus simple, la « seule chose à faire » ? Sans aucun doute. Nous étions peu nombreux. Ces six cents membres actifs que les « Volontaires de la Liberté » contenaient au milieu de 1942 ne nous faisaient pas illusion. Pour garder six cents garçons, nous avions dû en rejeter six mille. Et encore, la jeunesse était un groupe choisi de la société : le plus désintéressé, le plus imprudent de tous. Après deux ans d'occupation, la Zone Nord n'avait encore fait naître que quelques poignées de résistants. Par définition, on ne pourrait jamais les compter. Mais les optimistes – tel Henri, le psychiatre – disaient : vingt mille.

Dans les deux premières supérieures de Louis-le-Grand – ces « classes d'élite » comme disaient ceux de nos professeurs qui ne reculaient pas devant l'emphase – sur quatre-vingt-dix garçons, nous en avions trouvé six, Jean et moi compris, qui avaient accepté de s'engager dans la Résistance.

Quant aux autres, ils ne considéraient même pas le problème. Les uns par paresse morale (« Je te promets que ceux-là ne seront jamais heureux dans la vie », me disait Jean) ; d'autres à cause de cette maladie qui accompagne si souvent le développement excessif de l'intelligence : l'impuissance à choisir ; d'autres par égoïsme bourgeois (à dix-neuf ans, déjà !) ; d'autres à cause de la Sainte-Frousse (une grande déesse, celle-là). D'autres enfin, et c'était le plus déchirant, parce qu'ils avaient opté pour le parti contraire.

Ils n'étaient pas nombreux dans ce dernier cas, bien sûr. Mais les deux ou trois qui, dans la classe, relevaient patiemment tous les indices – les notant par écrit – qui laissaient croire que nous six nous faisions de la Résistance, qui ne manquaient pas une réunion de l'Association

France-Allemagne, qui chantaient l'avènement prochain du fascisme intégral sur la terre, qui épiaient, mouchardaient, qui dénonçaient (nous devions un jour l'apprendre à nos dépens), ces deux ou trois-là nous faisaient plus de mal, en étant ce qu'ils étaient, que toutes les rigueurs de l'hiver.

À eux seuls ils prouvaient qu'Hitler pouvait compter la lâcheté sans patrie ni frontières parmi ses alliés. Nous préférions – et de loin – les Allemands qui se faisaient tuer en Russie.

Ils prouvaient que le nazisme n'était pas un mal historique, limité à un temps et à un pays, un mal allemand (tuons tous les boches, et le monde sera heureux !). Le nazisme, c'était un germe omniprésent, une maladie endémique de l'humanité. Il suffisait de jeter quelques brassées de peur au vent pour récolter, à la saison prochaine, une moisson de trahisons et de tortures.

Nous n'étions que six résistants en première supérieure. Au moins, de jour en jour, nous savions mieux pourquoi nous l'étions, et que cela n'était pas par patriotisme seulement. Ce n'était pas la France qui était menacée : c'était l'homme.

Quand nous eûmes un professeur de littérature française « collaborationniste » (il y en eut un), nous dûmes nous tenir très fort en main tous les six, et nous consulter plus de dix fois, pour ne pas lui cracher sa honte en pleine figure.

S'il reste des gens pour penser que nous étions trop sévères, de « vrais jeunes fous », je n'essayerai pas de nous défendre. Cette sévérité-là, elle était à prendre ou à laisser. Vous connaissez des gens qui se soient jamais battus avec indulgence ?

François m'ayant un jour demandé quel était le défaut que je supportais le moins facilement chez les autres, la réponse avait jailli de moi comme la balle sort du revolver : « la banalité ».

Nous avions beaucoup ri, car, au moment précis où je criais ma réponse, il criait la sienne, et c'était la même. Sans aucun doute, nous vivions à l'unisson.

La banalité, la médiocrité ! Qu'ils fussent catholiques, juifs ou protestants, libres penseurs ou sans opinions, les résistants partageaient tous ce « credo » : que la vie n'était pas faite pour être vécue à moitié.

Cette conviction nous faisait une seconde nature. « C'est au point que je dois me retenir, disait Georges. Si un type me dit oui par complaisance, pour qu'on lui fiche la paix, j'ai envie de le cogner ! » Quant à moi, je coupais la société en deux tranches : celle des « durs » et celle des « mous ».

Du côté des mous, ce n'étaient pas les lâches qu'on trouvait, ni surtout les traîtres – ceux-là étaient presque toujours des durs qui avaient mal tourné –, mais la race informe des hésitants, de tous ceux qui approuvaient ce que nous faisions et se gardaient bien de le faire. L'heure appartenait moins que jamais aux « bonnes intentions ».

1942 fut une année noire. Vue depuis l'Europe, elle sembla même perdue plusieurs fois. L'avance allemande en Russie était plus profonde que toutes les prévisions. Vers la fin de l'été elle s'était cassé les dents sur les faubourgs de Stalingrad, mais Stalingrad, nous semblait-il, c'était déjà plus loin que le cœur de l'URSS.

Pour la première fois, les Allemands publiaient quelques-uns de leurs massacres. Les noms d'Auschwitz et de Bergen-Belsen avaient figuré dans les bulletins des « Volontaires de la Liberté ».

L'Amérique, il est vrai, était entrée dans la guerre. Notre professeur d'histoire était décidément un prophète ! Mais l'Amérique était encore lointaine et tout absorbée, à travers le Pacifique, dans des combats que nous savions terribles mais qui restaient obscurs.

Le 8 novembre enfin, il y avait eu le débarquement allié en Afrique du Nord : la première bonne nouvelle, depuis deux ans et demi, pour l'Europe. Seulement, aussitôt, les Allemands avaient occupé la Zone Sud militairement. Un ultime lambeau d'indépendance française était tombé. Conséquence : il allait falloir organiser la Résistance, non plus de Nantes à Paris et de Paris à Lille, mais de Lille à Marseille, à l'échelle nationale. Pour nous qui détestions la banalité, c'était de l'acrobatie en perspective. Que Dieu me pardonne ! Nous en arrivions presque à nous réjouir des malheurs de la France.

Comme j'étais alors nourri, au jour le jour,

aux grandes sources de la sagesse universelle, des scrupules me venaient : « Je suis trop absolu », me disais-je.

Les philosophes ne cessaient de le dire : tout dans ce monde est mitigé de bien ou de mal, la vérité a toujours au moins deux visages ; ce qu'un autre homme fait, et que nous croyons être un crime, n'est souvent que le résultat d'une faute initiale, d'une toute petite faute et si difficile à repérer que nous aussi, peut-être, nous allons la commettre tout à l'heure.

Ce genre de sermons, plusieurs de mes amis se les adressaient à eux-mêmes depuis quelque temps.

Fin décembre, Georges qui, lui, ne lisait pas les philosophes parce qu'ils lui « collaient » mal à la tête, se fit dur avec moi. « Tu flanches, mon bonhomme ! me dit-il. Fous toutes tes combines intellectuelles en l'air : ce sont des cauchemars ! Le Mouvement stagne : depuis trois mois on est toujours six cents et on distribue toujours le bulletin. Tu ne vois pas que cette sacrée guerre va plus vite que nous ? »

Je le voyais très bien. Cela m'ôtait la paix. Mais il fallait prendre des initiatives nouvelles, et je ne savais pas où les prendre.

Heureusement, Georges avait une idée. Pour me faire flamber, il n'y avait qu'un truc, disait-il : « les filles ».

Moi, je bronchai. Je le connaissais bien ce côté-là de Georges : c'était son côté nocturne. Plus âgé que moi de trois ans, engagé volontaire en 1939 et ayant été, par conséquent, jeté à dix-huit ans dans la vie de caserne, il avait de l'amour une conception grossière : « La rigolade pendant qu'il est encore temps. Et puis après, on fonde une famille ! Soyons sérieux ! »

J'avais eu de vraies bagarres au sujet de Georges avec François. Sous ce rapport, comme sous tous les autres, François était angélique, mais cela ne l'empêchait pas de comprendre Georges. Il répétait : « De quelque façon que les types aillent à la source, s'ils vont à la source, moi, je les bénis. » Sans doute, là encore, fallait-il transiger : la pureté morale n'était pas nécessairement liée à la pureté physique.

Comme Georges aimait à le dire, « les vrais soldats ont toujours été de francs paillards ».

Donc, on s'occupa de me soigner. Mais le traitement ne fut pas celui que vous pourriez croire. Georges me respectait beaucoup trop pour m'entraîner dans de mauvais lieux. Cela n'entrait pas dans sa tête.

Simplement, comme je n'avais pas résisté à la tentation de lui parler d'Aliette un jour, sans se moquer de moi directement, il m'avait tout de même laissé entendre que j'étais « un imbécile pas ordinaire ». Aimer une fille qui ne vous a jamais rien donné que des sourires (et encore à la va-vite, parce que ça l'embellissait), l'aimer sans savoir si elle vous le rendait, et cela après deux ans d'absence, sans qu'une seule fois on ait eu la tentation d'en mettre une autre à sa place, un entêtement pareil ne lui semblait pas ridicule, mais carrément dangereux. C'était une absence incroyable de réalisme, cela expliquait fort bien le ralentissement de mes idées.

Je fus ainsi traîné, pendant plusieurs semaines, de « surprise-partie » en « surprise-partie ». Seulement ces réjouissances-là laissaient loin derrière elles les pudiques et les familiales rencontres dansantes que j'avais connues depuis deux ans.

Je comprenais à peine que Georges ait pu avoir, à mon insu, tant d'amis, et tous aussi frivoles. Les vrais alcools étant rares dans Paris occupé, on buvait une espèce de vin mousseux qui vous grisait mais lentement.

La plupart des filles n'avaient rien dans la tête. Cela semblait ne gêner personne. Moi-même j'en pris l'habitude.

Je fis de mon mieux pour vaincre la timidité, et particulièrement cette idée, toute récente, qu'étant aveugle je ne pouvais pas plaire. En fait, je plaisais autant que les autres (ma gravité mise à part, qui était complètement inutilisable). Il suffisait de dire des riens, de les dire sur un certain ton, de penser qu'on était au théâtre et que rien n'avait d'importance. Il fallait seulement boire, s'extasier sur des sentiments ordinaires, et danser.

On avait aussitôt sa récompense. Les filles étaient une drôle d'engeance ! Elles vous soufflaient de la vie dans tout le corps, et même dans l'esprit.

Ce n'était pas qu'elles fussent belles. Pour moi

du moins. Les copains me glissaient à l'oreille : « Danse avec Henriette ! Cette fille est une splendeur, mon vieux ! » Pas pour moi. Elle ne pouvait pas être belle, étant cassante et égoïste. Elle avait une façon telle de vous rapetisser tout l'univers et d'aiguiser ses griffes sous les caresses de ses mains soyeuses que je la fuyais : j'allais vers des filles moins jolies, mais qui, du moins, avaient l'air d'avoir envie d'aimer.

Tant pis si mon sens de la beauté n'était pas celui des autres ! Nous avions une chose en commun : c'était l'ivresse. Poser la main sur une hanche, suivre la naissance d'un bras, entourer une épaule, plonger, la tête vide, dans le rayonnement irisé qui émane du corps des filles, entendre crisser une jupe par-ci, un mouchoir par-là, ne pas vouloir arrêter la danse parce que, aussi longtemps que la fille est tout près de vous, ses cheveux dans vos cheveux à chaque glissade, le monde peut crouler – cela vous est bien égal –, tout cela me guérissait, Georges l'avait bien dit.

C'est alors, au sortir d'une danse, dans le vestibule d'une riche maison de banlieue, qu'une idée toute neuve sauta sur moi.

Il y a des aviateurs alliés qui, tous les jours, sont abattus par la chasse allemande. On m'a cent fois dit que la plupart survivent, grâce au parachute. S'ils tombent en Allemagne, ils sont perdus, sauf une chance sur mille. Mais s'ils tombent en France ?

Eh bien, ils sont perdus également ! (La plupart d'entre eux ne savent pas un mot de français.) À moins que des gens comme nous ne les prennent en charge.

J'allais signifier aux sections provinciales du Mouvement (nous avions désormais des cellules en Normandie, en Bretagne, dans le Nord, en Franche-Comté) qu'elles auraient à pister les aviateurs tombés et à les rallier sur Paris, sur nous.

Le pilote récupéré, habillé en civil, serait convoyé par un membre du Mouvement : il ne le lâcherait pas d'une semelle.

Beau projet, mais que faire des aviateurs, une fois à Paris ? Comment les expédier sur la frontière espagnole, la leur faire passer ?

Je soumis mon idée brillante et impossible à Georges, qui partit d'un grand éclat de rire : il tenait la solution ! Il suffisait de prendre un tout petit risque. Il rencontrait, disait-il, depuis six mois, un certain Robert (un homme posé, quarante ans, marié, catholique). Robert n'avait jamais dit ce qu'il faisait au juste. Mais, par toutes sortes de signes, Georges était convaincu qu'il faisait justement cela. On irait le voir tous les deux, on lui offrirait les services du Mouvement.

En effet, Robert rapatriait depuis deux ans des aviateurs alliés. Il avait monté dans Paris et la région parisienne un stupéfiant système de camouflage. Son réseau disposait, à la frontière d'Espagne, côté Catalogne et côté Pays basque, d'une cinquantaine de complices : des montagnards, des douaniers. Il ne lui manquait qu'une chose, du moins en partie : des groupes d'hommes, en province, courageux et rapides, des gens capables de s'informer dans les campagnes sans en avoir l'air. Il ne lui manquait que nous. Maintenant, nous étions là.

Les idées fusaient à nouveau : après les aviateurs, les faux papiers. Dans ce Paris où les clandestins intégraux augmentaient en nombre chaque jour (en plus de François, nous en avions déjà cinq autres dans le Mouvement), le problème de la fausse identité devenait vital. On ne pouvait plus manger sans tickets d'alimentation (tout, jusqu'au pain et aux pommes de terre, était rationné), et les tickets n'étaient accordés dans les mairies qu'à ceux qui présentaient des papiers en règle. D'autre part, quel risque pour les familles, si l'un des leurs, le résistant, venait à être arrêté sous son vrai nom ! Les Volontaires de la Liberté fabriqueraient de faux papiers.

Aucun de nous ne se berçait de l'illusion que cela serait facile. Mon premier ordre dans ce sens, je le donnai aux groupes d'Arras et de Lille. Dans le nord de la France, en mai et en juin 1940, beaucoup de villages avaient été bombardés, rasés parfois. Là, les papiers des mairies avaient disparu, mais des hommes aussi avaient disparu. En interrogeant bien les habitants, on connaîtrait leurs noms. Nos premières fausses cartes d'identité porteraient les noms des morts introuvables.

En janvier 1943, nous étions au bord de grandes choses. Pourtant, nous étions tous très loin de nous douter que nous allions, sous peu, entrer dans l'histoire à pleines portes.

5

Cela s'était passé, comme tout ce qui compte dans la vie, tout autrement que prévu, beaucoup plus vite, beaucoup plus simplement. C'était un jeune officier de chars que, à la demande de Georges, je me préparais à recevoir. Mais, au bout de cinq minutes, ce n'était plus un officier que j'avais devant moi : c'était un philosophe, un conspirateur, un grand frère, mon chef, Philippe !

Laissez-moi vous expliquer.

Il n'avait pas fallu plus d'un mois pour nouer les fils du réseau de Robert à ceux de notre mouvement. Déjà quatre aviateurs de la RAF avaient été amenés à Paris par des gens de chez nous : deux des collines autour de Dijon, un, des environs de Reims, le quatrième, des faubourgs d'Amiens.

À la gare du Nord, à la gare de l'Est, à la gare de Lyon, c'était Denis et Georges qui les avaient pris en charge. Eux seuls connaissaient (et eux seuls devaient connaître) la cachette de Robert.

Nous n'avions jamais eu aucun doute sérieux sur le compte de cet homme, mais cette fois nous le vénérions. Imaginez une figure perpétuellement hilare, un bagout de commis voyageur, mais d'un commis voyageur qui se livrerait à des méditations. Brusquement Robert ne plaisantait plus : il descendait au fond de lui-même. Ce qu'il y faisait ? Il y priait sans doute. Il allait faire provision de courage. Il lui en fallait beaucoup et à toute heure : il était l'un des hommes les plus exposés de France.

Il savait très bien ce qui lui arriverait si ce Donald Simpson ou ce John Smith, pilotes de la RAF, n'étaient autres que des espions allemands. Le cas s'était produit dans des réseaux voisins. Ce n'était pas alors un homme qui mourrait (lui, Robert, le patron), mais trente, cinquante, après quels interrogatoires !

De cela aussi il était très capable de plaisanter, et sans se départir une seule seconde de sa modestie. Il était modeste jusqu'à ne jamais parler de lui-même à la première personne. Il disait en plissant les yeux : « Le Réseau se demande si... Le Réseau a décidé que... » Cet homme-là, c'était un missionnaire. Indulgent à toutes les fautes d'autrui, impitoyable envers ses propres fautes, pénétrant en pays nazi comme chez les Infidèles.

Mais Robert ne voulait pas que nous l'aidions trop. Selon lui, notre travail devait rester complètement séparé du sien. Finalement, il avait exigé que nous ne le rencontrions plus en personne. « Je sens terriblement le brûlé, disait-il. Si je dois sauter, je tiens à sauter sans vous ! »

Mais, dans sa dernière rencontre avec Georges, il nous avait fait cadeau d'un nom : Philippe, un officier de la guerre 1939-1940, vingt-six ans. Et il avait conclu : « Je ne peux pas faire mieux », ce qui était toujours sa dernière phrase, quoi qu'il eût dit auparavant.

Le 31 janvier vers 11 heures du matin (il faisait froid sur Paris, mais le soleil brillait : il y a ainsi des choses qu'on n'oublie pas), Georges et moi nous attendions donc Philippe.

Ce coup-là, nous n'avions aucun pressentiment heureux : je l'avoue. Nous étions même, malgré la bénédiction de Robert, sur nos gardes, tout hérissés. « Je t'en prie ! me disait Georges. Si ce type ne te plaît pas, fais-moi un signe quelconque, que je ferme ma grande gueule ! Les officiers, c'est mon faible. Et si, en plus, celui-là est d'active, je suis très capable de perdre le nord. »

Ce ne fut pas un officier d'active qui entra, mais ce fut un gaillard.

Un mètre quatre-vingt-huit, un tour de poitrine en bon accord avec la taille, des bras puissants, des mains broyantes, le pas rapide et lourd, un air de protection fraternelle sur toute sa personne. Là-dessus, une voix assez peu timbrée mais chaude, une voix qui se faisait presque tout de suite intime, qui vous palpait de l'intérieur, à cause de la conviction qu'elle portait.

Et puis, je vous raconte tout cela très mal : ce ne fut pas un homme que je vis entrer, mais une Force.

Que celui-là fût un chef, on n'avait pas besoin de vous le faire savoir. Il pouvait se conduire comme bon lui plaisait, se vautrer successivement dans tous les fauteuils de la pièce, relever ses pantalons et se gratter les jambes, devenir inintelligible à cause d'une pipe crachotante qui faisait obstacle à ses discours, fourrager dans ses cheveux, poser des questions indiscrètes et se contredire (dans les dix premières minutes de la rencontre, il avait fait chacune de ces choses au moins plusieurs fois), on n'y prenait déjà plus garde. Il vous avait jeté en entrant sur les épaules un manteau d'autorité. Vous vous rouliez dans ses plis avec un bonheur que vous ne pouviez pas maîtriser.

Ce n'était pas une autorité déloyale : elle n'était sûrement pas calculée. Elle ressemblait plutôt au sort que certaines femmes vous jettent dès qu'elles s'approchent de vous. On était séduit. Il faut dire plus : paralysé, au commencement du moins. Pendant la première demi-heure, Georges et moi nous aurions été physiquement incapables d'élever la plus petite objection.

Je regardais devant moi ce grand diable négligent et torrentiel, en me demandant quel monstre nous avions débusqué là. Mais j'avais beau appeler à l'aide tout ce qui me restait de présence d'esprit et de méfiance intactes, je ne parvenais pas à m'inquiéter. On dit que la force envoûte. La séduction de cet homme, c'était sa force.

Il vous donnait l'impression de disposer de gisements d'énergie inépuisables. Les sentiments, les intentions lui sortaient de partout. Et les idées aussi. C'était bien un authentique phénomène.

Secouant à grands coups sa crinière passablement hirsute, étirant ses bras à la façon des paresseux puis se ressaisissant comme pour un « garde-à-vous », grand et bon, doux, bavard et secret, exact comme un horloger et vague comme un mauvais professeur à deux minutes d'intervalle, il mélangeait les confidences aux généralisations les moins motivées.

Depuis une heure qu'il parlait, nous savions déjà qu'il était marié, qu'il adorait sa femme, que sa femme attendait un enfant, qu'à l'avance il adorait cet enfant. Mais aussi les noms de saint Augustin, d'Empédocle, de Bergson et de Pascal, ceux du maréchal Pétain, de Louis XVI et de Clemenceau, il les avait dits plusieurs fois. J'en étais sûr ! Je les avais entendus. Je n'aurais pas été capable de dire ce qu'ils étaient venus faire dans la conversation, mais ils y étaient venus. Philippe était un vrai phénomène !

Il vous disait en une heure ce que la plupart des gens ne vous diront pas en une vie. On l'écoutait, et il ne restait plus une seule chose difficile à faire, même à Paris en janvier 1943, même dans la Résistance. Aux problèmes insolubles, il flanquait une correction sur l'heure :

il les prenait par les cheveux, les agitait devant sa grande figure, les regardait jusqu'au fond des yeux, et riait. Traités de la sorte, les problèmes insolubles n'y revenaient pas !

D'ailleurs Philippe le disait bien : « Dans certaines circonstances, il n'y a rien de plus facile que d'être un héros. » Alors, il ne reste plus qu'un problème moral : c'est cette « facilité » justement. Et le voilà qui citait, derechef, saint Augustin, Pascal, saint François-Xavier.

Vous l'avez compris : j'étais confondu, ce qui veut dire que j'étais heureux. Pas un bonheur comme celui de l'amour, mais un bonheur tout de même : le mien, celui de Georges qui n'avait pas ouvert la bouche mais que je sentais pris aussi profond que moi, enfin celui de Philippe qui avait l'air de nous connaître admirablement – quoiqu'il ne nous eût guère entendus –, nous faisait confiance à tous les deux sans question, nous disait tout le bien que nous lui faisions, nous chargeait en croupe, et continuait à parler.

Il était heureux de faire de la Résistance, de faire la même que nous, de la faire avec nous. Ce dernier point n'était qu'un détail, et déjà réglé.

J'ai pu vous donner l'impression que Philippe était un homme léger. Il ne l'était certes pas. Ou que Georges et moi nous l'étions, en le suivant si vite. Cela non plus. En ce temps-là, où toute rencontre pouvait engager la vie ou la mort, les rapports entre les êtres étaient plus clairs qu'aujourd'hui. On se gardait ou on se donnait.

Il n'y avait pas de troisième choix, et il fallait choisir très vite.

Ajoutons que Philippe avait étalé devant nous tout son jeu. « Je mets tout le paquet d'un coup, avait-il dit. Si ça ne marche pas, vous ne me reverrez plus. »

Il connaissait Robert depuis trois ans. Robert l'avait garanti. Il avait été juste avant la guerre élève de première supérieure comme moi : nous avions des professeurs communs. Enfin, il avait résolu de ne pas nous demander nos secrets, mais de nous dire les siens.

Il avait fondé un mouvement de résistance juste en même temps que moi les Volontaires de la Liberté, au printemps de 1941. Le sien s'appelait Défense de la France.

Il avait un journal clandestin qui tirait à dix mille exemplaires par mois. Mais pas ronéotypé : imprimé ; un vrai. D'ailleurs Georges et moi le connaissions : notre mouvement avait distribué des numéros.

Défense de la France avait un atelier de typographie avec des amateurs qui s'étaient faits professionnels, des rotatives, du papier, des armes (revolvers, parabellums), une dizaine de locaux clandestins à travers Paris, dont un aux parois entièrement liégées pour permettre les travaux bruyants, plusieurs camionnettes déguisées en camions de livraison, une officine de faux papiers capable de produire deux mille cinq cents fausses cartes « absolument vraies » par mois, un comité de rédaction de journal parfaitement en place, un équipement de radio sommaire mais en état de fonctionnement, une liaison permanente avec le gouvernement du général de Gaulle à Londres, de solides complicités chez des paysans en Seine-et-Oise sud et nord à une cinquantaine de kilomètres de Paris, ainsi qu'en Bourgogne en cas d'évasion nécessaire de la capitale, une cinquantaine d'agents, éprouvés depuis deux ans, « aussi sûrs que lui-même, Philippe », et dont une quinzaine vivaient déjà dans la clandestinité intégrale.

Pour nous, les Volontaires de la Liberté, qui végétions – assez glorieusement – mais qui ne progressions plus, c'était un monde qui s'ouvrait : le monde à l'échelle réelle.

Mais déjà notre utilité s'imposait. Car Défense de la France, qui avait tout ce que nous n'avions pas, n'avait pas ce que nous avions. C'était un état-major, des services d'intendance et du génie, mais sans troupes. Nous, nous étions une armée, mais dont les généraux (Georges, François, Denis ou moi) n'avaient jamais eu le temps de finir leurs classes.

Sans autres précautions, je me tournai vers Georges, je le regardai intensément, et je l'entendis murmurer : « Vas-y ! » Alors, m'adressant à Philippe, je dis que les plans de notre résistance commune étaient clairs.

Fondateur des Volontaires de la Liberté, j'allais utiliser le droit que ce fait me donnait : j'allais demander à tous mes hommes d'entrer à Défense de la France. Sous huit jours, je connaîtrais tous ceux qui refuseraient de me suivre – par peur ou par complication d'esprit –, je romprais avec ceux-là, quoi qu'il pût en coûter.

La base industrielle de Défense de la France permettait de décupler le tirage et la diffusion du journal en quelques semaines. De notre côté Georges et moi en faisions la promesse, et Philippe la faisait du sien. Il suffisait pour cela qu'on mît en face des machines un matériau humain. Précisément, nos six cents garçons étaient le matériau.

Nous n'avions peut-être pas réussi à leur faire faire grand-chose depuis deux ans, mais nous avions aiguisé leur moral jusqu'au point de rupture. Nous les tenions en main. Nous répondions d'eux comme de nous-mêmes.

Deux heures à peine avaient passé depuis que l'officier-philosophe avait pris possession des lieux. Il échangea avec nous un réseau compliqué de points de chute, de boîtes aux lettres et de communications discrètes. Il nous donna les noms de « guerre » de cinq ou six agents de liaison. Parmi ces noms, il y avait ceux de trois filles. Je fus stupéfait, n'ayant jamais imaginé qu'il pût y avoir des femmes dans la Résistance. Je n'allais pas tarder à apprendre combien j'avais eu tort.

Philippe partit. Nous devions le revoir presque quotidiennement pendant six mois.

Georges et moi eûmes à peine la force de parler, de commenter l'événement, à cause de notre bonheur et d'une conviction muette.

Muette forcément, car elle disait que nous partions, pour de bon, vers un inconnu qui serait nécessairement victorieux et terrible à la fois.

Les six mois qui suivirent furent une bataille, d'une espèce très particulière, mais ininterrompue. Seuls ici les faits comptent. Je vais les rapporter sans commentaires.

Moins d'une semaine après notre première entrevue, Philippe me donnait rendez-vous dans l'arrière-salle d'un petit bistrot. Ma maison, avec ses allées et venues depuis un an et demi, était une « cible à mouchards » vraiment trop visible. Moi, j'avais le droit d'en courir le risque ; lui, non. Il n'y mettrait plus les pieds. Il m'annonça que le Comité directeur de Défense de la France me demandait de devenir l'un de ses membres. Georges y était admis du même coup, comme mon partenaire inséparable, mon double.

Je me rendrais aux réunions avec Georges, jamais avec un autre. Du reste, il fallait établir en principe que, pour tous les déplacements importants, Georges serait désormais mon accompagnateur unique. « Pour ta sécurité et pour la nôtre, disait Philippe, il faut un type qui ait des yeux tout autour de la tête et des réflexes de fauve. Il faut Georges. »

Dès la première réunion du Comité directeur auquel j'assistai, je compris que toutes les dimensions du travail avaient changé. Je vis que nous agissions à l'échelle nationale et, quoique en pleine clandestinité, au plan officiel.

Philippe était là, deux autres jeunes hommes

entre vingt-cinq et trente ans, une jeune femme et une jeune fille. Ils tenaient les fils du Mouvement. Ils les tenaient sérieusement, mais chacun d'eux les siens, sans en parler aux autres.

Tout membre du Comité directeur appartenant de droit au Comité de rédaction du journal, je participai aussitôt à la rédaction.

Nos nouveaux amis dirent que notre présence parmi eux était justifiée par un espoir : celui que nous tiendrions notre promesse de mettre sur pied, en six mois, le système de diffusion du journal. Les ressources de Défense de la France étaient tout entières mises à notre disposition, mais on comptait sur nous seuls pour ce travail.

La veille, au Comité central des Volontaires de la Liberté, j'avais signé le contrat de mariage de mon ancien mouvement avec Défense de la France – ou, comme nous disions désormais, DF. J'avais compté sur quelque tirage de la part de Claude et de Raymond, mes deux philosophes. Je les savais toujours noblement empêtrés dans des raisonnements et des hésitations.

En effet, ils n'avaient pas adhéré à une décision aussi brusque. Cela fit une perte d'une trentaine de membres : leurs partisans. Mais la fusion de tout le reste du mouvement avec DF s'était opérée.

Je soumis au Comité directeur de DF des chiffres qui surprirent tout le monde, sauf Georges et moi. Pouvaient-ils tirer le prochain numéro du journal (mi-février) à vingt mille au lieu de dix mille exemplaires ? Si, comme nous le pensions, les équipes de diffusion que nous apportions à DF (lesquelles étaient, en somme, constituées) absorbaient ce premier choc correctement, nous demandions que le numéro du 1er mars fût tiré à trente mille, et ainsi de suite (un accroissement de dix mille exemplaires par numéro) jusqu'à ce qu'on atteignît le seuil d'élasticité de nos troupes. Cette limite, moi-même je n'avais aucun moyen de la calculer, mais j'avais la certitude qu'elle était très lointaine. Je connaissais nos six cents garçons, leur discipline et leur impatience. Le Comité directeur me fit « responsable national » de la diffusion du journal.

Ce fut alors, pour la première fois, qu'on fit allusion à ma cécité. Elle était, à leurs yeux, sans conséquences, sinon physiques. Quelqu'un devait veiller sur chacun de mes actes de Résistance, m'annoncer tous les dangers que les yeux perçoivent seuls. D'autre part, cette même personne devait exécuter mes décisions ou mes gestes, à partir du moment où ils exigeaient l'emploi des yeux. Georges dit simplement : « Ce sera moi. »

Tandem parfait, car Georges était précisément capable de tout ce dont j'étais incapable, et réciproquement. À dater de cet instant, pour être fidèle à la vérité, je ne dois plus dire « je » mais « nous ».

Notre arme principale, c'était un journal. *Défense de la France* était un vrai journal. Il était pauvre, il était imprimé sur deux pages seulement (nous dûmes attendre quatre mois avant de passer à quatre pages) mais il était imprimé. D'autre part, nos quatre confrères de la presse clandestine – *Résistance, Combat, Libération* et *Franc-Tireur* – ne faisaient pas mieux. Ils faisaient la même chose séparément. Leurs journaux nous passaient régulièrement entre les mains. Mais nous ne possédions pas de filière qui nous permît de remonter jusqu'à la source. C'était la malédiction particulière du combat clandestin : il devait se faire par unités entièrement closes. Aucune organisation globale n'était concevable ni même souhaitable étant donné les risques. Si l'un des journaux était pris, les autres devaient rester inconnus, coûte que coûte.

Un vrai journal, en 1943, c'était un objet très précieux. Chaque ligne imprimée avait été arrachée à tant de courage et à tant d'adresse. Chaque ligne imprimée contenait la mort possible de tous ceux qui l'avaient écrite, composée, passée sous les presses, transportée, distribuée, commentée. Il y avait du sang au bout de chaque page, et cela n'est pas façon de parler.

Défense de la France, ce titre annonçait une volonté patriotique. Cette volonté, nous l'avions. Pourtant notre journal était loin d'être nationaliste. Si nous défendions la France, c'est qu'elle était attaquée. C'est surtout qu'elle était menacée (nous le rappelions dans chaque numéro) d'une fin pire que la mort physique : la mort spirituelle. La tâche du journal, c'était avant tout le réveil des consciences.

Nous utilisions, pour opérer ce réveil, plusieurs moyens. Comme toujours d'abord l'information.

En février 1943 par exemple, nous disions ce que personne sur le continent européen ne disait alors, à savoir que l'armée nazie venait de tomber dans un piège à Stalingrad et que, dans les ruines de cette ville, le sort de la guerre était en train de s'inverser.

Nous informions aussi les Français de faits terribles dont nous avions les preuves de jour en jour plus nombreuses, et que, sans nous, ils auraient soupçonnés peut-être, mais n'auraient jamais connus. Nous disions comment les arrestations de la Gestapo avaient lieu, où elles avaient lieu, ce qui se passait pendant les interrogatoires. Nous dénoncions l'existence en Allemagne des forteresses politiques et des camps de concentration. Et ce fait, le plus incroyable de tous : l'extermination systématique des juifs à travers l'Europe.

Nous donnions des conseils à la population sur les moyens propres à généraliser la Résistance passive. Avant tout nous faisions savoir qu'il existait une Résistance active. Elle grandissait tous les jours. Elle était invisible pour nos lecteurs eux-mêmes. Elle devait rester invisible. Le seul signe qu'elle pût faire encore, c'était cette double feuille imprimée.

Nous donnions au public des conseils pour

nous aider : quand et comment se taire, quelles informations croire, quelles dispositions d'esprit garder. Notre but, c'était d'empêcher la France d'abdiquer, de faire qu'elle soit présente et intacte au moment de sa libération.

Nous n'étions pas un journal politique. Aucun d'entre nous à *Défense de la France* n'avait d'engagement doctrinal. Nous étions trop jeunes pour cela et il y avait plus urgent. Nous faisions tous confiance à l'idéal de la démocratie occidentale, tel qu'il était alors représenté, de façons diverses mais à nos yeux égales, par Charles de Gaulle, Winston Churchill et Franklin Roosevelt. Le perfectionnement de la démocratie, ce serait la tâche de la paix. Nous n'avions aucune cause partisane à défendre, ni aucun intérêt matériel. Nous étions pauvres et passionnés.

La seule ligne commune à tous ceux de *Défense de la France*, c'était la survivance des valeurs chrétiennes. Nous étions ouvertement un journal chrétien.

Mais qu'on s'entende bien sur le mot : nous ne protégions aucune église au détriment des autres. Il y avait parmi nous des catholiques en grand nombre, et très convaincus. Mais des protestants aussi, et non moins sincères. Nous ne parlions pas même au nom des Églises : il y avait parmi nous des gens qui ne relevaient d'aucune d'elles. Nous représentions simplement la morale chrétienne et ses impératifs absolus de respect et d'amour.

Nous signions tous nos articles de pseudonymes, bien sûr. Celui de Philippe était « Indomitus » (l'indomptable). Nous rédigions le journal d'un bout à l'autre à nous seuls. Paris à ce moment n'était pas une ville où l'on pût téléphoner aux gens pour solliciter leur collaboration ! Quoi qu'il pût en coûter, nous devions vivre dans le secret et nous suffire. Quelques hommes pourtant étaient connus personnellement de l'un ou de l'autre d'entre nous. C'est ainsi qu'un évêque catholique, Mgr Chevrot, et un académicien, Robert d'Harcourt, nous donnèrent plusieurs fois des articles qu'ils avaient écrits.

Au comité de rédaction du journal, chaque mot était pesé. Pas pour sa valeur littéraire, on s'en doute, mais pour sa force de frappe. De plus, il fallait se demander chaque fois si ce que l'on disait allait faire du bien ou du mal, protéger des vies ou les mettre en danger. Lorsque nous dûmes publier notre premier article sur les tortures infligées par la Gestapo aux résistants arrêtés, nous avions en main plus de trente preuves concrètes. Pourtant, de telles horreurs, fallait-il les mettre au jour ? À l'unanimité, nous décidâmes que oui. Seulement la décision fut prise après des nuits entières sans sommeil, et même au dernier instant nos doigts tremblaient.

Même chose lorsque nous eûmes pour la première fois la possibilité matérielle de publier une photographie dans le journal. C'était celle d'une fosse commune, d'un charnier ouvert en marge d'un camp de concentration en Allemagne. Elle était authentique, ayant été volée aux archives de la Gestapo d'Hambourg par un prisonnier follement héroïque et follement chanceux. Mais il est trop tôt pour dire ces choses. Revenons à février 1943.

Les premières semaines furent un jeu. Nous savions nos camarades prêts, nous ne savions pas qu'ils l'étaient à ce point. Il nous fallut imposer au Comité directeur des mesures d'urgence : le numéro du 15 mars devrait tirer à cinquante mille.

Georges était devenu à son tour un clandestin, il était là à toute heure du jour. Cela n'était pas de trop, car nous avions dû réorganiser du haut en bas les sections.

Plus question de travailler à la base, au recrutement : c'était beaucoup trop et inutilement risqué. Nous n'aurions plus de contacts qu'avec les chefs de groupes – et encore, avec une douzaine d'entre eux, tout au plus. Les chefs de groupes seraient des gens connus de nous depuis une année au moins. Ils seraient entièrement responsables de leur secteur, prenant par exemple, sans appel, toute décision d'admission ou d'exclusion. Tout chef de groupe recevrait, bien entendu, un nom d'emprunt et les faux papiers d'identité qui correspondraient à ce nom.

En deux mois, les effectifs de la diffusion passèrent de six cents membres à environ cinq mille. Il fallut couper la région parisienne en zones distinctes : cinq pour Paris proprement dit, sept pour la banlieue. Le travail de banlieue était plus facile à cause des réseaux de police qui y étaient moins denses.

La province posait un problème de liaison plus complexe, à cause des distances. Il fallait pour chaque région un responsable de premier ordre, qui ne connaîtrait ni la peur ni la fatigue. Ce fut un crève-cœur, mais nous dûmes nous séparer de François : lui seul pouvait prendre en charge la Bretagne. La Bretagne, c'était en effet la province modèle, celle où le pourcentage des résistants avait été le plus élevé, le plus tôt. La Champagne et la Franche-Comté furent le lot de Frédéric, le frère aîné de l'un de nos plus anciens camarades. Nous avions quelqu'un pour le Nord, quelqu'un pour la Touraine. Mais l'un des problèmes clés n'était pas encore résolu.

Les Allemands, depuis novembre, occupaient militairement la Zone Sud. Cependant le mythe de la Zone Sud était maintenu, et cette ligne de démarcation qui coupait la France en deux. Chaque kilomètre de cette frontière était patrouillé jour et nuit. Les voitures particulières et les trains fouillés. Et les jeunes hommes arrêtés, presque immanquablement, s'ils tentaient de passer.

Le 16 février, un ordre allemand avait commencé ses ravages : tous les jeunes de plus de vingt et un ans devaient partir comme « travailleurs obligatoires » en Allemagne. Seules quelques catégories d'étudiants et de chargés de famille obtiendraient un sursis.

Mais cette menace, promptement exécutée, nous avait donné des ailes au lieu de nous les couper. Tout plutôt que de tolérer le départ pour l'Allemagne d'un seul des responsables du Mouvement. Près de quatre-vingts garçons, d'un coup, étaient entrés dans la clandestinité intégrale. Heureusement, DF avait des fonds.

Et puis, l'extrême jeunesse de nos équipes nous servait, pour une fois, sans arrière-pensée : la plupart de nos membres n'avaient pas encore vingt et un ans.

DF avait déjà organisé à Lyon et à Marseille (en Zone Sud) de solides cellules de travail. Le seul problème à résoudre était d'établir avec elles une ligne de communication. Que le journal dût être diffusé en Zone Sud comme en Zone Nord était un impératif.

Hélas, pas question de faire transporter deux fois par mois vingt mille numéros d'un journal clandestin dans des valises et de faire convoyer les valises par l'un d'entre nous. Soit ! Toutes les valises des trains Paris-Lyon ou Paris-Toulouse n'étaient pas ouvertes chaque jour. Mais la moitié d'entre elles au moins. Et un Denis, un François, un Gérard, avec leurs allures jeunes et fières, seraient, pour le plus borné des nazis, un suspect de choix. Enfin, ceux qui n'ont jamais fait le travail ne peuvent pas soupçonner le volume qu'occupent vingt mille journaux.

Ce fut alors qu'il nous revint en mémoire que nous avions désormais des filles avec nous. La solution était là. Elle ne pouvait pas être ailleurs.

Georges, dont les opinions rudimentaires sur les femmes vous sont connues, soutenait que nous ne trouverions jamais une fille (ni, à plus forte raison, des filles) capable d'actions aussi ouvertement héroïques. Pour elles (surtout si elles se déguisaient en petites ingénues ou en demoiselles faciles), les risques seraient moins grands que pour nous. Mais ils dépasseraient quand même de loin, pensait Georges, tout ce qu'on pouvait attendre des gens « à moins qu'ils soient aussi fous que nous le sommes ». Georges dut essuyer une semonce du grand chef : cela seul pouvait le convertir. « Les femmes t'en apprendront tous les jours, bougre d'âne ! » lui dit Philippe.

Catherine partit pour Lyon, Simone pour Bordeaux. Sur un simple signe que nous avions donné, sans une demande d'explication. À leur retour, ce fut à peine si nous pûmes obtenir d'elles un récit. Toutes les deux disaient qu'il ne s'était rien passé. Elles voulaient savoir quand aurait lieu la prochaine livraison. Quinze jours plus tard, bien sûr.

Les valises pour Lyon, Marseille, Toulouse et Bordeaux étant pleines déjà d'un explosif qui, découvert, conduirait nos amies directement au peloton d'exécution, ce fut une affaire toute simple d'ajouter aux journaux, la fois suivante, quelques armes. On en discuta à peine au Comité directeur. Quant à Simone et Catherine, elles fermèrent les yeux.

Vers la fin de mars, un accident se produisit.

Un des locaux parisiens où DF était imprimé devait avoir été soupçonné par la Gestapo, car, depuis trois jours, chaque fois que l'un de nos camarades en sortait, il était « filé ». Il existait bien sûr une technique pour semer les « filateurs », et les gars des imprimeries la connaissaient rubis sur l'ongle : entrer, par la porte sur la rue, dans une boulangerie qu'on connaissait bien, et en sortir par la porte de service sur une rue voisine, monter dans une rame du métro et, à la station suivante, à l'instant exact où les portes automatiques se refermaient, se jeter d'un élan sur le quai désert, prendre ses chaussures à la main et courir, silencieux, à travers la nuit. Mais cette fois toute science était mise en échec, car la filature partait de l'imprimerie même. Donc, déménager en moins de douze heures.

Ce qui impliquait trois choses au bas mot : trouver un nouveau local, trouver un véhicule pour transporter les machines, et ne pas être vu.

Le dernier point était plus simple qu'on ne pense. Puisque les filateurs étaient embusqués en permanence, mais étaient en nombre limité, il suffisait d'apprendre qu'ils étaient cinq et de désigner cinq de nos camarades qui s'arrangeraient, à une heure précise, pour se faire filer sans se faire prendre, dans cinq directions différentes. Nous avions cinq hommes à l'imprimerie : ils feraient eux-mêmes le boulot puisque les filateurs s'étaient habitués à eux.

Les espions dûment dispersés sur de fausses

pistes, cinq autres camarades rouleraient la machine et tout le matériel d'imprimerie dans des voitures à bras couvertes de bâches sur lesquelles on aurait collé des étiquettes voyantes : « Fragile. Instruments d'optique. Observatoire national météorologique. » Quant au local, nous en avions mis un en réserve en prévision des coups durs.

L'opération réussit. Elle devint tout de suite une légende dans notre grande famille. Et la morale que Philippe en tira fut celle-ci : « Mes enfants, si nous sommes encore là pour le dire, il y aura un jour où nous dirons que la Résistance a été l'époque la plus facile de notre vie ! Rendez-vous compte ! Ne pas avoir "un" problème moral : rien que des matériels ! »

Nous n'avions plus à compter avec une police, mais avec deux.

À la Gestapo et ses agents s'était joint, depuis quelques mois, un corps d'espions et de tortionnaires français. Constituée à Vichy, sinon sur ordre exprès du gouvernement, du moins dans les eaux basses qui l'entouraient, cette « Brigade politique » avait pour mission de jeter ses filets sur la France entière, de tuer enfin la Résistance. Les individus qui la formaient étaient des nazis français – des fanatiques de l'espèce la plus agressive – ou, plus souvent, de simples voyous déguisés en « gentlemen », aux trousses des récompenses allemandes : un racket de la trahison et du sadisme.

Ces bandes étaient plus dangereuses pour

nous que tous les SS ensemble : nous savions que leur tactique serait de s'infiltrer dans les mouvements de Résistance. Mon intuition des traîtres allait être mise à l'épreuve plus que jamais. Cependant, au Comité directeur de DF, nous ne nous montions pas la tête : l'intuition était un instrument faillible. « Il est fatal que nous nous trompions, disait Philippe. Au moins chacun de nous une fois. Il faut s'attendre à de la casse. »

Dans les premiers jours d'avril, un message griffonné (on déchiffrait la signature de Robert) nous parvint. « Pincé gare du Nord avec trois oiseaux. Priez pour moi ! » disait le message.

Trois oiseaux ! Ce n'était que trop clair : trois aviateurs ! Il ne nous restait plus aucune chance de revoir Robert dans ce monde. Le grand Robert... Comment avait-il pu même écrire ce message et nous le faire parvenir, cela non plus nous ne le saurions pas.

Moins d'une semaine plus tard, quatre membres du groupe de Lyon disparaissaient... Ils s'étaient rendus ensemble à un rendez-vous en forêt. Ils n'étaient pas revenus. En mai, la famille de l'un d'eux recevait un coup de téléphone de la Brigade politique, leur signifiant que leur fils, frère et mari n'ayant pas voulu avouer ses crimes venait d'être abattu.

La surface de DF augmentant chaque jour, les risques d'être touché s'accroissaient parallèlement. Nous appelions cela un « phénomène biologique ». Pas moyen de l'éviter. C'était la loi pour nous et pour toutes les organisations analogues.

Le 15 avril, nous fûmes délégués par le Comité directeur pour assurer la liaison avec le mouvement Résistance (décapité, on se le rappelle, en août 1941, mais qui avait ressuscité) et le mouvement Combat. Le gouvernement de la France libre, établi maintenant à Alger, demandait que les organisations coordonnent partiellement leurs activités.

La consigne était, sans aucun doute, justifiée, mais la tâche allait être surhumaine. Chaque mouvement, en effet, était en soi une pyramide fragile : vous enleviez une pierre, le tout menaçait ruine.

Né en Zone Sud, Combat publiait, comme Défense de la France, un journal. Résistance de même, en Zone Nord. Franc-Tireur également. À la presse clandestine s'ajoutaient les groupes d'action de l'Armée secrète qui, généralement sous la conduite d'officiers de carrière, constituaient des dépôts d'armes et de munitions et jetaient les jalons des premiers « maquis ». Les réseaux de renseignement et les réseaux de rapatriement d'aviateurs étaient dans une position intermédiaire.

Nous travaillions tous côte à côte, sur le même trottoir de Paris parfois, mais sans le savoir. Le seul canal par où nous pouvions joindre nos voisins de la Résistance était le gouvernement de la France libre. Nos rendez-vous avec les gens de Combat ou de l'Armée secrète seraient pris, depuis Londres ou depuis Alger, et nous seraient transmis en code par radio.

Je rencontrai ainsi plusieurs fois le rédacteur en chef du journal *Résistance*. Je fus très frappé d'apprendre que leurs espoirs étaient les nôtres, et leurs difficultés absolument semblables. De savoir que nous n'étions pas seuls, nos énergies morales doublaient. Vers le même temps, je pris contact avec des émissaires de Combat, mais ils ne me dirent pas qu'avec eux travaillait un jeune homme dont le nom était Albert Camus.

Restait une épine dans le corps de la Résistance : le Parti communiste.

Nous avions toutes les preuves que les communistes travaillaient. *L'Humanité* clandestine était distribuée à plusieurs centaines de milliers d'exemplaires. Les communistes semblaient avoir une nette avance sur nous dans toutes les techniques de sabotage et de terrorisme. Seulement, à Résistance, à Combat, à Défense de la France, personne n'était communiste. La source de tous ces mouvements avait été humaniste, ou même chrétienne.

En outre, si les communistes français résistaient, ce n'était pas pour défendre le pays. Ils l'avaient amplement prouvé en ne s'opposant pas au nazisme, entre le traité germano-soviétique d'août 1939 et l'invasion de l'URSS par les armées hitlériennes en juin 1941. Leur combat était strictement idéologique et partisan. Allions-nous tenter de collaborer avec eux ? La question était très sérieuse : elle fut agitée au

Comité directeur, qui décida d'entrer en contact, malgré tout, au plus tôt. Les contacts furent pris en juin, mais ils restèrent froids. Évidemment, les communistes nous tenaient pour des étrangers. Nous avions maintenant vingt fois par jour notre arrestation future, comme une probabilité presque certaine, là devant nous. Georges et moi avions établi le réseau entier de notre travail dans l'attente de cet événement. Il fallait que, si l'un des deux était pris, l'autre pût continuer, ressaisir en quelques jours toutes les commandes.

Nous donnions l'exemple à tout le Mouvement : désormais, tous fonctionneraient par « unité de deux », interchangeables.

Le numéro du 15 mai avait été tiré à cent mille. Folie ou non, nous allions le distribuer. Les équipes de province avaient gonflé de telle sorte qu'il avait fallu laisser carte blanche aux responsables régionaux. La complexité des opérations locales eût exigé, pour être gouvernée de Paris, le secrétariat d'une usine prospère. Or la loi de ne rien confier au papier était plus rigoureuse que jamais.

Dans le Nord en particulier, *Défense de la France* triomphait. Mais nos agents y étaient débordés. Il nous fallait là-haut un patron et nos vrais amis (ceux qui avaient fait un long bout de route avec nous) étaient tous employés ailleurs. Force nous était, cette fois, de décider une exception : nous chargerions du travail un homme nouveau, un homme mal connu.

Il venait de se présenter : il s'appelait Elio.

Étudiant en médecine à Paris, il avait vingt-cinq ans, les cheveux noirs et la poignée de main lourde – trop lourde. Il avait été dirigé sur Georges par un chef de groupe à la faculté de médecine, ce qui était pour nous une recommandation de premier ordre. Seulement, dès le départ, il avait commis une faute : il s'était présenté de lui-même à mon appartement sans y avoir été expressément convoqué.

Je mis aussitôt tous mes sens en alerte. Phénomène dont je n'avais pas l'habitude, le bonhomme affolait ma machine. Mon aiguille intérieure virevoltait : elle ne se posait ni sur le « oui » ni sur le « non ». Elio parlait bas, trop bas. Sa voix était comme sa main : elle n'avait pas la qualité claire, la prise loyale.

J'eus un long débat avec Georges, qui venait d'assister, lui aussi, à l'entrevue. Avions-nous le droit de nous fier au personnage ? Georges hésitait, mais moi aussi, pour la toute première fois. Quelque chose qui ressemblait à une barre de lumière noire s'était glissé entre Elio et moi. Je voyais distinctement la barre, mais je ne savais comment en rendre compte.

Elio, de son côté, faisait de la Résistance depuis plus d'un an. Il était admirablement informé, précis. Il avait sur ses camarades de médecine un ascendant indiscutable. De plus, lui-même natif du Nord, il connaissait le pays industriel et minier comme son propre village. Il s'offrait à abandonner immédiatement ses études, à partir dès le lendemain pour Lille. Il était la solution vivante à notre impasse de là-bas. Il avait l'air fait de courage et de sagesse de la tête aux pieds.

Pourtant, à cause du doute, nous ne pouvions pas nous résoudre seuls : Philippe en personne, et François de passage à Paris, examineraient Elio à leur tour.

L'examen fait, Philippe bougonna que nous n'avions pas le droit non plus d'aller trop loin dans la prudence, et François fut d'avis qu'on devait essayer. Mais aucun de nous quatre, je le vis bien, n'éprouva ce bonheur si familier et si exaltant d'avoir « trouvé un homme ».

Elio partit pour Lille, et il y fit des prodiges. Il était devenu là-bas, en quinze jours, maître du réseau. Ses rapports étaient plus minutieux que tous les autres, habiles et discrets. J'essayai de me convaincre que, à l'avenir, il vaudrait mieux me méfier de ces phénomènes de vision sans les yeux : là aussi il fallait craindre les illusions d'optique.

Pour transporter vers Saint-Quentin, Valenciennes et Lille les masses de journaux demandés par Elio, nous venions de dénicher le convoyeur idéal : Daniel, un aveugle. Un aveugle de fraîche date (suite à un éclatement de grenade en 1940), mais atteint, comme moi, de cécité totale. Un garçon de vingt-trois ans, très vigoureux, très résolu : un bulldozer.

Il ne me ressemblait pas. Il n'avait pas la tête encombrée de pensées. Moniteur de gymnastique au moment de son accident, c'était un « physique ». Je découvrais grâce à lui que toutes sortes d'hommes pouvaient être aveugles. Lui ne devinait rien, il n'avait pas l'air de sentir les êtres. Mais il réalisait des prouesses qui comblaient magnifiquement ce vide : il circulait seul à travers Paris, dans n'importe quelles conditions, il voyageait seul en chemin de fer, il franchissait les barrages de police, valise à la main, tâtonnant d'un air gauche du bout de sa canne blanche. Il était un héros, ce petit gars, et il n'en savait rien.

En mai, juin et juillet, les événements se suivirent si vite que je ne peux plus les raconter : je les énumère.

Denis – notre ami pieux et rougissant – avait pris l'initiative et la direction d'une forme nouvelle de diffusion du journal. Il s'agissait de la faire passer du domaine privé dans le domaine public.

Glisser tous les exemplaires du journal sous les portes, les remettre de la main à la main à des personnes sûres ne suffisait plus : il fallait travailler en plein jour.

Denis créa, dans la région parisienne, des équipes de « diffusion ouverte ». Des commandos d'hommes et de femmes triés furent postés par Denis, sur le parvis de grandes églises parisiennes à la sortie de la grand-messe le dimanche. Le commando forçait la main des fidèles, brandissait sous leurs yeux les gros titres de la première page, glissait des journaux dans les poches, dans les sacs. Durant l'opération, un groupe de protection balisait tous les accès vers l'église.

Denis s'enhardissait. De notre ami romantique et fluet, une espèce de condottiere était en train de sortir, ou mieux un « chevalier », comme il devait y en avoir au Moyen Âge.

Après les sorties des églises vinrent les sorties des usines : Renault, Gnome et Rhône. Le danger croissait à la verticale. Mais on eût dit que Denis s'était « croisé » : personne ne pouvait plus le contenir.

Il avait formé les premières cellules ouvrières de Défense de la France : des mécaniciens de chez Renault, des employés du métro. Et le 14 juillet arriva.

Cette date n'était peut-être qu'un symbole, mais c'était celui de la liberté, et dans la misère les symboles sont comme le pain. DF aurait son 14 juillet : la première fête de la presse clandestine.

Le numéro spécial du journal avait atteint (comme du reste le précédent déjà) deux cent cinquante mille exemplaires. Nous avions tenu nos promesses de février à deux cent cinquante pour cent.

François rentra tout exprès de Nantes, Frédéric de Belfort, Elio de Lille. Georges lui-même m'abandonna quarante-huit heures. L'atelier de typographie, les imprimeries avaient battu leurs propres records. Le Comité directeur tout entier avait écrit, avait mis de ses mains les rouages de l'opération en mouvement. Enfin (par où l'on voit que la vie ne s'arrête jamais), dans la nuit du 13 au 14, Hélène avait donné un fils à Philippe.

L'opération Denis, l'opération 14 juillet aurait lieu du matin jusqu'au soir dans le métro parisien.

Ce fut vrai. Quarante commandos de dix membres chacun distribuèrent de 8 heures du matin à 5 heures de l'après-midi, soixante-dix mille numéros dans les wagons du métro : publiquement, calmement, de passager à passager, le sourire aux lèvres – comme on ferait une chose naturelle. Des soldats et des officiers de la Wehrmacht (sans compter les espions en civil qui ne pouvaient pas être reconnus) ouvrirent des yeux mystifiés sur cet objet qu'on venait de leur tendre.

Le soir, au Comité central, les rapports affluèrent. Pas un journal abandonné à la hâte dans un coin, pas un commando débandé, pas une seule arrestation. C'était un coup parfait. Nous avions donné à l'opinion publique ce choc dont elle avait tant besoin, cette preuve que la Résistance était là, pouvait frapper.

Toutefois, ce dont Denis était le plus fier, c'était que pas un ne s'était servi de son stylo lacrymogène.

Il avait fallu depuis peu armer les commandos. Londres avait parachuté des caisses entières de stylos. Rien ne distinguait ces petits objets de l'instrument qui, ordinairement, porte ce nom, sauf un cran de sûreté qui, repoussé, faisait jaillir du gaz lacrymogène en quantité suffisante pour mettre tout adversaire sur qui on visait juste hors d'état de nuire pendant trois ou quatre minutes.

Ç'avait toujours été le grand rêve de Denis (un rêve qu'il savait impossible) : celui de faire la guerre sans tuer ni blesser.

6

Cependant j'étais un étudiant. Il n'est peut-être pas inutile de le rappeler. Et, comme l'ardeur à vivre est un phénomène indivisible, j'appliquais à mes études la même ferveur qu'à la diffusion de *Défense de la France*.

Je passais d'une activité à l'autre dix fois par jour, sans autre transition que celle d'un interrupteur qu'on tourne. J'avais acquis, à la fin, une telle souplesse dans la manœuvre que je pouvais me passer même de l'interrupteur. Deux portions de cerveau fonctionnaient simultanément : l'une enregistrait les dernières informations fournies par François, retour de Bretagne, sur les noyaux de diffusion et de renseignements de Rennes, Saint-Brieuc, Brest, Quimper, Lorient et Nantes, cherchait à déchiffrer dans la foule des noms et des circonstances locales quelque connexion soudaine qui permettrait un rapprochement, une unité de travail, flairait l'ami et l'ennemi, inventait une tactique ; l'autre, cependant, révisait les désastres financiers organisés par les neuf ministres successifs de Louis XVI dans les quinze ans qui précédèrent le 14 juillet 1789 – désastres essentiels, nous disait-on, à la réussite au concours d'entrée à Normale supérieure.

Cette simultanéité de l'esprit – si difficile à maintenir jusque dans l'âge mûr – m'était permise parce que j'avais dix-huit ans. Elle était faite de mémoire (mon esprit était alors une plaque photographique), mais de passion aussi : j'avais deux désirs égaux, en ce temps-là. Supprimer le nazisme. Entrer à Normale supérieure. Pour moi, chacun de ces désirs justifiait l'autre. Et peu importe si on ne me comprend pas bien ! Nous sommes ici au bord d'un sujet que je n'ai pas le goût de traiter : le labyrinthe intérieur.

Dans mes études, comme dans la Résistance, j'étais menacé. L'année précédente, en effet (en juillet 1942), le gouvernement de Vichy avait promulgué un décret. C'était un document bizarre – comme cette époque malade en produisit, hélas, plus d'un. Il énumérait les conditions physiques désormais requises des candidats aux divers emplois publics : magistrature, diplomatie, administration financière et enfin enseignement.

Jusqu'à cette date (il faut le noter), l'État s'était fié, pour le recrutement de ses fonctionnaires, à un critère unique : le bon sens. On se contentait par exemple de ne pas nommer un sourd professeur de musique, ni un aveugle professeur de dessin. Ces cas très clairs mis à part, toute personne que sa compétence ou son caractère disposait à une profession pouvait y accéder sans embarras.

Ainsi, avant la guerre, une vingtaine d'aveugles avaient enseigné dans les lycées et les universités de France. Au lycée Louis-le-Grand, Fournery, ce professeur d'anglais plus respecté et plus aimé de ses élèves (tout le monde en tombait d'accord) que ne l'était la majorité de ses collègues. Ou, à un niveau plus officiel encore, ce Pierre Villey, maître incontesté du monde des aveugles dans la génération qui précédait la mienne, Pierre Villey qui était devenu professeur de littérature française à l'université de Caen, avait publié sur Montaigne des travaux d'érudition qui faisaient autorité, et était mort en 1935, à cinquante-quatre ans, victime d'un accident de chemin de fer. Mais tout cela, c'était le passé. C'était le temps de la raison.

Abasourdi par le décret de Vichy, j'avais consulté mes professeurs et quelques officiels du ministère de l'Instruction publique. Le décret me frappait l'un des premiers. Normale supérieure était une école de l'État, acheminant les étudiants vers un concours de l'État – l'agrégation – et, qui plus est, un concours de recrutement aux emplois de l'université. Aux termes de la loi nouvelle, l'agrégation m'était interdite. Mais je n'aurais pas davantage le droit de me présenter au concours d'entrée à Normale supérieure.

Si je n'ai pas dit encore que la cécité était tenue par ce décret comme une des conditions physiques les plus rédhibitoires aux emplois publics, c'est que la cécité n'était qu'un article dans une longue liste.

Mon professeur d'histoire, rompu aux exégèses des textes officiels, avait interprété celui-là pour moi : nous avions affaire à un document raciste, voire même fasciste, de l'espèce la plus pure.

Le ministre de Vichy, instigateur du document, Abel Bonnard – un personnage aberrant –, s'était fait l'imitateur servile des lois nazies. Il éliminait de la société active non seulement les aveugles, mais les manchots, les boiteux, tous ceux dont le corps n'était pas entier. Il allait plus loin : il légiférait que seraient exclus du service de l'État tous les individus qui présenteraient une difformité agressive. Le croira-t-on ? Les bossus étaient, à leur tour, chassés. Et la longueur maximale du nez des futurs fonctionnaires figurait dans le décret.

Me défendre ? Cela m'eût été bien difficile. Je ne pouvais recourir à aucun syndicat, pas même à une association. Nous n'étions pas, en 1942, dix aveugles en train d'accomplir des études supérieures. La seule issue était donc la considération individuelle de chaque cas. Ce fut le parti qu'on me conseilla de prendre.

Je réussis. En janvier 1943, le directeur de l'Enseignement supérieur, alerté, informé par une quinzaine de mes anciens professeurs, avait accordé en ma faveur une dérogation au décret. Mes antécédents scolaires et universitaires faisaient de moi, disait-il, un cas spécial : il m'autorisait à concourir pour Normale supérieure sur un pied d'égalité avec mes camarades voyants.

Aussi le 30 mai me présentai-je à la première épreuve du concours sans autre angoisse que celle d'un candidat ordinaire (angoisse de taille déjà respectable), plus celle de quelqu'un qui doit oublier coûte que coûte, pendant une semaine, qu'il est membre du Comité directeur d'un mouvement de Résistance.

Mes chances d'être reçu à l'École étaient parmi les meilleures : j'avais terminé troisième sur quarante-cinq les épreuves régulières de ma seconde année de première supérieure.

Je fis la composition d'histoire, je fis celle de philosophie. J'étais plein de courage... et le coup tomba.

Comme j'entrai dans la salle du concours pour le troisième examen, un appariteur me tendit une lettre : elle était signée par le ministre Abel Bonnard. Dans le style ordinaire à ces sortes d'écrits, elle m'annonçait que le ministre n'avait pas « entériné la dérogation consentie en ma faveur par la direction de l'Enseignement supérieur en date du 31 janvier dernier », que, conséquemment, le ministre ne m'autorisait pas à me présenter au concours de Normale supérieure lettres, « m'enjoignait d'interrompre les épreuves que je venais de passer ». Je pense inutile d'insister sur les accès de chagrin et de rage que je traversai dans les heures qui suivirent.

Ce n'était pas un examen ni même un concours, qui était en cause pour moi : c'était mon avenir même dans la société de mon pays. Que ferais-je si les seules professions pour lesquelles j'étais fait – les professions intellectuelles – m'étaient fermées ?

Bien plus encore, ce que le « satrape » de Vichy mettait en question, c'était ma victoire sur la cécité – celle, du moins, que j'avais remportée du côté de l'intelligence.

On me fit comprendre que cet ordre d'Abel Bonnard, tardif, arbitraire, était illégal, que je devais, à travers le Conseil d'État, exiger révision, intenter procès. Comment aurais-je pu le faire en ce début de juin 1943 ?

Je n'étais pas un clandestin intégral : je portais toujours mon nom. Je n'étais pas encore sur les listes noires de la Gestapo ni de la Brigade politique de Vichy. Seulement, ma situation réelle ne valait guère mieux. J'étais l'un des sept responsables en chef de l'un des cinq ou six plus importants mouvements de la Résistance. Le plus élémentaire bon sens m'enjoignait de ne pas attirer sur moi l'attention officielle.

Vous pensez bien que la diffusion de DF ne me laissa pas de grands loisirs pour m'apitoyer sur moi-même. Toutefois, le coup m'avait atteint au plus vif.

Il y avait devant moi un événement absurde, et c'était le premier de ma vie. La cécité avait été pleine de sens. Pour la première fois, on me refusait. Et ce n'était pas en tant que personne (on devait à peine connaître mon nom à Vichy), mais en tant que « catégorie » humaine.

Le contraste était trop flagrant. Ma cécité – vaincue, ou adroitement compensée (ce n'est pas le lieu de décider entre les deux) –, c'était elle qui m'avait valu l'estime et, ce qui est bien plus que l'estime, la confiance de centaines d'hommes depuis deux ans. C'était elle qui, du jeune garçon entouré d'amis mais égocentrique que j'étais à seize ans, venait de faire un homme nouveau, associé de toutes parts à des milliers d'existences, engagé dans la bataille et l'efficacité de milliers d'autres. Et c'était cette même cécité qui, soudain, m'excluait de la société civile ou, pour donner au fait le moins d'emphase possible, me classait du côté des inaptes.

Philippe et Georges eurent une réaction identique : je ne devais tout simplement plus penser à cet accident qui n'était, après tout, qu'un épisode microscopique de la guerre que nous faisions. Au bout de la guerre, il y avait la victoire, et l'on rirait bien des décrets de Vichy.

Pourtant, avant de rire, il fallait la gagner, cette guerre ! Elle n'était pas qu'un conflit armé. Elle n'était pas le heurt de quelques nations en appétit de puissance.

Les caprices d'un ministre français me rappelaient, si j'en avais besoin, quel était l'ennemi véritable. Il existait un monde qu'il fallait refuser. Ce monde, les cartes de géographie ne l'indiquaient que très imparfaitement. D'une façon provisoire, il avait ses capitales à Berlin, Tokyo et Rome, mais les foyers de contagion se multipliaient.

Dans ce monde, seule la force brute comptait. Pas même la force : l'apparence. Pour avoir le droit d'y vivre, il fallait prouver qu'on était aryen et qu'on avait le corps intact. Les invalides de l'esprit, les malades de l'âme y trouvaient leur place aussitôt : on les poussait jusqu'aux premiers rangs. Mais malheur aux unijambistes, aux bossus, aux nègres et aux juifs !

Pour tous ceux-là, on préparait dans les laboratoires de biologie, à l'extrême pointe de la science moderne, une fin commode : extermination dans les chambres à gaz, stérilisation et, dans la meilleure hypothèse, élimination lente.

On élaborait une société où les facteurs moraux et spirituels seraient enfin traités pour ce qu'ils étaient : les déchets d'une civilisation morte.

Dans l'attente de cet heureux temps, des haras humains étaient déjà mis en place, à travers l'Europe nazie, où des aryens sélectionnés s'accouplaient, à heures fixes, avec des aryennes sélectionnées, pour que naquît la race nouvelle.

Je ne participai pas de mes mains, de mes yeux à « l'opération 14 juillet » de Défense de la France. Mais je la préparai dans ma tête avec une conviction et une précision que je n'ai pas besoin d'expliquer – que je n'eus pas besoin d'expliquer à mes camarades. Leurs plans ne furent définitifs qu'après avoir été confrontés aux miens heure par heure, station de métro par station de métro.

Je traversais une crise religieuse ; ou plutôt – car ce mot de « crise » ne convient pas – je m'interrogeais paisiblement, passionnément, sur la nature des choses invisibles. Car aucun doute n'effleurait mon esprit. L'existence de Dieu n'était pas mise en cause ; la divinité de Jésus-Christ ne l'était pas davantage. La bonté de Dieu m'apparaissait évidente. Je m'achoppais à mille scandales : mais jamais ils ne venaient d'en haut. Pour moi, les hommes avaient inventé la souffrance : ils la composaient et la propageaient. « Dieu sans doute tolère notre sottise, et c'est cette tolérance qui choque quelques-uns. Mais s'Il la tolère, c'est qu'Il la juge utile : il faut aussi que nous apprenions à nous rapprocher, non pas seulement de Dieu, mais d'une forme de nous-mêmes moins épaisse et moins trouble. Il faut que nous ressemblions un jour à autre chose qu'à ce que nous sommes. C'est donc à Dieu qu'il nous faut ressembler... »

Mes raisons étaient tâtonnantes ; mes certitudes étaient pleines et droites ! « La souffrance est une préparation, elle est un chemin vers Dieu. Elle nous paraît injuste, parce que nous ne savons pas ce qu'elle est. Sait-on jamais ce qu'on est juste en train d'apprendre ? Nous n'avons jamais fini la leçon... »

Ma religion me suffisait. Elle me tenait lieu de tous les symboles. Je vivais envers elle dans la sérénité. Mon père me lut plusieurs ouvrages de Rudolf Steiner. Je fus saisi une fois encore de respect et de reconnaissance. J'appris et je retins beaucoup. Cependant mes petites veilles spirituelles m'étaient plus précieuses que tout.

Le soir, tous bruits éteints, tous soucis refermés, ajournés, j'essayais de lire en moi. Je pratiquais toujours mes exercices de mémoire et ceux, plus difficiles encore, d'attention. Je voulais avancer à l'intérieur de moi-même ; mais parfois j'étais déçu. Je faisais certes des découvertes qui me rendaient la confiance et la paix : j'étendais mon univers. Mais rien, en somme, n'apparaissait que je n'eusse déjà rencontré. Ma vie intérieure était semblable à une sphère : jamais, sans mes efforts quotidiens, je n'eusse atteint jusqu'à sa surface ; mais au-delà l'univers continuait : je ne le touchais pas...

L'idée me vint, un soir, de m'oublier. Je n'allais plus chercher en moi-même. Je fis un étrange mouvement de tous mes sens et surtout de mon attention : il ne fallait plus regarder. « Ce n'est pas moi qui compte ! Autour de moi, il y a tous les spectacles ! » Je ne vis rien, si l'on veut. Il se produisit un vide très court, très lumineux mais sans images, un bonheur absolument ouvert. Je ne vis rien et je vis tout. Une paix que je n'avais jamais connue, jamais espérée même, m'entoura. Je me couchai quelques instants plus tard : « Que vient-il de se passer ? » Et cette réponse, aussitôt : « Les mondes spirituels existent. L'invisible pourrait être vu.

Ce que je vois chaque jour dans le monde n'est qu'une enveloppe morte, et comme un dépôt de poussière. Ce qui a un sens, c'est justement ce que je ne sais pas encore. Ma place dans l'univers est toute petite, mais cette évidence, loin de m'effrayer, me rassure. Quand ma vie sera terminée, il me restera l'univers à apprendre. Quelle promesse ! Et comment la rejeter ? Je suis tout petit, mais pour cette seule raison que je ne sais m'occuper que de moi. » Et cette phrase : « La mort est un commencement ! Tout est bien, puisque rien jamais ne s'achève. » Et je fis, cette nuit-là, le plus beau de mes rêves.

Il était 4 heures de l'après-midi par un dimanche pluvieux. J'étais dans ma chambre, et je me rappelais les paroles de ce personnage qui, tout à l'heure, était venu m'annoncer que je mourrais à 5 heures. J'étais heureux. Tout était simple. « Que vais-je faire maintenant ? » me disais-je. Et j'appelai auprès de moi tous ceux que j'aimais : mes parents, mes amis, la jeune fille au violon de lumière. Je leur disais adieu avec une lenteur et une douceur extrêmes. J'éprouvais une joie incompréhensible. « Sais-tu, me disait-on, que tu pourrais ne pas mourir ? » Je le savais en effet, sans en connaître aucunement la raison. Mais je ne voulais pas, ou plutôt, je n'avais plus envers la vie cette préférence furieuse des vivants. L'heure de la mort approchait. Ma joie se faisait éclatante. Et soudain le personnage de tout à l'heure revenait : « Tu ne mourras pas, me dit-il : ceux qui acceptent la mort dans la joie n'ont plus besoin de mourir aussitôt. »

Ce rêve que je dis à Jean dès le lendemain le jeta dans des réflexions qu'une année entière n'apaisa pas. Il devint notre principal thème de confidences. Plus tard, quand la mort à mon tour m'apprendra, quand j'appris qu'il faudrait mourir, ce rêve habita ma pensée. Il me donna la force de vivre.

La mort existait. Elle était au bout de tous les chemins que nous voulions prendre. Nos pensées ne la quittaient plus. C'est alors qu'un incident me saisit. C'était un dimanche. J'écoutais à la radio la *Huitième Symphonie* de Beethoven. J'écoutais cette allégresse dansante qui traverse étrangement l'œuvre entière. Je suivais si bien la pulsation de la musique qu'il me semblait que mon corps entier battait à sa cadence. Mes pensées, peu nombreuses, réduites à leurs seules images sonores, jetaient de petits rires joyeux. Toute tristesse m'avait fui : je me contentais de vivre. Soudain le scherzo commença : il était plus vif, plus jovial que le reste. Je croyais bondir... Et sans que rien fût modifié distinctement en moi, d'un seul geste très lent, une brume naquit, se fixa. Je songeai, surpris, à une amie de ma mère qui m'avait aimé quand j'étais enfant. Nous étions sans nouvelles de ce qu'elle avait pu devenir. Elle était en Zone Sud, près de Limoges. Nous ne savions rien d'autre. Je la vis. Il me sembla qu'elle m'appelait. Je me sentis traverser par une souffrance presque physique.

Je me frottai les yeux... La musique continuait, joyeuse, emportée dans la course du finale. J'essayai de n'y plus penser. Quelque temps après, nous apprîmes la mort de cette amie. Je ne pus connaître la date avec rigueur : elle coïncidait à quarante-huit heures près avec mon angoisse. L'amie de ma mère était morte épuisée, à demi démente. Je sus qu'elle avait parlé de moi.

7

Mais non, bien sûr : Jean n'avait pas cessé d'être là !

Si j'ai pu vous laisser croire à son absence, depuis quelque temps, c'est que le langage traduit bien mal certaines relations.

Comment vous dire par exemple que, dans ces surprises-parties « décentes-indécentes » (comme la vie elle-même, après tout) où Georges m'entraînait mais où Jean, lui, n'était pas invité, c'était lui pourtant qui m'avait retenu sans défaillance au bord des filles, du côté du respect, quand les filles, étourdies par la danse, leur jeunesse et la mienne, semblaient sur le point de vouloir tout donner ?

Comment dire que, au Comité directeur de Défense de la France dont Jean ne faisait pas partie, je n'avais pas, en six mois, dit un mot ni pris une décision sans consulter Jean ? Consultation muette, dont Philippe – ni Georges même peut-être – ne pouvait se douter qu'elle avait lieu, mais sans laquelle je n'aurais été qu'un âne.

Je n'avais plus besoin d'interroger Jean pour connaître ses réponses, ni de lui parler pour qu'il sût ma pensée. Il était mon ami avant et par-delà tous les autres. Il était donc le miroir où je venais retrouver la meilleure part de moi-même. Absent, présent, il était mon témoin.

Pour Jean, de toute façon, il ne pouvait pas y avoir de filles faciles, ni même de Comité directeur : il n'était pas un homme du « monde ». Le monde était à la fois trop compliqué et trop laid pour lui. Il appliquait sa force à s'en éloigner.

Cependant, pas au point d'en oublier ses devoirs : il s'était fait résistant lui aussi. Il m'avait demandé de lui confier un poste « intermédiaire ». Ainsi, depuis notre entrée à DF, il coordonnait les activités de plusieurs groupes de base aux facultés des lettres, des sciences et de droit. Jamais il n'essaierait de faire ce qu'il n'était pas sûr de faire complètement.

Nous allions aux cours ensemble (lui aussi suivait la première supérieure). Je le rencontrais plusieurs fois par jour, à peine plus bavard qu'autrefois, si ce n'était dans les grandes circonstances, debout, dans l'encadrement de la porte entre les deux pièces de mon petit appartement, de plus en plus grand, la voix de mieux en mieux posée, tenant ma main sans pouvoir la lâcher, dans une étreinte où je me demandais parfois ce qui appartenait à la tendresse et ce qui appartenait à la peur.

Nous avions tous peur en ce temps-là. N'allez pas vous imaginer autre chose ! Nous étions passionnés, mais nous n'étions pas fous. Jean voyait flotter la mort devant ses yeux, par intervalles. Mais, à la différence des autres, il m'en parlait.

Sa sérénité à ces instants-là me restait presque incompréhensible. Il était grave dans ses explications, mais à peine grave : juste un peu plus attentif qu'à l'ordinaire, à la façon de quelqu'un qui se penche sur un objet difficile à voir et qui ne vous dit que peu à peu ce qu'il aperçoit.

Jean apercevait sa mort, pas la mienne. Ce thème-là revenait toujours. Il ne comprenait pas pourquoi, mais il savait que cette époque de l'histoire était trop grande pour lui, trop grande ou trop rapide. Quelque chose l'écrasait. À moins que ce ne fût la vie elle-même, pour laquelle il n'était pas bien fait !

Ce n'était pas l'action dans laquelle nous nous étions engagés qui ne lui ressemblait pas. Rien ne lui ressemblait. S'il n'avait pas agi, il en eût été de même.

Les deux dernières fois, les avertissements qu'il eut se firent pressants. « Quand je serai parti, me dit-il, il ne faudra plus que tu penses à moi : cela te ferait du mal. D'ailleurs, je serai avec toi beaucoup plus qu'avant. En toi. Je ne peux pas dire cette chose. Non, je ne te dis pas de ne plus penser à moi... mais il faudrait que tu penses à moi autrement. Je suis ce que je suis, mais une fois parti, je serai autre chose. On ne pense pas aux morts comme on pense aux vivants ; on n'a pas envers les morts les mêmes devoirs. Nous avons commencé ensemble à apprendre la vie et aussi le bonheur. Il faudrait que tu n'aies plus cela tout le temps dans la tête, mais que tu me mettes dans toutes les choses qui te rendront heureux. Chaque fois que tu trouveras quelque part un peu de joie, je serai là... comprends-tu ? Ne jamais pleurer sur moi : ce serait trop bête, et j'ai trop horreur de ce qui rend triste. Promets-moi... de m'aimer, non pas à travers ton souvenir, mais à travers ceux que tu aimeras. »

Entendant cela, beaucoup de gens penseront qu'il aurait immédiatement fallu le mettre à la raison, lui faire chasser ses rêves mauvais, le brusquer même, comme cela est permis entre camarades. Mais alors c'est qu'ils n'étaient pas là comme moi j'y étais, qu'ils ne l'ont pas entendu le dire avec cette certitude...

La toute dernière fois (ce devait être en juin 1943), Jean me dit que j'étais fait pour vivre, au point que tout pourrait m'arriver : je vivrais quand même. Mais que lui n'était pas fait pour vivre.

Je savais bien à cette époque qu'on ne parlait pas à tort et à travers. On n'en avait pas le temps. Il fallait dire l'essentiel. Je répondis à Jean qu'il y avait là un abîme. Mais je ne pus pas continuer, parce que la réalité de ce qu'il venait de dire grandissait en moi trop vite. Jean, c'était vrai, était de plus en plus intelligent, mais de plus en plus maladroit aussi.

Ce fut alors qu'il fit, pour vivre, une belle tentative. Je fus heureux, je le crus sauvé : il se fiança. Pas avec Aliette (Aliette, c'était autrefois), mais avec une camarade de travail courageuse, une petite bonne femme vivante à qui, je l'avoue, je n'avais pas pensé pour lui, mais qu'il avait choisie fortement, comme il faisait toutes choses, qu'il aimait et qui, elle, en retour, l'aimait. Était-ce comique ! Mon Jean entrait des deux pieds et des deux bras dans la vie avant moi. Allez croire, après cela, aux avertissements !

Il était remarquable que, cette année-là, je ne disais presque jamais : « Moi je pense... Je veux... Je crois... » Il y avait toujours quelqu'un d'autre qui croyait avec moi, qui pensait à ma place. Le plus souvent, c'était Jean, mais Georges quelquefois, François, Denis, Simone, Philippe, Catherine, Frédéric. Et pour eux il en était de même. Je n'en connaissais pas un, pas une, qui ne le reconnût non seulement volontiers mais avec un épanouissement de tout son être. Le « bon » de la Résistance, c'était cette fraternité. Mais « fraternité » dit mal la chose : c'était cette grande âme partagée.

L'imagination, chez nous tous, était sollicitée violemment. Si près du danger, on devient perméable. On ne se défend pas davantage : ce n'est pas vrai. On se défend moins. Mais l'imagination ne rend pas compte de tout.

Nous étions une vingtaine qui vivions l'âme ouverte, emboîtés les uns dans les autres, l'un protégeant l'autre, l'autre protégeant l'un, dans une circulation d'espérances communes si intime et si continuelle qu'elle avait fini par creuser une brèche dans nos peaux respectives, faisant de nous tous une personne – une seule. Cela ne pourra plus vous étonner ni vous choquer : quand Hélène, la femme de Philippe, dans la nuit du 14 juillet, avait donné le jour à son fils, ç'avait été pour nous tous, en un endroit sacré, notre fils aussi.

Je n'avais plus jamais besoin, pour connaître François, Georges ou Denis, de me dire, comme on le fait d'habitude : « Tiens ! Où sont-ils en ce moment ? » ou bien : « Qu'est-ce qu'ils penseraient dans un cas pareil ? » Je les emportais partout dans leur intégralité, même si j'étais en train de lire un livre ou de passer le concours de Normale. C'était du reste de plus en plus facile, parce qu'ils étaient de plus en plus légers.

Philippe mis à part, qui avait une famille (quel poids, et comme il le portait fièrement !), je n'avais pas un ami qui eût encore quelque chose à perdre. Ils avaient renoncé littéralement à tout, sauf à vivre. Résultat : il n'y avait plus en eux trace de frivolité, ni aucun de ces petits « à-côtés » sans intérêt qui rendent les gens si fades ordinairement.

Georges n'était pas devenu un saint : il courait encore furieusement le jupon, l'animal ! Mais il était devenu un couteau.

Son corps était une lame, à cause de sa maigreur. Sa voix, nasale par nature, cisaillait maintenant les phrases : on pouvait en voir la trace. Il ne marchait jamais plus vaguement d'un endroit à un autre : il suivait sa ligne, sa tension, tout droit. Par conséquent, il traversait tout.

Ne s'était-il pas trouvé récemment (s'étant mis en retard) face à une patrouille allemande après le couvre-feu ? Il n'avait rien pour justifier sa présence. Il était bon pour se faire embarquer. En plus, cette nuit-là, il était armé (un authentique 7.65), « un hasard du boulot » comme il disait. Eh bien, couteau, il avait fait son métier de couteau ! Il avait traversé la patrouille sans un regard à droite, ni à gauche, ni derrière, sans ralentir ni accélérer le pas, sans même tendre la main vers son arme, sans penser à ce qu'il était en train de faire (de ce fait, le lendemain, il se portait garant), et les Allemands, mystifiés, l'avaient laissé courir. Conclusion de Georges : « Si tu fais ton truc jusqu'au bout, tu es intouchable. C'est vrai comme l'existence du Bon Dieu. »

Quant à Denis, en ce mois de juillet, il fallait faire un effort de mémoire pour se rappeler qu'il avait été timide un jour. Il était à l'heure du commandement. Et parmi les cinq cents bonshommes de la Diffusion ouverte (dont une cinquantaine de vrais durs), il ne s'en trouvait pas un pour contester ses ordres, ni surtout le droit qu'il avait de les donner. Je crois bien que j'étais le seul à savoir que Denis n'était pas fort comme les autres le croyaient. Pas fort de cette manière-là du moins.

Denis me rendait des visites très courtes, juste pour se détendre, disait-il. Alors le petit gars candide reparaissait. Il était plein de superstitions. Il croyait encore en la bonté de tous les hommes, malgré l'évidence. Son corps avait de petites secousses. Il lui arrivait même de pleurer en silence.

François ? Mais c'était lui qui avait le moins changé ! Il était né « flamme », il restait « flamme ». Il éclairait plus qu'avant, voilà tout.

À la différence de Jean, il aimait les réalités de la vie. Il avait même pour elles une indulgence universelle. Lui qui n'avait jamais touché plus que le poignet d'une fille, il avait pour les boute-en-train, les débauchés, les prostituées et même les souteneurs (il insistait là-dessus) une compréhension totale.

Ma parole ! Autour de mes amis, l'air n'était pas le même. On y sentait la joie. Pourrais-je dire davantage ? Même quand ils étaient tristes, même quand ils vous parlaient de leur mort, cela sentait bon, cela faisait monter.

La guerre, de quelque façon qu'on la mène, est une sale bête. Mais alors, que les hommes trouvent un moyen, dans la paix, d'être comme l'étaient mes amis dans cette guerre !

8

Ce soir-là (le 19 juillet), Philippe et Georges avaient tenu chez moi une longue conférence.

À l'ordre du jour : quelles mesures prendre pour élargir encore la diffusion de DF, faire que l'exploit du 14 juillet ne soit que le premier d'une série, et comment procéder à mon établissement comme clandestin intégral ?

Les risques que mon travail boulevard Port-Royal faisait courir à ma famille (sans compter à moi-même) avaient atteint la cote d'alerte. D'autre part, DF ne pouvait pas se passer de mes services. Je continuerais à diriger la diffusion, mais dans un anonymat mieux protégé. J'irais m'installer en permanence dans l'un des PC du Mouvement à Paris.

En s'en allant, Georges avait pris sur lui les vingt stylos lacrymogènes que je tenais en réserve depuis cinq jours. Il avait emporté également un stock de fausses cartes d'identité qu'il remettrait le lendemain matin, à 7 heures, à Frédéric en partance pour Besançon.

Cette nuit-là fut une des plus heureuses de ma vie. Un orage sec grondait sans relâche au-dessus de Paris. Je ne pus m'endormir que vers 4 heures. Mais ce manque de sommeil n'était pas dû à l'orage : il était dû à l'amitié de Philippe et de Georges. Je la connaissais bien depuis des mois, pourtant je ne l'avais jamais vue à ce point. L'amitié, c'était le salut. Dans ce monde fragile, c'était la seule chose qui ne fût pas fragile. Je vous assure : on peut être ivre d'amitié comme on est ivre d'amour.

Du fond de mon sommeil heureux, vers 5 heures du matin, j'entendis la voix de mon père : « Jacques ! La police allemande te demande ! »... L'Arrestation !... C'était elle !

Un instant, s'il vous plaît, tandis que je saute hors de mon lit en tremblant ! Il y a eu à travers le monde, depuis vingt ans, tant d'hommes et de femmes arrêtés par tant de polices, pour tant de raisons, et si peu de ces gens-là ont survécu, qu'il me semble que je ne dois pas faire toute une histoire de ma propre aventure. Soyons simple.

La voix de papa était un peu comme autrefois quand il s'adressait à son petit garçon : il aurait tant voulu me protéger. Naturellement il ne pouvait rien... Bizarrement, c'était plutôt à moi de le protéger : qu'au moins ils ne l'arrêtent pas lui, ni maman, ni mon petit frère ! C'était la première chose à obtenir, mais comment obtient-on ces choses ?

Il y avait six Allemands : deux officiers et

quatre soldats. Ils étaient armés, ces imbéciles !
Peut-être ne leur avait-on pas dit que j'étais
aveugle.

Ils ne se conduisaient pas brutalement : ils
me donnaient le temps de me préparer. Ils me
laissaient emporter un paquet de cigarettes et
mon briquet.

Ils fouillaient mes deux petites pièces avec
méthode, si je puis dire, car leur système consistait à éparpiller cinq ou six mille feuilles braille
évidemment indéchiffrables pour eux. De toute
façon, ce qu'ils cherchaient n'était pas là : c'était
dans ma tête. Et ma tête était pour l'heure dans
une confusion dont le policier le plus diaboliquement habile n'eût rien pu tirer.

La question que je me posais était monstrueuse : qui m'avait dénoncé ? D'abord, que papa
et maman ne soient pas arrêtés, puis connaître le
traître... Une tactique, déjà. Une tactique, oui !
Mais pas une idée en place dans ma tête, pas une
fibre lucide dans mon corps. On ne se voit pas
beau, quand on est pris au piège. On ne s'aime
pas. On se ferait du mal exprès.

Heureusement, l'un des officiers m'interrogeait, et il ne savait pas s'y prendre. Il avait
à la main un papier avec des noms. Il savait
mal le français : il les déformait tous. Moi, pour
gagner du temps, j'essayais de jouer le petit garçon affolé : je mélangeais tout.

L'officier SS n'aboutit à rien. Cela n'eut pas
l'air de le frapper. Finalement il me prit le bras
d'une façon paternelle et il me fit descendre

l'escalier. Dieu merci ! On n'emmenait que moi ! On m'avait laissé dire au revoir à mes parents. Ç'avait été assez dur comme ça.

Maintenant, sur le trottoir, dans l'auto qui roulait déjà, contre ces grands corps d'Allemands presque immobiles, c'était beaucoup moins difficile. Cela redevenait intéressant. Il y avait un avenir. Si seulement on pouvait être plus tard, déjà plus tard !

La voiture stoppa au milieu d'une grande cour. À partir de ce moment-là, je fus transporté de bureau en bureau, d'étage en étage, sans aucune explication, pendant des heures, par une dizaine d'Allemands, grognons mais tranquilles, qui me manipulaient comme si j'avais été un objet cassable. La seule chose qu'ils me demandaient (mais alors tous, et souvent deux fois de suite), c'était si j'étais bien l'Aveugle. Je répondais : *Ich bin der Blinde*. Cela semblait leur rendre le travail plus facile.

Ce jour-là d'ailleurs, c'était affreusement vrai : j'étais bien aveugle. Je ne percevais presque plus rien du tout, à cause de cette angoisse rampante : « Que va-t-il arriver ? »

Il n'arrivait plus rien depuis des heures, on me promenait, on m'exhibait. Que sais-je ! On m'asseyait dans un salon, sur une banquette moelleuse, et on me disait de manger une soupe aux pois très épaisse dont je n'avais pas envie.

Enfin, un individu tombe sur moi comme une pierre, brandit son poing sous mes yeux en hurlant des imprécations, et me pousse à l'intérieur d'une chambre où cliquette une machine à écrire.

Ce n'est encore rien : c'est l'interrogatoire d'identité. On me demande des bêtises : si les parents de mon père étaient juifs, et ses grands-parents. On a l'air enchanté d'apprendre que ce n'est pas le cas. Je veux savoir pourquoi je suis arrêté : tout le monde rit, du planton à la secrétaire. Mais j'ai quand même bien fait de poser la question, parce que celui qui parle français est en train d'énumérer les noms de clandestinité de Frédéric, de Denis, de Catherine, de Simone, de Gérard et d'une dizaine d'autres tout aussi réels. Il veut savoir, lui, si moi je sais pourquoi tous ceux-là sont arrêtés. Il termine par ces mots : « Où sont Georges et Philippe ? Il n'y a plus qu'eux qui nous manquent. »

Il me semble que je respire un gaz. Mes centres nerveux se bloquent. Et puis, d'un seul coup, c'est la libération : je n'ai littéralement plus peur. Des ampoules électriques s'allument dans tous les coins de ma tête. Je vois le type de la Gestapo, la secrétaire. Je suis obligé de serrer les dents pour ne pas éclater de rire. Si je reste dans cet état-là, ils peuvent toujours y aller, ils ne sauront rien !

J'invente de toutes pièces, au hasard, trois ou quatre noms. Je demande si ceux-là aussi sont arrêtés, s'ils ont réellement pincé tous les gens qui se trouvaient, il y a quinze jours, à cette surprise-partie à Saint-Germain-en-Laye. Il n'y a jamais eu de surprise-partie à Saint-Germain.

Mais je remarque avec stupeur que ma question les embrouille.

Ce ne fut qu'une éclaircie. On me ramena dans le salon moelleux où je n'avais pas mangé la soupe. On m'y abandonna très longtemps. On fit entrer dans le salon successivement une dizaine de personnes. Chaque fois que l'une d'elles entrait, je disais : « Qui êtes-vous ? » Mais aucune d'elles ne répondait. Ils devaient savoir, eux, que nous étions surveillés. Il devait y avoir un gardien quelque part. Mes yeux, j'aurais tant voulu les avoir ! Qu'on me les prête, ne fût-ce que pour une semaine !

Le soir (c'était le soir, je venais d'entendre sonner 9 heures), on me déposa dans un cabinet de toilette : un lavabo, une chaise, un vasistas juste sous le plafond. Il y eut une chute de verrous. Je restai seul douze heures.

Le plus gênant, voyez-vous, dans des circonstances de ce genre, c'est qu'on pense malgré soi et qu'on pense très mal. J'ai interviewé à ce sujet des centaines d'hommes, de tous les caractères, de toutes les catégories sociales et de tous les âges : ils sont tous d'accord.

La pensée s'emballe. C'est une voiture que ses freins lâchent au milieu d'une pente. Elle ne s'occupe plus de vous. Vous la suivez ou vous sautez par la portière. C'est une machine, elle s'en moque.

La pensée est toujours une machine – même et surtout chez les gens intelligents. Et, à ceux qui en doutent encore, je pose la question :

« Est-ce que vous avez passé une nuit tout seul avant les interrogatoires d'une police politique ? »

Votre pensée vous file entre les doigts. Vous ne réfléchissez plus que du vide. Pendant ce temps-là, votre corps part tout seul dans une autre direction. Il n'est qu'une pauvre carcasse avec des muscles mous, et quand les muscles se raidissent, cela n'est pas mieux : ils tremblent.

Vous avez continuellement mal quelque part : c'est la gorge qui est sèche, ce sont les oreilles qui sifflent, c'est le ventre qui grouille ou ce sont les poumons qui se resserrent. Et n'essayez surtout pas de vous dire : « Moi j'ai du caractère ! À moi cela n'arrive pas ! » Cela arrive à tout le monde. Le caractère, c'est autre chose.

Évidemment, j'avais juste appris l'arrestation de quatorze des chefs de réseau de DF. Philippe et Georges n'étaient pas pris. Mais la nouvelle, en soi, risquait de contenir quinze morts en sursis. La mienne dans le lot, à laquelle, d'ailleurs, je n'arrivais pas à penser. Ma mort, c'était une des rares choses que la machine, en m'échappant sur la pente, avait expulsées.

Mais Denis, Gérard, Catherine ! Ce n'était pas un accident qu'il avait fallu pour une pêche pareille ! C'était une trahison générale, tellement fantastique qu'elle ne semblait pas vraie.

Je fis une prière, deux prières, davantage sûrement. Les mots glissaient.

Ce fut alors que, par mégarde, je heurtai durement le mur de mon coude. Cela me fit un peu mal, et puis beaucoup de bien. Je m'écriai à haute voix : « Je vis ! je vis ! »

Un petit conseil : dans des circonstances de ce genre, n'allez pas chercher trop loin le secours. Ou bien il est là contre vous, dans votre cœur, ou bien il n'est nulle part. Ce n'est pas une question de caractère. C'est une question de réalité. Si vous voulez être fort, vous serez faible, si vous voulez comprendre, vous deviendrez idiot.

Non, la réalité, ce n'est pas votre caractère qui, lui, n'est qu'une résultante, je ne sais quoi : un agglomérat. La réalité, c'est Ici et Tout de Suite. C'est la vie que vous êtes en train de vivre, là dans la seconde. N'ayez pas peur d'y perdre votre âme : Dieu est dedans.

Faites tous les gestes que vous voudrez. Lavez-vous les mains, s'il y a un lavabo, allongez-vous par terre, sautillez sur place, faites la grimace, pleurez même, si cela vous aide, ou riez, chantez, dites des injures ! Si vous êtes un intellectuel (pour chaque catégorie, il y a un truc), faites comme moi cette nuit-là : reconstituez à haute voix, et de mémoire, les raisonnements de Kant dans les premiers chapitres de la *Critique de la raison pure théorique*. C'est difficile : cela occupe. Mais ne croyez à rien de tout cela. Ne croyez pas même en vous. Dieu seul existe.

Cela, qui est vrai toujours, devient un remède miracle à ce moment. Du reste, je vous le demande : sur qui d'autre pouvez-vous compter ? Pas sur les hommes, je suppose ! Quels hommes ? Les SS ? Des sadiques ou des fous et, dans les meilleurs cas, des ennemis, patriotiquement convaincus que leur devoir est de vous liquider. S'il n'y a pas la Pitié de Dieu, il n'y a plus rien.

Mais justement, pour connaître cette pitié, il n'y a pas besoin d'un acte de foi. Vous n'avez même pas besoin d'avoir été élevé dans une Église. À cet instant où vous la cherchez, vous l'avez déjà : elle est dans le fait que vous respirez et que le sang bat à vos tempes. Si alors vous faites bien attention à elle, elle augmente, elle vous enveloppe. Vous n'êtes plus le même, croyez-moi. Et vous pouvez dire au Seigneur : « Que ta volonté soit faite. » C'est une chose que vous pouvez dire : elle ne vous fait plus que du bien.

Il y a pardon à toute misère. Et si la misère devient plus grande, le pardon aussi. J'ai appris beaucoup de choses importantes dans la nuit du 20 juillet 1943.

Et Jean ? Pourquoi ne l'avaient-ils pas arrêté ? Ils n'avaient pas cité son nom tout à l'heure. S'ils me connaissaient moi, ils le connaissaient lui. C'était fatal. Ou peut-être cela ne l'était pas...

Et François ? François était reparti avant-hier pour la Bretagne : sûrement il leur avait échappé ! Pas si sûr. Parmi les quatorze noms qu'ils m'avaient dits, il y avait ceux de quatre chefs de groupes du Nord. Ils avaient donc fait des arrestations à Lille (en province) comme à Paris. Dans ce cas, pourquoi pas Elio ?

Quand on est prisonnier, on ne sait rien, on n'est sûr de rien. C'est cela, la prison, exactement : vous êtes séparé de la confiance. On la tranche de vous d'un coup. Alors vous naissez à un monde horrible où rien ne tient plus à rien, où la seule loi qui subsiste est humaine. Et vous comprenez soudain que, de tous les dangers de l'univers, l'homme est le pire.

Le lendemain, vers 9 heures, on m'apporta du café. Mais on ne me donna pas le temps de le boire. On me poussa par les épaules le long d'un corridor jusque dans un bureau. Il y avait là un commandant SS (tous l'appelaient « commandant ») et une secrétaire.

Aussitôt, le commandant adressa à la secrétaire un long discours en allemand. Il était évidemment persuadé que je ne comprenais pas. Je comprenais mot à mot. Mais comme j'avais eu raison hier de leur dire que je ne savais pas l'allemand ! Tout à l'heure, pendant que la secrétaire traduirait, j'aurais le temps de réfléchir.

Le commandant m'informait que j'étais condamné à mort pour tentative subversive envers les autorités d'Occupation. Je l'avais parfaitement entendu. Je ne le croyais pas.

Maintenant, la secrétaire le disait en français : je la croyais moins encore que lui. Étais-je devenu fou au cours de la nuit ? Est-ce qu'ils m'avaient fait boire une drogue qui annule l'imagination ? « Ils te disent qu'ils vont te fusiller. Crois-les ! Ils te disent pourquoi. » Leur raison de me tuer, disaient-ils, était qu'ils avaient la preuve que j'étais depuis six mois responsable national de la diffusion de Défense de la France. Quoi de plus vrai !

Mais rien à faire : je ne les croyais pas. Ce fut, du reste, la première chose que je dis, en français, à la secrétaire, quand elle eut fini de traduire – et d'une voix qui me surprit, car elle était très calme : « Vous ne m'avez pas condamné à mort. »

Le commandant devait s'attendre à toutes les réactions sauf à celle-là, car, au lieu de brailler ou de rire, il sembla réfléchir. Finalement, il donna l'ordre à la secrétaire de prendre le dossier et de m'en donner lecture d'un bout à l'autre.

Ce fut ainsi que l'impossible arriva. Mais à la suite de quelle intervention miraculeuse, je ne suis pas même aujourd'hui capable de le dire. L'insondable stupidité d'un commandant SS ? Ma foi ? Le Ciel, en tout cas, se mêlait de mes affaires. La Gestapo laissait tomber ses armes, une à une, devant moi. Jugez-en plutôt !

Pendant cinq heures d'horloge, la secrétaire lut à haute voix, en hésitant sur les mots mais sans s'interrompre, une cinquantaine de pages évidemment rédigées en français. Admirablement rédigées d'ailleurs. Un dossier de délation sans une faille.

À dater du 1er mai dernier, mes actes de Résistance y étaient rapportés jour par jour. À certains moments, heure par heure – et jusqu'à mes paroles. Du moins toutes mes actions et décisions qui avaient un rapport avec la diffusion de DF. Car – fait étrange – mon appartenance au Comité directeur n'était pas même mentionnée.

J'avais été trahi si méticuleusement, et cela m'était révélé si vite, détail après détail, que je n'avais pas le temps de m'en indigner. Pas le temps de comprendre : pas le temps de souffrir. La seule urgence : imprimer dans ma mémoire tout ce qu'ils savaient.

Mais je n'étais pas le seul dans le dossier. Hélas ! Georges, Frédéric, Denis, Gérard, Catherine, François, Elio, vingt autres... Je ne pouvais déjà plus les compter. Et Jean, dont le nom revenait continuellement ! Dont la relation avec moi était décrite plus précisément que je n'avais entendu personne le faire !

Toujours pas trace du Comité directeur. Le nom de Philippe, deux fois, accompagné d'une signalisation physique à peu près ressemblante : rien de plus. Je n'avais pas le temps de souffrir : je cherchais le traître. L'auteur du dossier ! Il me le fallait ! Je serrais mon attention à la faire craquer.

Cependant, la lecture s'achevait. Les preuves qu'ils tenaient contre nous nous condamnaient tous sans rémission. Quand même – et plus encore qu'avant la lecture –, je me savais gagnant. En lâchant ce dossier sur la piste, ils avaient commis une faute géante : ils m'avaient rendu maître du jeu, d'un jeu. Ils pouvaient compter sur moi pour le jouer !

Mon cerveau, depuis cinq heures, fabriquait des mensonges : vingt à la minute.

C'était au tour du commandant de parler. D'où lui venait sa patience, à celui-là ? Il demanda en allemand si je voulais ajouter quelque chose. Je répondis que oui en allemand.

L'étrange était que j'avais pensé à tout sauf à cela : je n'avais pas décidé consciemment que je révélerais ma connaissance de leur langue. Mais cela n'était rien encore : voilà que je disais dans leur langue des choses si dangereuses que, à peine les avais-je dites, elles me faisaient peur.

Je leur expliquais que j'étais KO. Puisque je savais qu'ils savaient tout, je n'avais plus le moyen de mentir : j'allais dire toute la vérité. Leur informateur avait tout vu. Mais plusieurs fois, il avait interprété de travers. Je me contenterais de corriger ses erreurs. Quant à la preuve que j'allais dire la vérité, ils la tenaient : je savais l'allemand, même cela je ne pouvais plus le leur cacher.

Mes phrases étaient lâches. Je les faisais balbutier sans merci. J'augmentais de mon mieux le tremblement de mes mains. Mon cœur était plein de courage.

J'avais résolu sur l'honneur, sur la vie, de les tromper.

Étant aveugle, je ne pouvais pas fuir, pas même me faire abattre en fuyant. Mais, si je n'avais pas mes yeux, j'avais ma tête. Je me servirais d'elle (dût-elle en éclater). Je me battrais avec elle, jusqu'à ce qu'elle me manque.

Quoi ! C'était moi maintenant qui interrogeais le commandant ! Ma voix demandait : « Pourquoi ne me dites-vous pas qui nous a trahis ? »

Le commandant se levait, furieux. Mais, moi aussi je me levais, et je criais : « C'est Elio, n'est-ce pas ? C'est lui ! »

Le commandant se rassit : tout cela était incompréhensible.

Déjà, je ne m'intéressais plus à sa réponse. D'ailleurs il ne me répondait pas. C'était Elio, je le savais. J'avais revu en souvenir la Barre noire, cette espèce de présage auquel je n'avais pas voulu me fier quand, pour la première fois, Elio m'avait rendu visite. Et cette première fois, c'était le 1er mai : le premier jour du dossier.

Ma tête refaisait en arrière tout le dossier de délation. L'évidence me fascinait : ce qu'il y avait dedans, c'était ce qu'Elio avait vu, entendu. Tout ce que ne contenait pas le dossier, c'était ce qu'Elio n'avait pas connu. Sa ruse suprême avait été de s'inclure lui-même à la délation. De rapporter ses propres actes de Résistance aussi complètement que les nôtres.

Plus complètement ! Comment ce fait avait-il pu m'échapper d'abord ? Quand il était question d'Elio, le dossier contenait jusqu'à ses notes de frais !

Le commandant ricanait. Il avait l'air de trouver le dernier épisode tout à fait « farce ». Que j'aie pu deviner l'identité du traître, et aussi de voir ma tête effarée, cela le compensait de plusieurs heures d'ennui.

Il serra mon cou dans sa grosse poigne. Il me fit ainsi descendre lentement cinq étages jusque dans la cour. Il me fit asseoir à côté d'un autre Allemand à l'avant d'une voiture. C'était fini pour ce jour-là. Une heure plus tard, je me trouvais dans la banlieue sud de Paris, au greffe de la prison de Fresnes.

La suite se raconte à peine : elle est trop lente et trop ordinaire.

Du 22 juillet au 8 septembre, je fus transporté trente-huit fois de la prison de Fresnes au centre parisien de la Gestapo, rue des Saussaies.

On venait me prendre le matin vers 7 heures dans ma cellule. On m'y ramenait le soir vers 7 heures. Le reste du temps, j'étais interrogé ou j'attendais de l'être par cinq SS qui se relayaient.

L'un des cinq, un jour, eut l'idée de me tabasser. Il me lança de toute sa force contre l'un des murs de la pièce, me rattrapa, me relança. Je fus pris de colère et je hurlai : « Vous êtes des lâches ! Même si je le voulais, je ne pourrais pas me défendre ! » La brute alors avait ri. Ils ne m'avaient plus touché.

Y avait-il quelque chose que ces gens-là respectaient ? Certainement ni l'intelligence ni le courage. Quelque chose de plus essentiel alors, de plus central ?

C'était un fait que, lorsque, en leur présence, j'oubliais leur présence, lorsque j'oubliais tout sauf ce que je rencontrais à l'extrême fond de moi, au plus intérieur de mon univers intérieur – dans cet endroit où, grâce à la cécité, j'étais descendu parfois et où il n'y a absolument plus rien que de la lumière –, les SS n'attendaient plus mes réponses : ils changeaient de sujet.

Alors, naturellement, ils ne savaient pas ce qu'ils faisaient. Moi, je le savais à peine davantage. Non ! Ils ne respectaient pas le courage. Le courage, ça appartient aux hommes, par conséquent, c'est fait pour être brisé.

Fin juillet, au matin, comme on allait me transporter de Fresnes à la rue des Saussaies, on m'avait, selon l'habitude, verrouillé dans l'un des alvéoles du fourgon cellulaire. Le fourgon ne démarrait pas. Ils devaient attendre quelqu'un.

Enfin la porte de mon alvéole fut rouverte, et le corps d'un homme s'écroula contre le mien.

Pour tenir à deux dans ce petit espace, une seule attitude est possible : figure contre figure, deux hommes qui s'embrassent.

« Sainte Vierge, Mère de Dieu, murmura l'homme ! Ça n'est pas toi, mon petit ! » L'homme qui frottait sa barbe hirsute contre ma figure, et qui maintenant ne s'interrompait plus de prier, c'était Robert.

Robert que nous croyions mort déjà. Robert à qui nous devions d'avoir connu Philippe et Défense de la France. Nous eûmes une heure de route, tous les deux, jusqu'à Paris, pour nous dire tout.

On le torturait méthodiquement à la Gestapo. Il avait une oreille déchirée. Entre les quelques dents qui lui restaient, sa voix chuintait. La sueur filtrait le long de ses bras et de ses mains ; on eût dit qu'il sortait de l'eau.

Il me disait que, sans la pensée continuelle du Christ, il se serait déjà fait tuer volontairement. Il me disait que, depuis son arrestation, les boches n'avaient pincé personne dans son réseau, parce qu'il ne leur avait dit aucun nom.

Ils allaient le fusiller, mais il ne savait pas quand. Tout ce qu'il espérait encore, c'est que cela ne fût pas trop tard. « Il arrive qu'on parle sans savoir qu'on parle. C'est le pire », disait-il.

Robert avait la foi, lui aussi. Il l'avait mille fois plus que moi. Alors, pourquoi, lui, n'était-il pas protégé ?

Le temps des interrogatoires franchi, ce fut la prison pendant six mois, c'est-à-dire quatre pas de long, trois pas de large, des murs de forteresse médiévale, une porte de trois doigts d'épaisseur percée d'un œilleton par où les gardiens nous observaient jour et nuit, et une fenêtre plombée.

Pourtant, n'allez pas vous imaginer Fresnes, en cet été de 1943, exactement comme une prison : c'était une église souterraine.

Il y avait là sept mille détenus, mais c'était presque tous des résistants. Il n'y avait pas de coupables. Il n'y avait pas de remords.

Sur les murs de cellules on lisait des inscriptions taillées dans le plâtre à la pointe d'un clou : « 17 mars 1937, 3 heures du matin, la dernière heure de Dédé le Noiraud, priez pour son âme », ou celle-ci : « Pardon mon Dieu, pardon maman » suivie d'une croix. Il y avait donc eu là des hommes sans espoir. Mais c'était autrefois, c'était un autre monde. Dans nos cœurs à nous le sang battait – qu'on l'appelle courage ou liberté : il chantait plus fort que la peur.

Le soir venu, ce n'était pas la peur qui tapait contre les murs de nos cellules, à petits coups précis, pour la transmission des messages d'un détenu à l'autre. Ce n'était pas la peur non plus qui nous faisait desceller lentement un carreau de la fenêtre et hurler à travers l'ouverture des mots d'ordre d'étage à étage. Rien ne pouvait nous retenir, ni la menace du cachot, ni celle des coups qu'on y recevait. Au bout de quelques heures, j'avais découvert qu'il n'était pas tellement difficile d'être courageux quand tant d'hommes l'étaient si près de vous, qu'il suffisait d'un petit bondissement de plus et de bien diriger le jet de l'imagination.

Sept mille hommes en travail de patience, en travail d'espérance, en désir de liberté, de vie et de patrie retrouvée, cela vous fait une seconde âme et un second corps, et les vôtres n'ont plus qu'à se nicher dedans.

C'était comme à la Gestapo. Pendant les dernières semaines des interrogatoires, débordés par le flux des prisonniers, ils nous avaient jetés pêle-mêle dans les paniers à salade, les escaliers et les salles d'attente. De retrouver ainsi Gérard, Frédéric, Denis, Catherine, Simone et vingt autres, de toucher leurs voix et leurs mains, de toucher mon nom dans leur bouche, j'avais gagné bien plus qu'un réconfort : une exaltation dont les Allemands ne pouvaient pas être les maîtres, ni moi non plus. Pas facile de souffrir quand on ne souffre pas seul. Je commençais à l'apprendre.

Ils ne nous avaient pas condamnés finalement. Ils avaient fermé le dossier de l'affaire DF, par lassitude on eût dit. Il est vrai qu'ils exécutaient encore beaucoup. Mais ils ne condamnaient plus jamais. Pas le temps ! J'étais comme ces sept mille camarades derrière les murs : je ne savais pas où j'allais vivre, ni combien de temps.

En attendant, je vivais. C'était même cela le difficile, parce que cela ne ressemblait plus du tout à ce que, dehors, on appelait la vie.

Il fallait renoncer à sa personnalité. Elle vous aurait gêné, comme des vêtements quand on nage. Ne pas oublier que l'ennemi a tous les droits sur vous : vous tuer, mais aussi ne pas le faire, vous habiller, vous déshabiller, vous salir. Donc, y penser le moins possible. Penser aux camarades, pour lesquels il en est de même. Et se rappeler que moi, par exemple, j'en ai fini pour un bout de temps avec ma belle identité toute neuve de jeune intellectuel aveugle. Maintenant je suis le détenu de la cellule 49, deuxième division. Je suis au secret, et sur ma porte, à l'extérieur, il y a une inscription bouffonne : « *Vorsicht.* » « Prenez garde ! Détenu dangereux ! » Moi dangereux !

Le plus difficile, ce n'était pas de me souvenir que j'étais en prison, c'était de me souvenir pourquoi j'y étais. Vingt fois par jour je perdais de vue le rapport. Tout se passait comme si mes actes des deux dernières années – pas même des actes, mes pensées, mes imaginations – s'étaient faits pierre tout d'un coup et m'enterraient vivant.

Mon destin n'était plus cette grande chose vague dans l'avenir ou les étoiles, mais des murs, des gamelles écaillées, des gueulements, des clés, d'interminables clés venant heurter l'acier des fusils. Mon destin s'était fait chose, je pouvais l'entendre et le toucher.

Je n'aimais pas être au secret. Cela me rendait veule. Comment des hommes ont-ils pu tenir au secret, pendant des années parfois, sans la voix des autres, sans la chair des hommes ? L'humanité, c'est un bien. Pour voir près de moi l'un de mes semblables, je me serais associé au pire coquin.

Pour retrouver la paix dans cette solitude, je n'avais plus qu'un truc : fermer les yeux. Cela vous étonne, parce que vous pensez que naturellement j'avais les yeux fermés. Hélas, ce n'était pas vrai. Je voyais les murs. Je ne voyais même qu'eux. Je voulais les percer.

Fermer les yeux, descendre en soi-même jusqu'à toucher le roc, ce point solide en vous où il n'y a plus ni temps ni espace, où la prison s'écoule et disparaît dans l'air comme, dit-on, le font les mirages. En fait, là il y a encore la prison, mais cette fois c'est vous qui la contenez.

Un matin enfin, deux gardiens sont venus me prendre. Ils m'ont fait monter quatre étages. Ils m'ont poussé dans une autre cellule. J'y ai trouvé trois hommes. L'envie de pleurer m'a salé la bouche.

Cette envie de pleurer, je l'avais encore quelques heures plus tard, mais sa cause avait changé. Ces trois hommes ne voulaient pas de moi.

Deux d'entre eux du moins : le marchand de meubles toulonnais et l'agent voyer normand. Quant au troisième, de toute façon il n'adressait la parole à personne. Il reposait sur sa paillasse, effondré comme un ballot de linge.

Je leur avais tout de suite dit qui j'étais, avec beaucoup de détails. Il me semblait que c'était une chose naturelle, puisque nous allions vivre ensemble jour et nuit. J'avais dû le faire trop vite ou de travers : ils ne m'avaient pas rendu la pareille.

L'agent voyer – un homme de trente ans, le genre autoritaire, fort en gueule – m'avait aussitôt dit qu'il était « un cas important de la Résistance » et que par conséquent il était tenu au silence. C'était stupide : je n'avais pas l'intention de lui dire mes secrets ni de lui demander les siens.

Le marchand de meubles, lui, était un vieux petit homme gris, volontiers rieur, plus traitable avec son accent de Provence. Mais c'était à peine s'il osait prendre la parole sans l'autorisation de l'agent voyer.

Ma venue les avait dérangés. Ils me le faisaient sentir. Ensemble dans cette cellule depuis deux mois déjà, ils s'y étaient fait un confinement douillet, un confort. Moi, avec mon air du large et ce débordement de ma jeunesse passionnée que je ne savais pas contenir, je n'étais pas le bienvenu.

Alors, pendant des journées entières, je fus malheureux. « Qu'est-ce que je dois leur dire ? Il y a sûrement des choses dont il ne faut pas parler, mais lesquelles ? » Le Provençal et le Normand avaient souvent entre eux des conversations assez longues mais presque incompréhensibles, toutes faites d'allusions à des événements et à des gens connus d'eux seuls – des conversations comme en ont les gens mariés.

Je ne compris pas vite. C'était vraiment incroyable. Ces deux hommes m'en voulaient parce que je n'avais que dix-neuf ans, parce que je faisais des études « supérieures » et parce que j'étais aveugle. L'agent voyer finit par me le dire d'une façon agressive et perplexe : « La Résistance, ça n'est pas la place d'un aveugle. » Je lui répondis que c'était la place des gens honnêtes comme lui ou moi, aveugles ou non, jeunes ou vieux. Mais il ne voulait pas discuter.

Il ne me restait plus que le troisième : le grand mou sur sa paillasse.

Il ne se soulevait de là qu'une demi-heure par jour, pour ses besoins. Puis il y retombait, bien étalé sur le dos, les bras écartés, et muet comme un édredon. Sauf, de temps en temps, ce petit sifflotement qui lui coulait des lèvres, et qui avait l'air d'exprimer une grande ironie.

Le second jour enfin il prit la parole pour me

poser quelques questions très simples et affectueuses sur moi, et me donner cet avertissement : « Tiens pas compte des deux zigues. C'est des rien-du-tout. » Le tout à voix claire et nette, en présence des deux autres qui ne relevèrent même pas.

Il fallait donc vivre là, à quatre sur douze mètres carrés, sans chaleur, sans amitié, presque sans paroles, au vu de cette tinette qui béait dans un angle, l'oreille collée contre les grouillements organiques de ces trois corps étrangers, si près d'eux que je ne savais plus parfois si moi j'existais d'une manière indépendante. Si près, et si loin ! Je m'étais attendu à tout, sauf à cette peine-là.

Je ne resterais pas sur cet échec. Ni plus ni moins que moi, ces types étaient des hommes. Ils n'avaient même pas l'air particulièrement méchants. Peut-être étaient-ils malheureux, simplement.

De leurs malheurs ils me sciaient les oreilles. Mais si je voulais les aider (ce qui m'aurait fait oublier mon malheur à moi), ils m'envoyaient bouler. Dieu ! Que cela peut être maladroit, un homme !

Cela devenait une épreuve pour moi de les voir de si près, ces deux types. Je ne pouvais littéralement plus penser à autre chose. Quand par hasard ils parlaient de leurs femmes avec des petites phrases mal terminées, ils avaient une telle façon de le faire qu'il me semblait que ce n'était pas eux mais moi qui les tripotais, qui couchais avec. Bizarrement, pour me nettoyer, il fallait que je pense au troisième, au grand indolent sur sa paillasse. Celui-là ne m'enlevait rien, il m'aurait plutôt donné quelque chose. En somme, ces deux qui parlaient, je ne les comprenais pas, et celui qui ne disait rien, je le devinais tout de suite.

Quinze jours plus tard, de devinette en recoupement, je savais que le Normand et le Provençal étaient de petits bourgeois patriotes, et que le troisième était « une ordure », comme les deux autres aimaient à le répéter : à moitié clochard, à moitié cambrioleur, grand profiteur de filles, mal embouché, pas recommandable. Mes idées sur la société prenaient une solide correction.

L'habitude vint : dès la fin de septembre, j'étais expert en l'art de faire des phrases sans penser à rien, de ne jamais poser de questions, même indirectes, d'enfiler d'interminables plaisanteries idiotes comme on enfile des perles, et même dans l'art de me plaindre. C'était bien vu. Si le Normand pleurait sur son sort, il fallait pleurer sur le sien propre et, si l'on pouvait, plus longtemps et plus fort. Cela vous mettait de la famille.

Une chose certaine : ce n'était pas cela qu'on m'avait appris sur les hommes, à l'université. On m'y avait même appris le contraire. Pourquoi ?

Toute cette science dans ma tête ne m'avançait à rien. J'étais une outre vide.

Vide, mais transparente, à cause de mon

âge sans doute. Tout passait à travers moi. J'y voyais clair, trop clair.

De si près, vous pensez comme il m'était facile d'exercer mon regard intérieur, et de pratiquer l'écoute des voix ! J'y passais des heures. Cela devint bientôt ma seule occupation.

À propos, quand vous êtes en prison, pensez à tout ce que vous voudrez sauf à ce qui est au-dehors. Cela est interdit. Matériellement, à cause des murs. Mais surtout spirituellement.

Ce qui est au-dehors vous blesse. Elle est terrible cette pensée que les autres continuent à vivre pendant que vous, vous ne vivez plus. Déjà, vous vous dites qu'ils vieillissent loin de vous, et que vous ne les retrouverez plus intacts. C'est une idée sotte, surtout quand vous n'avez encore passé que deux mois en prison, mais elle est inévitable et elle vous abîme. Il ne faut pas la laisser entrer.

En prison, plus que jamais, c'est au-dedans de vous qu'il faut vivre. Et s'il y a une personne dont vous ne pouvez pas vous passer, réellement pas (par exemple une fille quelque part au-delà des murs), faites comme je faisais alors : regardez-la plusieurs fois par jour, longtemps. Mais n'essayez pas de l'imaginer là où elle est en ce moment, là où il y a de l'air libre partout et partout des portes ouvertes, parce que vous n'y arriverez pas et que cela vous fera du mal. Regardez-la en vous. Coupez autour d'elle tout ce qui est espace. Toute la lumière que vous contenez, mettez-la sur elle. N'ayez pas peur de l'épuiser, cette lumière : l'amour, la pensée, la vie en contiennent à ne plus savoir qu'en faire.

Alors vous les verrez bien, votre maman, votre bien-aimée ou vos petits. Et pour un long moment vous ne saurez même plus que vous êtes en prison. Croyez-moi ! C'est à cela que sert la vie intérieure.

9

Où étaient mes amis ? Tous à Fresnes, comme moi. Je ne parvenais pas à chasser cette idée stupide que j'aurais moins souffert si j'avais su où ils étaient exactement. Dans la cellule au-dessus ? Dans la cellule au-dessous ? Est-ce que je les reverrais un jour ?

Denis, Frédéric, Gérard avaient-ils des compagnons de cellules médiocres comme les miens ? Et, dans ce cas, comment se comportaient-ils, eux si passionnés, si exigeants ? Est-ce que nous aurions tous finalement le même sort ? La Gestapo n'avait rien dit. Ah ! Si du moins nous pouvions tous subir la même peine ensemble ! Vivre ensemble ! À défaut, mourir ensemble. Mais pas séparément !

Ils pensaient tous comme moi à cet instant. J'en étais sûr.

Au début de novembre, je fus appelé à une visite médicale dans une cellule du rez-de-chaussée. Un cri de joie triste m'accueillit. Je bégayais : « C'est toi, François ? » Comment !

Lui aussi, François, était là, lui que je croyais être l'un des rares qui eussent échappé à la rafle du 20 juillet, parce que ce jour-là il était en Bretagne et que personne – grand Dieu, personne ! – ne pouvait retrouver sa piste.

J'écoutais son histoire. Il était rentré de Bretagne à Paris le 27 juillet par la gare Montparnasse. Sur le quai d'arrivée, Elio l'attendait. Pas très naturel cela, étant donné les consignes du mouvement, mais possible.

Elio l'avait alors entraîné dans un bistrot voisin. Il lui avait appris le coup de filet géant de la semaine passée. Il lui avait dit que le Comité directeur l'avait chargé, lui Elio, de rallier toutes les forces du Mouvement décimé qu'il pourrait.

Là-dessus, il avait refilé sous la table à François un calibre 6.35, et François, décontenancé par ces nouvelles tragiques, n'avait pas eu la présence d'esprit de le refuser.

Deux minutes plus tard, Elio claquait son doigt comme pour appeler le garçon. Sur quoi deux hommes en civil s'étaient jetés sur François et, plaquant ses bras dans le dos, lui avaient passé les menottes. François n'en était plus à une horreur près : lui, la Gestapo l'avait torturé, à cause du 6.35, disait-il.

Torturé, oui. Il avait une épaule déboîtée. Sa voix était devenue horriblement nasale. Mais quelle force en lui ! Il avait l'air d'un buisson ardent.

La visite médicale eut lieu, apparemment sans objet. François pensait qu'on l'enverrait en Allemagne en travaux forcés. « Mais toi, disait-il, toi ils vont te relâcher. » Il n'y avait aucun moyen de le savoir, et moi je ne le croyais pas.

Je ne le voulais pas. Ma liberté, je la désirais, bien sûr. Mais c'était un fruit pourri, si je l'obtenais seul. Que François ou Jean pussent aller à la souffrance, pendant que moi j'irais au bonheur, c'était une pensée impossible.

Un soir, après la relève de la garde, un vieux gardien courtaud que nous avions repéré pour sa timidité et pour sa douceur, un paysan de la Territoriale sans doute, entra dans notre cellule. Il referma la porte sur lui, ce qui ne s'était jamais vu.

Alors il me tendit un bout de papier. Le papier était signé Jean. Un de mes camarades lut : « Je suis à la troisième division. Ils ne m'ont pas fait de mal. J'ai beaucoup d'espoir pour toi. Je t'aime plus que moi-même. Jean. »

Je dictai un mot en retour que le gardien prit. C'était fini. J'avais eu des nouvelles. Les dernières.

« J'ai beaucoup d'espoir pour toi. » Est-ce que Jean, comme François, voulait dire qu'on me libérerait ? Les trois bonshommes de ma cellule pensaient que cela ne faisait aucun doute. L'agent voyer répétait : « Qu'est-ce que vous voulez qu'ils foutent d'un aveugle ? »

J'avais beau me dire que tous les trois parlaient ainsi pour me faire plaisir, ou parce qu'ils étaient ignorants, ou parce que, comme tout le monde, ils ne pouvaient pas s'empêcher de parler même quand ils n'avaient rien à dire (c'était incroyable comme, avec le temps, nous devenions tous bavards), la pensée de ma libération me hantait, et avec elle celle de ma cécité. Encore elle, mais cette fois sous une forme bizarre : ma cécité allait peut-être me protéger. Ils avaient eu tant de peine à la Gestapo à me croire coupable. Un infirme, cela doit être inoffensif, même malgré les apparences. Ou alors, cela sert d'instrument à un autre. Ils avaient cherché l'autre. Ils ne l'avaient pas trouvé.

Les semaines passaient et, avec elles, un soulagement délicieux était venu : celui de l'habitude, je suppose. Je ne souffrais plus de la présence des trois autres.

Il est vrai que l'agent voyer nous avait quittés : brusquement libéré à midi à la suite d'un interrogatoire unique.

Puis ç'avait été le tour du marchand de meubles toulonnais. Mais lui, on n'avait pas su où il partait.

D'autres avaient pris leur place : un vieux paysan auvergnat, au parler lourd, à l'odeur d'herbe et qui avait l'air dans cette prison d'un poisson sur la grève. Un patron de bistrot bourguignon. Un jeune officier d'active.

Cet officier était un homme, enfin : vif, gai, franc, chaud. Il me réconciliait avec l'espèce. Seulement, j'avais déjà bien changé, même avant qu'il vînt. Je n'étais plus le jeune garçon gâté, précoce. Je ne m'attendais plus à ce que tout le monde me ressemblât. Mes espérances, je les avais mises en moi à l'abri, pour que le souffle des gens ne les éteignît pas.

Cependant, le travail de l'illusion est toujours plus fort qu'on ne le croit. Le 15 janvier au soir, dans un grand accès lyrique, j'avais démontré à mon copain officier comment et pourquoi il était inévitable que les Allemands me libèrent. Lui si prudent, méfiant même, d'ordinaire, avait semblé convaincu. Je n'avais plus ressenti une telle fièvre de la tête et du cœur depuis la nuit qui avait précédé mon arrestation.

Le lendemain matin très tôt, un lieutenant SS ouvrit la porte de notre cellule. Il consulta une liste. Il était pressé. Il prononça mon nom. J'avais dix minutes pour me préparer.

C'était la libération, ou bien c'était tout le contraire. Soudain, tandis que je ramassais mon maigre ballot de linge, l'issue m'était devenue indifférente. Déjà, je rêvais. Mais je ne saurais vous dire de quoi. Du retour du SS peut-être, dans trois minutes, dans une minute. Je respirais mon destin à pleine bouche.

Nous descendions les escaliers. Je demandai au lieutenant : « Où m'emmenez-vous ? » Dans un français passable, il m'expliqua que j'avais de la chance, car c'était en Allemagne qu'on m'emmenait, et que l'Allemagne était un grand pays généreux.

Le mécanisme de l'espérance doit avoir, dans notre âme, des ressorts par milliers et qui nous sont presque tous inconnus, car à cette nouvelle de l'Allemagne, la plus dramatique qu'on pût m'apprendre après celle de ma mort, j'éprouvai une sorte de volupté. Amère et brusque, incisive comme une blessure, mais une volupté. Je ne puis dire autrement.

Ce danger qui planait au-dessus de moi depuis trois années, depuis le jour où j'étais entré dans la Résistance, cessait tout à coup d'être un danger pour devenir ma minute prochaine, mon lendemain. Cette fois au moins, je savais où je devais être. On m'avait assigné mon poste. Conversion instantanée : cet espoir d'être libre qui, une heure plus tôt, me donnait la fièvre s'était fait courage de ne pas l'être encore et, si besoin, de ne l'être jamais.

Je venais de passer en cellule cent quatre-vingts jours. Mon corps était anémié, mes jambes ne me portaient pas droit. L'air extérieur piquait mes muqueuses nasales. Mes poumons rétrécis s'opposaient à son entrée. Tout avait pour moi l'odeur de la pierre à feu ou de l'acier neuf, l'odeur du couteau. Ma respiration me grisait comme l'eût fait un vin. Être libre ne m'eût pas plus sûrement soûlé.

Dieu soit loué ! Ils étaient là, les autres. Eux aussi, ils partaient pour l'Allemagne. Denis, Gérard, Frédéric. Tous, en fait, sauf les filles qui étaient restées dans le quartier des femmes, et François dont le nom n'était pas appelé, et Jean. Jean que décidément ils ne voulaient pas nous montrer. Je fis une prière, avec tout ce que j'avais de force, pour que son absence ne voulût rien dire.

Les heures, les jours qui suivirent, je les revois aujourd'hui comme une bacchanale.

Les Allemands procédaient à des recensements méticuleux. Ils nous comptaient et recomptaient dix fois. La première nuit, ils nous la firent passer à huit dans la même cellule. Il n'y eut pas une minute de sommeil. Nous nous étions retrouvés. Nos confidences débordaient. Notre peine, notre joie parlaient sans savoir comment. Tous les sujets nous paraissaient religieux : ils avaient un goût d'au-delà. Nos mains se cherchaient dans la nuit de la cellule. Nous disions : « Tu es là, je suis là. Ils vont nous emmener ensemble. » Rien ne nous semblait plus difficile. Nous étions des hommes à nouveau.

Soûls d'amitié et de cette lumière froide d'un matin de janvier, nous étions montés dans un autocar. Nous avions traversé Paris. À la gare du Nord, un train nous attendait qui nous conduisit à quatre-vingts kilomètres au nord de la capitale, à Compiègne, en lisière de la forêt, dans un « camp de triage ».

Nos corps se dépliaient, puis se blottissaient à nouveau à cause du contact de l'air trop dur d'un seul coup.

Ce camp de Compiègne-Royallieu n'était pas un endroit hostile, mais simplement étrange : un ancien terrain de manœuvres de l'armée française sur lequel des baraquements avaient été construits, et où une dizaine de milliers d'hommes allaient en toute hâte d'un point à un autre, sans objet visible, tout le long du jour.

Moi, aveugle, je ne savais que faire dans ce tourbillon d'hommes. Je passais de main en main. Je ne sais pourquoi, on me montrait tout, on me présentait à tout le monde. Les copains faisaient la chaîne, ils ne me lâchaient pas une minute. Je me faisais l'effet d'être un porte-bonheur pour eux, je ne sais quoi : un fétiche. Peut-être à cause de l'impossibilité où j'étais de faire du mal à qui que ce fût.

Il y avait là des avocats, des paysans, des médecins, des radiotélégraphistes, des représentants de commerce, des instituteurs, des camelots, des anciens ministres, des pêcheurs, des mécaniciens de locomotive, des conspirateurs, des champions de catch, des professeurs au Collège de France, des crieurs de journaux. Il y avait là toute la France résistante, la petite et la grande, secouée pêle-mêle.

J'étais porté d'une baraque à l'autre. C'est à peine si je pouvais encore me laver seul : toujours quelqu'un me frottait. Mais qu'avaient-ils donc tous à être si généreux ?

Le bruit courait qu'on resterait là quelques jours et puis qu'il y aurait le « grand appel ». Cela commençait toujours, disait-on, par une fouille – une fouille grandiose : deux mille hommes dont on vérifiait toutes les cachettes et tous les orifices, afin de s'assurer qu'ils partiraient vraiment désarmés.

La fouille eut lieu dans le givre et le soleil.

Tous les amis, nous nous tenions serrés les uns contre les autres, pour supprimer toute chance d'être expédiés séparément.

Tous les dix jours environ, deux mille hommes partaient. C'était cela, Compiègne : une benne à chargement. Tous les dix jours, le plateau basculait et deux mille hommes glissaient vers l'Allemagne.

Seulement, personne ne savait rien de plus. Des noms circulaient dont la source restait toujours inconnue, et qui ne nous disaient rien : Neuengamme, Mauthausen, Buchenwald, Dora, Oranienburg, Natzweiler. Des noms allemands qui nous donnaient froid par tout le corps, mais sans raison particulière.

Ce fut notre tour avant même la fin de la semaine. On nous dit que c'était notre dernière nuit avant le « grand voyage ».

Naturellement, ce fut une veillée. Allez dormir, quand dans votre tête des sortes d'hymnes ne cessent de chanter et que l'angoisse rend votre corps mal à l'aise, quand les projecteurs tournants font osciller les ombres comme un manège et que la nuit qu'ils découpent est en même temps votre avenir !

Denis, Frédéric, Gérard et moi, nous passâmes la nuit debout. Nous avions décidé de nous regarder aussi longtemps que cela serait possible. Nous avions décidé de nous connaître comme si ce devait être la dernière fois, ou bien au contraire la première. Nous sentions bien qu'il fallait au plus vite faire provision d'une chaleur qui peut-être nous serait ôtée.

La colonne muette de ces deux mille Français marcha, sous un ciel de neige, à l'aube, à travers la ville de Compiègne. Des centaines d'yeux se posaient sur nous à travers les fenêtres. On n'entendait plus que les appels des gardiens du convoi.

La colonne franchit le pont sur l'Oise et, à quai, hors de la gare, il y eut un train. Une vingtaine de wagons (les traditionnels wagons français : quarante hommes, huit chevaux).

Nous fûmes poussés à l'intérieur. Dans notre wagon, nous étions quatre-vingt-quinze, debout naturellement. Il n'y aurait pas eu la place pour nous asseoir.

Les portes glissèrent. On les scella. La file des wagons fut secouée par la locomotive.

Alors, ce fut le rituel des départs. Deux mille hommes chantèrent *La Marseillaise* pour être bien sûrs d'être français, et le « Ce n'est qu'un au revoir, mes frères, ce n'est qu'un au revoir », parce qu'il faut toujours qu'il y ait un chant d'amitié universelle lorsque la peur tombe sur vous.

Nous avions roulé un jour, une nuit, un jour, une nuit, un jour.

La dernière fois que nous avions bu, c'était à Trèves, le second matin, sur un quai désert. C'était une soupe brûlante et trop salée qui clapotait dans un vase de terre. Nous avions la gueule des mitraillettes en face de nous. La consigne était de courir au long de la voie. La soupe giclait hors du vase. Ce qui en restait, nous l'avions avalé sans cesser de courir.

Nous avions franchi le Rhin au niveau de Coblence quand la nuit tombait, le second jour. De cela nous étions sûrs, parce qu'il y avait alors dans notre wagon des hommes encore capables de se hisser contre la paroi jusqu'à la hauteur du treillis métallique d'aération et de lire les noms des gares au passage.

Pendant la dernière nuit, il avait neigé. Ceux qui se trouvaient dans l'un des angles du wagon avaient léché le suintement froid à travers les interstices des tôles.

Personne ne pouvait s'asseoir, ou bien alors il fallait s'asseoir sur les genoux d'un autre. Mais ce n'était pas une position qu'on pût tenir longtemps. Seul, au beau milieu, le champion de catch s'était couché : sur le dos, tout à plat. Il gardait sa place avec ses poings. Au début, il avait frappé, mais sans rien dire. Seulement, depuis quelques heures, il s'était mis à gémir comme un marmot battu, à cause de la soif, et ses poings étaient devenus fous : ils ensanglantaient le wagon. Deux types évanouis lui étaient tombés en travers du corps.

Le second jour, des hommes s'étaient souvenus brusquement que j'étais aveugle. Au milieu de la nuit, dans l'enchevêtrement des corps, ils étaient perdus. Ils m'appelaient à l'aide. Alors je tâtais à travers la masse des chairs, aussi délicatement que j'avais appris à le faire depuis douze ans. Je plantais mon pied dans un trou entre deux têtes, mon autre pied entre deux cuisses et je gagnais le coin d'où venaient les cris sans blesser personne. Un vieux médecin de Bourges, grelottant de fièvre, que j'avais conduit ainsi jusqu'à la tinette avait marmonné : « On jurerait que tu as été prévu pour des cas pareils. »

J'avais donc rampé sans interruption durant quarante-huit heures. Cela m'aidait à avoir moins mal.

Ce qui faisait mal, c'était la soif, et bientôt ce furent aussi les jambes, à cause de l'œdème qui nous montait jusqu'aux genoux. Quand j'enfonçais le doigt dans mon mollet, il y trouvait son plein creux pour toute la phalange.

Denis m'aidait de ses prières. Il avait une oraison pour chaque cas qui se présentait. Il priait pour moi, disant que je n'avais pas à m'occuper de cet aspect du travail, mais seulement des gars qui souffraient du ventre.

Nous ne savions plus du tout où nous étions. Le dernier nom déchiffré avait été « Marburg-an-der-Lahn ». Personne n'avait plus la force de grimper jusqu'au treillis d'aération. On roulait vers l'est, c'était tout, vers la Pologne, on s'était mis cette idée dans la tête.

Dans le wagon d'à côté ils étaient plus malheureux que nous, parce que le premier soir, encore en France, comme le convoi s'essoufflait au long d'une pente avant Bar-le-Duc, cinq d'entre eux avaient découpé les tôles au couteau et, étendus de tout leur long sur le côté, s'étaient projetés hors du wagon en direction du remblai. Les SS qui veillaient partout avaient stoppé le train. Il y avait eu des crépitements de mitrailleuse, des hurlements de chiens, un ou deux cris de souffrance. Puis les SS avaient ouvert le wagon des évadés. Ils avaient fusillé trois types, dans le tas, et retiré leurs vêtements à tous les autres. Eux, ils étaient nus. Nous, nous ne l'étions pas encore.

Mon corps à la fin était devenu une pâte molle et fiévreuse, mais ma tête, progressivement, s'éclairait du dedans. Je comprenais la vie. Je comprenais l'Allemagne.

Le train devait s'être arrêté depuis longtemps. On n'en était pas sûr : il y avait trop de cris dans le wagon. Quatre hommes étaient devenus fous – fous furieux : le champion de catch et trois autres. Ils avaient renversé la tinette. Maintenant ils vociféraient et ils mordaient leurs voisins.

Je ne sais pas quand, à travers la paroi du wagon il y eut une voix qui nous demandait en français si nous étions français. C'était sûrement quelqu'un au-dehors, dans une gare peut-être, un prisonnier qui travaillait... La voix continuait, disant que nous étions arrivés le matin et que « ça », c'était la gare de Weimar, et que bientôt on allait nous faire faire encore quinze kilomètres, et que ce serait là que tout allait commencer. Commencer quoi ? Boire ?

Dans mon crâne, comme de petits ballons, des mots montaient : Weimar, Goethe, le prince-électeur Charles-Auguste, Mme de Stein, Bettina

Brentano. Je dis sottement à Denis que c'était bien de la chance d'être à Weimar. Denis ne m'écoutait pas : il priait.

Le train repartit, en effet. Pas longtemps. Il y avait eu une pente très raide.

Les portes glissèrent. On était arrivé. Quelques-uns d'entre nous crièrent : « *Trinken ! Bitte, trinken !* »

En réponse, il y eut une irruption de coups en plein dans la chair du wagon : des matraques, des crosses. Ceux qui étaient trop près de la porte roulèrent au-dehors.

Il fallut se mettre en rang, marcher très vite. Il y avait des chiens tout autour qui mordaient les retardataires. C'était presque impossible à cause de nos jambes enflées. C'était comme marcher sur des couteaux. De façon saugrenue, je pensais à la petite sirène d'Andersen. Je m'en voulais beaucoup de ne pas être plus fort. Mais je ne me sentais pas vraiment malheureux. Mon corps l'était. Pas moi.

Les SS se ruaient dans nos rangs, par à-coups. Lamouche (Lamouche, c'était un petit gars de dix-huit ans, un Nantais, il m'aimait bien, il voulait me protéger), Lamouche eut le poignet brisé par un coup de crosse. Sans lui, je recevais la crosse en plein front.

Quelques minutes plus tard on entendit un orchestre militaire éclater brusquement. Tout un orchestre militaire qui soufflait des espèces d'airs de danse, rangé de chaque côté d'une porte monumentale.

Sur la porte il y avait écrit : « *Konzentrationslager Buchenwald* ».

Cette porte, je l'ai franchie en sens contraire quinze mois plus tard, le 12 avril 1945. Mais là, je m'arrête. Je ne saurais pas vous dire comment. Ce n'est pas moi qui conduis ma vie. C'est Dieu qui la conduit. Je n'ai pas toujours compris comment il faisait.

Je crois qu'il est plus honnête de vous prévenir : je ne vais pas vous montrer Buchenwald. Pas entièrement. Personne n'a jamais pu le faire.

Un Français comme moi, arrivé en même temps que moi, David Rousset, a écrit deux livres sur Buchenwald. Un Allemand antinazi, Eugen Kogon, a écrit le sien. Ces livres sont très proches de la réalité. J'en témoigne. Pourtant je ne puis dire qu'ils soient « vrais ».

Il n'y a pas de « vérité » sur « l'inhumain », de même qu'il n'y en a pas sur la mort. En tout cas, il n'y en a pas de notre côté, chez nous les hommes. Cette vérité-là, elle ne saurait exister que pour notre Seigneur Jésus-Christ, prise et sauvée par lui au nom de son Père et du nôtre.

Sur les deux mille Français qui sont entrés avec moi en cette fin de janvier 1944 à Buchenwald, il reste une trentaine de survivants.

D'après les recensements de l'après-guerre, au cours des quinze mois de mon séjour à Buchenwald, il est mort, dans le camp même et dans les « commandos » qui dépendaient directement de lui, trois cent quatre-vingt mille hommes.

Des Russes, des Polonais, des Allemands, des Français, des Tchèques, des Belges, des Hollandais, des Danois, des Norvégiens, des Hongrois, des Yougoslaves, des Roumains. Des Américains même : trente-quatre Américains, tous officiers, venus en frères d'armes, par parachute, dans la Résistance en Europe occidentale. Très peu de juifs. Les juifs ne passaient à Buchenwald qu'à la suite d'une erreur administrative. Eux, ils étaient dirigés sur Lublin, Auschwitz-Birkenau, Theresienstadt, pour extermination scientifique, accélérée. Notre extermination à nous autres devait venir après l'exploitation : elle était beaucoup plus lente.

Les survivants de la déportation n'ont jamais dit jusqu'au bout ce qu'ils avaient vu, si ce n'est à quelques amis (chacun d'eux les compte sur les doigts) et à quelques femmes. Leur femme.

Seulement, il y a un récit auquel vous avez tous droit : c'est la manière dont le plus improbable des survivants – un invalide, un aveugle – a pu survivre. Sur ce point, je vais tâcher d'être aussi exact, aussi complet que je vais le pouvoir.

Quelques heures après notre entrée au camp, nous avions défilé devant des bureaux. Un camp de concentration nazi, c'était une organisation rigoureuse et paperassière, exclusivement orientée vers la persécution et la mort, mais très compliquée, très hiérarchisée et très habile.

L'habileté suprême était de laisser les SS, les Maîtres, hors du coup.

Ils étaient dix-sept mille à veiller sur notre

camp, mais c'est à peine si nous, les détenus, nous les voyions. S'ils entraient, c'était par groupes, fortement armés, et pour procéder à des pendaisons ou à des fusillades massives.

En janvier 1944, il y avait soixante mille détenus à Buchenwald. Six mois plus tard, nous étions cent mille.

Donc, comme tout le monde, j'étais passé devant des bureaux. Il fallait une dernière fois faire acte d'identité.

Aussitôt après, on vous remettait un numéro. Le mien fut 41978.

Naturellement, ces bureaux étaient tenus par des prisonniers, des camarades. L'un d'eux était un Polonais. Quand il apprit que j'étais aveugle, il ne broncha pas. Il écrivit le fait seulement. Mais quand il apprit que j'étais étudiant à l'université de Paris, il me glissa d'une voix sourde, en allemand : « Ne le dis jamais plus ! S'ils savent que tu es un intellectuel, ils te liquident. Donne un métier, n'importe lequel ! » Ma réponse vint. Je ne savais pas qui la dictait : « Profession interprète français-allemand-russe ». Le camarade des bureaux grommela : « Bonne chance. » Il paraissait soulagé.

C'est ainsi que j'eus à Buchenwald une profession officiellement inscrite dès le premier jour et reconnue d'utilité publique. Sans cette armure-là, je n'y aurais pas vécu une semaine.

Je savais l'allemand, cela du moins était vrai. Mais je ne savais alors pas un mot de russe. Mon idée de mentionner cette langue aurait pu me coûter cher. Par hasard, je ne fus pas mis à l'épreuve du russe avant deux mois, et au bout de ces deux mois je pouvais donner l'illusion de comprendre cette langue, si on en restait à des actes simples.

Pendant tout février, on nous mit en quarantaine dans des baraques surpeuplées à l'écart de la zone active du camp. Ce fut très dur à cause du froid. Au centre de l'Allemagne, presque à la frontière de la Saxe, et au sommet de cette haute colline (cinq cents mètres au-dessus du niveau de la plaine), le thermomètre oscillait constamment entre quinze et trente-cinq degrés centigrades au-dessous de zéro.

On nous avait habillés de loques : ma chemise n'avait qu'un seul bouton. Ma veste était ouverte en dix endroits. Aux pieds j'avais des galoches de bois découvertes, et sans chaussettes.

Le froid décimait les copains, littéralement : sur deux mille, près de deux cents en moururent avant la fin de février. Surtout les jeunes gars, entre vingt et vingt-cinq ans, à l'allure costaude. Manger si peu, avoir si froid, avoir si peur les tuait.

Moi, j'étais beaucoup moins gêné par mon corps, qui était de taille moyenne, plutôt petite, et que j'avais habitué depuis l'enfance à vivre sur la défensive. Le froid me fit très mal comme à tout le monde. Mais Denis, Gérard, Frédéric, tous mes amis de DF étaient avec moi. Je n'eus pas une seule sérieuse défaillance.

Ensemble, nous faisions une île de chaleur

humaine. Nous retardions de jour en jour l'heure du désespoir, tandis que, pour beaucoup d'autres, elle était déjà arrivée, et ceux-là mouraient tout de suite. Oh ! souvent en moins de douze heures.

Parce que – il faut que je vous le dise – le plus dur, ce n'était pas le froid. Même pas lui. C'étaient les hommes. Nos camarades, oui. Les autres détenus. Les hommes qui partageaient notre misère.

Quelques-uns, à force de souffrir, étaient devenus des bêtes. Mais ceux-là n'étaient pas méchants. On les calmait d'un geste, d'un mot. Dans les pires cas, d'un coup.

Il y avait pire que les bêtes : les possédés.

Les SS avaient, depuis des années, calculé la terreur de telle sorte que, ou bien elle tuait, ou bien elle ensorcelait. Des centaines d'hommes à Buchenwald étaient ensorcelés. Le mal qu'on leur faisait avait été si fort qu'il était entré en eux, corps et âme. Maintenant, ils étaient occupés par lui. Ils n'étaient plus des victimes. Ils faisaient le mal à leur tour. Ils travaillaient avec application.

Le responsable de notre baraquement de quarantaine était un Allemand : un antinazi installé là depuis six ans. Le bruit courait qu'autrefois il avait été un héros. Maintenant chaque jour, il tuait de ses mains (mains nues ou couteau) deux ou trois d'entre nous. Il les piquait dans la foule au hasard. C'était un plaisir dont il ne pouvait plus se passer.

Un matin de neige très épaisse, on découvrit qu'il avait disparu. La neige balayée, on retrouva son corps sur les marches du baraquement : il avait dans le dos une large entaille de couteau.

Fin février, je me crus perdu : Frédéric, Denis et Gérard étaient appelés en « commando » extérieur. Cela signifiait qu'ils partaient vers d'autres camps secondaires, et que moi je restais seul à Buchenwald.

Ils partirent. Je restai. Ce jour-là, le froid fut tel qu'il me sembla que je ne lui résisterais pas.

10

En effet, je faillis mourir.

Mais comment moi, qui suis vivant aujourd'hui, pourrais-je vous y faire croire ? Je vous raconterai tout cela très mal. Pourtant je vais le faire. Je m'y suis engagé.

En mars, j'avais perdu tous mes amis : ils étaient tous partis. En moi, un petit enfant renaissait, qui cherchait partout sa mère et ne la trouvait nulle part. J'avais très peur des autres, et même de moi, parce que je ne savais pas me défendre.

On se mit à me voler mon pain, ma soupe, à peu près un jour sur deux. Je devins si faible qu'au contact de l'eau froide mes doigts ressentaient une brûlure comme celle du feu. Pendant tout le mois, un blizzard sans commencement ni fin gifla la colline de Buchenwald.

Étant aveugle, j'échappais pourtant à l'une des grandes misères : celle des « commandos » de travail.

Chaque matin, à 6 heures, tous les hommes valides quittaient le camp, accompagnés par les flonflons de l'orchestre – un orchestre efficace, fonctionnel, la liturgie caricaturale des travaux forcés. Tout le jour, les hommes charriaient des rocs, du sable dans les carrières, ils perçaient le sol gelé pour y coucher des canalisations, ils transportaient des rails de chemin de fer sous la garde de mitraillettes et de « *kapos* » SS aveuglés par la rage.

Ils rentraient à 5 heures du soir, mais jamais ils ne rentraient tous : les chantiers étaient jonchés de morts.

D'ailleurs, quoi qu'on fît, on mourait entraîné par le poids d'un roc sur le sentier glissant de la carrière, sous les coups, sous les balles, pendant la nuit, en grande pompe, sous les yeux de cent mille camarades, à la lueur des projecteurs que brouillait une tempête de neige, aux sons d'une marche funèbre, sur la place d'appel, pour l'exemple, ou pendu, plus modestement, dans cette grange qu'ils appelaient le « cinéma ».

D'autres mouraient de la broncho-pneumonie, de la dysenterie, du typhus.

Chaque jour, quelques-uns allaient se griller sur les fils de fer électrifiés de l'enceinte.

Mais beaucoup mouraient de peur, tout simplement. La peur est le vrai nom du désespoir.

Le commando de travail m'était épargné, puisque je ne voyais pas. Pour les incapables dans mon genre, on avait inventé un autre système : le bloc des invalides.

La clémence des nazis prenait des formes officielles, depuis que la certitude de gagner la guerre ne les tenait plus. Un an plus tôt, être incapable de travail physique au service de la Plus Grande Allemagne vous condamnait à mort en trois jours.

Le « bloc des invalides », c'était une baraque comme les autres. Seules différences : on y avait entassé mille cinq cents hommes au lieu de trois cents (trois cents était la moyenne pour les autres blocs), et on y avait divisé par deux les rations alimentaires.

Aux « invalides », on rencontrait les unijambistes et les manchots, les trépanés, les sourds, les sourds-muets, les aveugles, les culs-de-jatte (mais oui, même eux ! J'en ai connu trois), les aphasiques, les ataxiques, les épileptiques, ceux qui étaient mangés par la gangrène, ceux qui avaient la gale, les tuberculeux, les cancéreux, les syphilitiques, les vieillards au-delà de soixante-dix ans, les gosses de moins de seize ans, les cleptomanes, les clochards, les invertis, et enfin les fous – le troupeau des fous. Et ceux-là seuls ne paraissaient pas malheureux.

Personne n'était entier aux « invalides » : c'était la condition pour y entrer. Aussi y mourait-on à un rythme qui rendait le recensement du bloc impossible. Ce n'était plus de se heurter à un mort qui surprenait, mais à un vivant. Et c'était des vivants que venait le danger.

La puanteur du bloc était telle que seule l'odeur du crématoire, qui fumait jour et nuit, parvenait à la couvrir, les jours où le vent la rabattait.

Pendant des jours et des nuits, je ne marchai plus : je rampai. Je me faisais un trou dans la masse. Mes mains allaient d'un moignon à un cadavre, d'un cadavre à une plaie. Je n'entendais plus rien tant il y avait de gémissements partout.

Vers la fin du mois, d'un coup, c'en fut trop : je tombai malade. Gravement malade : une pleurésie, je crois.

Il paraît que plusieurs médecins – des détenus comme moi, des amis même – vinrent pour m'ausculter. Il paraît qu'ils me condamnèrent. Qu'eussent-ils pu faire d'autre ? Il n'y avait pas de médicaments à Buchenwald. Pas une aspirine.

Il paraît qu'à la pleurésie la dysenterie s'ajouta très vite, puis une double otite qui me rendit entièrement sourd pendant plus de deux semaines, puis un érésipèle qui fit de mon visage une pâte boursouflée et s'aggrava en un début de septicémie. Plus de cinquante camarades m'ont dit ces choses, plus tard. Moi, je n'en sais plus rien. J'avais profité des premiers jours de la maladie pour quitter Buchenwald.

Deux petits gars que j'ai beaucoup aimés – un Français qui était unijambiste et un Russe qui était manchot – m'ont raconté qu'un matin d'avril ils m'avaient, à tous les deux, transporté sur un brancard jusqu'à l'hôpital. Cet hôpital n'était pas un endroit où l'on soignait les gens, mais où on les couchait simplement, jusqu'à ce qu'ils meurent ou qu'ils guérissent.

Mes deux copains, Pavel et Louis, ne comprenaient pas ce qui s'était passé. Ils répétaient que j'étais un « cas ». Un an plus tard Louis s'étonnait encore : « Le jour qu'on t'a transporté, t'avais 41 de fièvre et plus. Mais t'avais pas le délire. T'avais une bonne tête tranquille et tu disais de temps en temps qu'y fallait pas qu'on s'en fasse pour toi. » J'aurais bien voulu expliquer à Louis, à Pavel. Mais la chose dépassait les mots. Elle les dépasse encore.

La maladie m'avait sauvé de la peur. Elle m'avait sauvé de la mort même. Laissez-moi vous le dire : sans elle, je n'aurais pas vécu.

J'étais parti, dès ses premiers instants, dans un autre monde.

Oh ! consciemment. Je ne battais pas la campagne. Louis avait raison : j'avais toujours ma bonne tête tranquille. Plus tranquille que jamais. C'était là le miracle.

J'assistais aux phases de la maladie. Clairement. Je voyais les organes de mon corps se fermer ou perdre contrôle l'un après l'autre : les poumons d'abord, puis les entrailles, puis les oreilles, tous les muscles, et enfin le cœur qui se contractait et se dépliait mal, et qui m'emplissait d'un bruit énorme et unique.

Ce que je voyais là, je voyais exactement ce que c'était : mon corps en train de quitter ce monde. Et il ne voulait pas partir tout de suite. Il ne voulait pas partir du tout. Je le sentais à cette souffrance qu'il me donnait. Il se tordait dans tous les sens, comme le font les serpents coupés.

Ai-je dit que la mort était là ? Si je l'ai dit, je me suis bien trompé. La maladie, la souffrance, mais pas la mort.

La vie, au contraire. Et c'était ça la chose incroyable qui m'occupait tout entier : je n'avais jamais encore tant vécu.

La vie était devenue en moi une substance. Elle entrait dans ma cage, poussée avec une force mille fois plus grande que moi.

Elle n'était pas faite de chair – oh ça non ! – ni même d'idées. Elle s'approchait à la façon d'un flot très lumineux, d'une caresse de lumière. Je l'apercevais au-delà de mes yeux, par-delà mon front, au-dessus de ma tête.

Elle me touchait, elle me débordait, je me laissais flotter sur elle.

Il y avait des noms que je bredouillais du fond de ma surprise, ou sans doute je ne les prononçais pas, mais ils chantaient : « La Providence, l'Ange gardien, Jésus-Christ, Dieu. »

Je n'essayais pas de réfléchir. Il était bien temps pour la métaphysique ! Je tétais la source.

Mais là alors, j'en prenais, j'en prenais ! Cette coulée céleste, je n'allais pas la lâcher ! Du reste je la reconnaissais bien : elle était déjà venue juste après mon accident, quand je m'étais retrouvé aveugle. C'était la même, toujours la même : la Vie qui soutenait ma vie.

Le Seigneur avait pitié du pauvre bonhomme qu'il voyait là incapable. C'est vrai : j'étais incapable de m'aider. On est tous incapables de s'aider. Je le savais maintenant. Les SS, tout les premiers. Cela faisait naître un sourire.

Mais il restait une chose qui dépendait de moi : c'était de ne pas refuser l'aide du Seigneur. Ce souffle dont il me couvait. Là était mon unique combat, difficile et merveilleux à la fois : ne pas laisser mon corps avoir peur à la place.

La peur fait mourir, et c'est la joie qui fait vivre.

J'étais lentement ressuscité. Et quand, un matin, un de mes voisins (j'appris plus tard que c'était un athée et qu'il croyait bien faire) me hurla dans l'oreille que je n'avais plus une seule chance de m'en tirer et qu'il valait mieux que je me prépare, il reçut en plein visage ma réponse : un grand rire.

Ce rire, il ne le comprit pas, mais il ne l'oublia jamais.

Le 8 mai, je sortais de l'hôpital sur mes deux jambes. J'étais décharné, hagard, mais guéri.

J'étais de plus si content que Buchenwald me parut un lieu acceptable, possible du moins. Si l'on ne m'y donnait pas du pain à manger, je mangerais de l'espérance.

Cela fut vrai : je vécus encore dans le camp onze mois. Mais de ces trois cent trente jours de misère extrême, je n'ai plus aujourd'hui un seul souvenir mauvais.

J'étais porté par une main. J'étais protégé par une aile. On ne nomme pas de telles sensations vivantes. J'avais à peine à m'occuper de moi.

Ce souci-là m'eût semblé dérisoire. Je le savais dangereux, et il était interdit. Je pouvais enfin aider les autres.

Pas toujours, pas beaucoup, à ma manière. Mais je pouvais les aider.

Je pouvais essayer de leur montrer comment on fait pour garder la vie. Lumière et joie étant devenues très abondantes au-dedans de moi, j'en faisais couler sur eux.

Dès lors, on ne me vola plus mon pain, ni ma soupe. Plus une seule fois. On me réveilla souvent la nuit et on m'emmena, quelquefois très loin dans un autre bloc, pour consoler quelqu'un.

Presque tout le monde oublia que j'étais un étudiant : je devins « l'aveugle français ».

Pour beaucoup je fus même « celui qui n'était pas mort ». Je reçus des centaines de confidences. Les hommes voulaient absolument me parler. Ils me parlaient en français, en russe, en allemand, en polonais. Je faisais de mon mieux pour les comprendre tous.

C'est ainsi que j'ai vécu, survécu. Le reste, je ne sais pas le dire.

L'image de Jean ne me quittait plus.

Pendant toute la maladie, elle s'était tenue près de moi inlassablement. Elle m'avait veillé. Quand, trop affaibli pour faire face au monde extérieur, je m'étais établi complètement au-dedans de moi, elle était restée : ma dernière image du monde.

J'avais tenu, pendant des jours et des nuits,

la main de Jean en pensée. Mais cette pensée m'avait mieux protégé que ne l'eût fait sans doute sa main réelle. Dois-je dire cette chose étrange ? Tout le désir de la vie que Jean n'avait pas vécue passait en moi. Car – j'ai différé le moment de le dire – Jean était mort.

C'était certain. On me l'avait appris la veille du jour où j'étais tombé malade, en mars. Jean était mort à la porte de Buchenwald.

Les circonstances se sont presque effacées de ma mémoire. Je me rappelle seulement que j'étais très épuisé, que j'errais à travers le camp, lorsqu'une sorte de grand oiseau maigre est tombé sur moi. Ses bras soudain autour de mon cou, ses os comme de fines baguettes de bois prêts à trouer la peau : c'était François.

Je ne savais pas que François fût à Buchenwald. Il n'y était pas venu avec nous. Il pleurait et je pleurais. Nous n'avions pas d'autre moyen de nous dire notre tendresse. Et, comme toujours là-bas, nos larmes étaient de joie et de douleur tout ensemble.

Aussitôt après, il m'avait raconté une histoire si effrayante que je la lui avais fait dire une deuxième fois. La première fois, je ne l'avais pas entendue.

Ce jour de janvier où on nous avait emmenés, nous, à Compiègne, eux, ils avaient été appelés aussi. Eux, c'étaient François, Jean et trois autres de Défense de la France.

D'abord, on les avait bien traités. On les avait mis dans des wagons de voyageurs ordinaires.

Ils avaient roulé toute une nuit mais pas plus. On les avait fait poliment descendre. Ils étaient près de Sarrebruck, à Neue Bremm.

Mais Neue Bremm, c'était une invention du Démon, ce que l'administration SS appelait un « *straflager* », un camp punitif, une antichambre aux camps de concentration de grande taille, un lieu où méthodiquement, très vite, on brisait des hommes, pendant une semaine, deux semaines, jusqu'à ce que le désir de vivre sortît d'eux comme la fumée sort du bois qu'on brûle.

On les faisait dormir deux heures par nuit. On ne les faisait boire qu'une fois par vingt-quatre heures. On les douchait cinq fois par jour à grands torrents d'eau glacée. On les faisait s'accroupir. Ils devaient garder cette position sous peine d'être abattus d'un coup de feu. Ils devaient, dans cette position, à petits bonds précipités, faire le tour d'un bassin rempli d'eau, selon les jours pendant six heures ou huit heures de suite. Ceux qui tombaient dans le bassin en étaient retirés et fouettés.

C'étaient les horreurs de Buchenwald, mais toutes concentrées en quelques jours. Buchenwald en raccourci. Et François, et Jean étaient restés trois semaines à Neue Bremm.

Enfin, un soir de février, comme ils étaient tous sur le point de mourir de meurtrissures et d'épuisement, on les avait fait à nouveau asseoir dans un wagon de chemin de fer. Sans leur rien dire, bien sûr. Ils ignoraient leur destination.

Le wagon était confortable, il était chauffé. On les nourrissait. Mais le wagon les avait roulés pendant vingt-trois jours. Sans cause visible, ils avaient été de Sarrebruck à Munich, de Munich à Vienne, de Vienne à Prague, de Prague à Nuremberg, de Nuremberg à Leipzig, de voie de garage en gare et en voie de garage. Au triage de Zwickau, ils étaient restés cinq jours et cinq nuits. Toujours sans cause.

François et Jean ne s'étaient pas quittés. On ne les avait pas séparés. François disait que cela avait rendu l'épreuve possible.

Mais Jean respirait très mal et il ne pouvait pas se tenir assis. Il restait allongé sur l'une des banquettes. Deux ou trois fois par jour il disait quelques mots affectueux : sur François, sur moi, sur sa fiancée. Il n'avait plus d'espoir, mais il ne paraissait plus souffrir beaucoup.

Le vingt-troisième soir, vers 6 heures, dans le wagon, il était mort. François disait : « Doucement, comme un enfant qui s'endort. »

Deux heures plus tard, ce train stoppait dans la gare de Buchenwald. Jean n'était pas venu tout à fait jusque-là.

Maintenant, c'était juste le lendemain. François m'avait retrouvé dans le camp. Cela – Jean qui mourait – il l'avait vu de ses yeux, la veille.

J'emportai aussitôt Jean dans ma maladie, c'est-à-dire en un lieu où, pendant des semaines, je ne sus pas exactement où était la mort, où était la vie. Quand, à la sortie de l'hôpital, je revis François, il n'eut pas la force de m'en reparler. Je ne l'eus pas davantage. Voyez-vous ! Garder en vie ce qui nous restait de vie était déjà une tâche à la limite de nos forces.

Le sort de François m'inquiétait. Plus que le mien certainement. Car je savais qu'il allait partir en commando de travail. Il y fut appelé en effet quinze jours plus tard. Mais surtout, François était beaucoup trop courageux. En déportation, cette forme-là du courage ne pardonnait jamais longtemps. On en mourait.

Il avait traversé Neue Bremm je ne sais comment : à la pointe du souffle. Et puis, ce Français-Polonais, ce Polonais de France, dont les ancêtres depuis des siècles avaient pris l'habitude de souffrir, s'était fiché en plein cœur de la misère comme une flèche au centre de la cible : il y vibrait.

Il avait de la peine certainement, comme les autres. Mais, au lieu de se plaindre d'elle, il la chantait. À aucun moment de sa vie exaltée je ne lui avais connu une voix plus brûlante, des gestes plus rapides. Au travail il portait sa pelle ou sa pierre, mais toujours celle d'un autre aussi – d'un autre qui, lui, ne pouvait pas. Retour du travail, il soignait les blessés, il assistait les mourants. Et, pendant deux heures de nuit, il chantait tout ce qu'il savait de musique. François n'avait pas une once de chagrin dans son cœur, il n'avait pas un pouce de mollesse sur son corps. Sa peau était devenue sèche, rugueuse à la façon du cuir.

Lui dire de ménager ses forces n'avait aucun

sens. Il répétait : « Tant pis si j'en crève ! Mais les copains ne savent pas tenir le coup tout seuls. »

François partit, et Georges arriva.

C'était au milieu de mai.

Alors tous, tous sans exception. Il n'y aurait jamais de fin !

Le 20 juillet, Georges avait échappé à la rafle. Nous l'avions bien su à la Gestapo. Les SS étaient assez furieux ! Le 13 mai, comme je sortais du bloc, j'entends soudain un cri, et je sens le corps d'un homme qui m'embrasse. À la seconde même – comment, je ne puis le dire – je sais que c'est Georges. Je n'ai pas encore entendu sa voix, mais c'est lui.

À la différence de François deux mois plus tôt, il ne pleure pas : il rit comme un fou. Durant plusieurs minutes, j'ai le plus grand mal à comprendre son récit : il rit trop, il s'étouffe, il n'est pas clair.

C'était bien vrai : le 20 juillet ils ne l'avaient pas pris. Mais là, pas du tout ! Georges avait travaillé le double jusqu'au 31 janvier. « Pour toi et pour moi, comprends-tu ? » disait-il. Le 31 janvier, il y avait eu un autre traître. Georges avait été piqué.

J'apprenais des merveilles : DF n'était pas mort, DF avait grandi. Comme nous avions eu raison, Georges et moi, d'être un en deux, dans la Résistance ! Tout ce que je savais, il le savait. Il avait rapiécé les morceaux de la diffusion du journal, il l'avait étendue. En janvier, deux cent cinquante mille exemplaires, ce n'était plus l'exploit du 14 juillet, c'était la règle deux fois par mois, une machine solide. Et DF avait un maquis au nord de Paris, entre L'Isle-Adam et Compiègne, avec deux mille hommes en armes dans l'attente du débarquement des Alliés.

Le récit de Georges, c'était celui – horrible et si banal désormais – des tortures. Le jour de son arrestation, il portait sur lui onze clés. Les clés de onze locaux clandestins. On l'avait torturé onze fois.

Comment a-t-il fait pour ne rien dire, comment avait-il fait pour survivre ? Je ne le compris pas. Lui-même, je le voyais, il n'en savait rien. Il y a des gars qui naissent pour le courage, comme d'autres pour la faiblesse peut-être.

Hélas, mon Georges était abîmé. Inutile de s'en raconter là-dessus. C'était étrange : François, non, mais lui, oui. Il y avait du défi dans tout ce qu'il disait et faisait, et il y avait de la terreur.

Pour mettre un comble à tout, les interrogatoires à peine terminés, on l'avait expédié sur Compiègne. Et de là, à la suite d'une erreur administrative, son convoi avait été conduit jusqu'à Auschwitz. À l'arrivée, un employé plus consciencieux que les autres avait remarqué que ces deux mille Français qu'on amenait ce jour-là n'étaient pas des juifs. On les avait donc entreposés dans une baraque et, une semaine plus tard, on les avait postés en direction de Buchenwald. Mais Georges avait eu le temps de voir, de voir de ses yeux plusieurs milliers d'hommes, de femmes et d'enfants juifs, rangés en colonnes à l'instant d'entrer dans l'une des chambres à gaz déguisées en salles de douches. La vision restait en lui. Elle avait tué la charité et l'espoir.

Il y eut pour nous deux quelques grands jours. Si je me comparais à lui, j'avais très peu souffert : j'étais presque intact. J'essayai sur lui une sorte de respiration artificielle : il fallait lui insuffler de la joie, à tout prix, sans cela il allait se noyer.

Curieusement, ce n'était pas les forces physiques qui lui manquaient, mais les autres. Celles-là moi, par la grâce de Dieu, je les avais. En profiter tout de suite. Je disais à Georges : « Prends ! Prends tout ce que tu peux ! » Et il prenait.

Il était devenu affreusement irritable. Il lui arrivait même de donner des coups, sans raison. Mais de moi il acceptait tout, parce que j'étais son « frère ».

Un matin, vers 8 heures – c'était le 6 juin 1944 –, nous étions ensemble Georges et moi, quand un Hollandais, que nous connaissions de vue seulement, se jeta dans nos jambes et cria en allemand : « Les Alliés ont débarqué en Normandie ! » Comment cette nouvelle, fraîche de quatre heures, et vraie, était-elle parvenue si vite à Buchenwald, cela devait rester pour moi l'un des mystères sans nombre de la déportation.

Mais alors, peut-être allions-nous un jour être libérés ! Ce fut le dernier bonheur que nous eûmes ensemble.

Une semaine plus tard, on appelait Georges en commando. Je le sais bien : j'étais là quand sa colonne s'est formée. C'est-à-dire qu'il était à dix mètres de moi, et qu'entre nous il y avait des barbelés. Je me rappelle sa voix quand on a sifflé pour leur départ. Il m'a crié de loin : « Adieu, Jacques ! Je ne te reverrai plus ! »

Pourquoi cela ? Cette chose-là, personne encore ne l'avait jamais dite, ni Denis, ni Gérard, ni Frédéric, ni François. Et aussitôt dans mon esprit la réponse évidente : « S'il l'a dit, c'est que c'est vrai. »

Jean, François, Georges. Tous, un jour, peut-être. Tous l'un après l'autre. Et moi qui ne peux rien, moi qui ne suis rien !

Seul là-bas en France, Philippe, le patron, est libre.

Oublier : c'était la loi.

Il fallait oublier tous les absents : les camarades en danger, la famille, les vivants et les morts. Jean lui-même, il fallait l'oublier.

Et cela non pas pour éviter de souffrir – de toute façon la souffrance s'était installée chez nous en pays conquis – mais pour garder la force de vivre. Les souvenirs sont choses trop douces, trop proches de la peur : ils mangent vos énergies.

Il fallait vivre dans le présent, consommer chaque seconde jusqu'au bout, s'en rassasier.

Pour cela, quand vous receviez votre ration de pain, ne pas l'économiser : la manger tout de suite et fortement, bouchée après bouchée, comme si chacun des morceaux était toute la nourriture du monde. Quand un rayon de soleil venait, s'ouvrir tout entier, le prendre jusqu'au fond de son corps, ne plus penser qu'une heure plus tôt on avait froid, qu'une heure plus tard on aurait froid, lui faire fête.

S'accrocher à l'instant qui passe. Bloquer le mécanisme des souvenirs et des espoirs. Fait extraordinaire : aucune angoisse ne résistait longtemps à ce traitement. Enlevez à la souffrance sa double caisse de résonance – la mémoire et la peur –, la souffrance subsiste, mais elle est déjà à demi sauvée. Donc, se jeter dans chaque minute comme dans la seule minute réelle, et travailler, travailler beaucoup.

Vers la fin de mai, j'avais trouvé mon emploi. Pendant toutes les heures où le camp ne dormait pas, soit dix-huit heures par jour, j'allais me battre contre la panique. Celle des copains comme la mienne. Elles étaient inséparables. J'allais trier les nouvelles de la guerre.

C'était important. Si l'Allemagne était victorieuse, c'en était fait de nous tous, sans discrimination. Si l'Allemagne était vaincue, mais vaincue trop tard au-delà du printemps prochain, il ne resterait sûrement plus qu'une poignée de survivants, et lequel d'entre nous pouvait-il se flatter d'être l'un de ceux-là ?

C'était important, d'autre part, parce que, à Buchenwald, tout le monde mentait.

Les fausses nouvelles inondaient le camp. Depuis le débarquement des Alliés en Normandie, Paris était tombé une fois par jour. Berlin était détruit. Hitler était mort. Les Russes étaient aux portes de Leipzig, de Nuremberg. Des troupes aéroportées avaient pris possession de l'Allemagne du Sud, du Danemark.

Jamais on ne savait d'où venaient ces nouvelles. Jamais on ne trouverait le premier coupable. Tous étaient coupables, tous les colportaient. De faux espoirs en démentis, d'illusions en ragots, tous les cœurs chaviraient, le doute, l'angoisse prenaient racine.

Il fallait attaquer le mal. Mes camarades me firent responsable des informations pour le « petit camp », c'est-à-dire pour une section d'environ trente mille détenus.

Dans chaque bloc il y avait un haut-parleur. Par là, le commandement SS, depuis l'extérieur du camp, donnait ses ordres. Le reste du temps, les haut-parleurs étaient branchés sur la radio allemande : les commentaires officiels, les communiqués de la Wehrmacht.

Chaque jour, je pris les communiqués, tous, du matin au soir. J'avais la charge de les déchiffrer.

En effet, les communiqués de la Wehrmacht n'étaient pas honnêtes et ils n'étaient pas clairs. Ils ne racontaient pas les opérations. Ils parlaient par omission. Ils dessinaient la guerre en creux. Mon travail à moi, difficile, prudent, c'était de redresser les opérations.

Au milieu du mois d'août, le nom de Paris ne figura pas une seule fois pendant trois semaines dans les communiqués. Jamais une défaite, jamais une ville perdue n'était citée. Il fallait donc emplir les vides, mais ne pas se tromper. Pourtant, c'est le 26 août que j'annonçai la chute de Paris. Je n'avais pas d'avance. Je n'avais pas de retard.

Les nouvelles prises, déchiffrées, il restait à les répandre.

J'allais de bloc en bloc. Je me postais sur une table, sur plusieurs bancs empilés, et j'expliquais.

Vous pensez peut-être qu'il eût été plus simple d'écrire tout bonnement sur une feuille de papier ce que j'avais entendu, de le faire traduire en cinq ou six langues et de le faire circuler. Hélas, j'avais appris que cela ne se pouvait pas. Une foule heureuse, une foule confiante ne voit déjà pas bien ce qu'on lui montre. Mais une foule prise de peur et de désespoir s'y oppose comme à une agression.

Ce n'étaient pas des faits, des noms, des chiffres que tous ces hommes voulaient : c'étaient des certitudes, des réalités qui allaient au cœur. Seul un homme debout devant eux pouvait les leur donner. Il leur fallait son calme et sa voix. J'étais devenu la voix.

Je disais que c'était moi qui avais entendu les nouvelles, quand je les avais entendues, où je les avais entendues. D'un côté, je répétais les phrases du communiqué de la Wehrmacht, textuellement. De l'autre, je disais ce qu'elles signifiaient, ce que je comprenais.

Je parlais tout seul en allemand et en français. Pour le russe, le polonais, le tchèque, le magyar et le néerlandais, je m'étais trouvé des assistants. Je transportais mon corps d'interprètes partout avec moi.

Comme nous n'avions pas de cartes géographiques, je devais chaque jour, avant de parler, trouver un homme qui connût personnellement la zone des opérations, qu'il s'agît de la Galicie ou des Ardennes. Il fallait à tout prix que les noms, les positions, les distances fussent exacts. Les distances surtout : d'elles dépendait la guerre.

Ce n'était que le début du travail.

Je vous ai dit qu'à Buchenwald tout le monde mentait. Les uns par découragement, les autres par peur, les autres par ignorance. Quelques-uns par vice. J'ai vu des hommes inventer des bombardements de ville pour le seul plaisir de torturer un voisin dont tous les êtres chers étaient là-bas.

Les nouvelles transmises, il fallait les garder intactes. Cela exigeait une surveillance continuelle. J'avais nommé deux ou trois responsables pour chaque bloc. Leur tâche était de répéter correctement après moi, de corriger publiquement toutes les interprétations délirantes ou vicieuses, mais, avant tout, de repérer, de dénoncer tous ceux qui colportaient de faux bruits.

Et certains de ceux-là étaient durs à tenir. Ils y croyaient à leurs inventions ! La vérité, ça glisse sur un homme, mais la contre-vérité, ça tient comme une teigne. Souvent, le seul remède, c'était la bagarre. Il fallait taper sur un type jusqu'à ce qu'il ne mente plus. Il était là, convaincu de son erreur, et vous suppliant de la lui laisser dire. Comme ce Polonais qui, un soir, hurlait qu'il ne restait pierre sur pierre à Poznań, qu'il l'avait appris, qu'il le savait, qu'il fallait qu'il prévienne tout le monde. Justement, il ne le fallait pas. C'était même essentiel. Il y aurait eu dans la nuit, c'était sûr, des assassinats, des suicides, des hommes de Poznań qui n'auraient pas résisté.

Dans la folie de la déportation, maintenir un peu de raison. Faire un peu d'ordre dans le tohu-bohu des cervelles. Et si réellement nous ne pouvions pas savoir ce qui se passait, du moins ne pas l'imaginer !

Cela, c'était l'information officielle. Maintenant, il y avait l'ésotérique. C'est difficile à croire, et pourtant vrai : des nouvelles nous parvenaient de France, d'Angleterre, de Russie.

Dans l'un des blocs du camp réservé à des expériences de médecine, dans les caves de ce bloc, plusieurs détenus avaient monté, à l'aide de pièces volées, un récepteur de radio – et, on le sut plus tard, un émetteur aussi. Découvert, ce récepteur aurait coûté la vie à plusieurs milliers d'hommes inévitablement. Que fallait-il faire des nouvelles ainsi obtenues ?

Les donner à tous les camarades ? Est-ce qu'après tout elles ne leur appartenaient pas ?

Sans en indiquer la source. Le risque était trop grand : les espions pullulaient. Sous régime SS, personne n'est sûr. Non. Il fallait les garder pour nous, un petit groupe d'initiés. C'était absurde et cruel. C'était nécessaire.

Ainsi, chaque jour, j'en savais un peu plus que je n'avais le droit d'en dire. J'étais contraint de calculer toutes mes phrases, de surveiller tout, jusqu'à mes sourires.

J'étais occupé tout le jour. Je n'avais presque plus le temps de penser à moi. Je pouvais me dire que j'étais une sorte de médecin.

J'entrais dans un bloc, je tâtais son pouls. Je savais tout de suite, avec l'habitude, où ils en étaient ce jour-là au bloc 55, au bloc 61. Une baraque, c'était une âme commune, un corps collectif. Les hommes y étaient tellement serrés, ils ne s'y distinguaient presque plus. Lorsque la panique prenait à un bout, on la retrouvait à l'autre bout trois minutes plus tard.

L'état du bloc, je l'attrapais au bruit qu'il faisait, dans la masse, à son mélange d'odeurs. C'est inouï comme le désespoir sent, et la confiance : cela fait vraiment deux mondes pour l'odorat.

Alors, selon l'état, je donnais plus ou moins de nouvelles, plus ou moins dans un sens, plus ou moins dans l'autre. Le moral des gens, c'est une chose si fragile qu'un mot, une intonation font tout basculer...

La merveille c'est que, au bout du compte, à force d'ausculter l'inquiétude des autres, je m'étais presque complètement délivré de l'inquiétude. J'étais devenu gai, presque constamment. Et sans le vouloir, sans y penser. Cela m'aidait naturellement, mais cela aidait aussi les autres. Ils avaient si bien pris l'habitude de voir arriver le petit aveugle français, avec sa tête réjouie, ses discours rassurés et lancés à pleine voix, et ses nouvelles que, les jours où il n'y avait pas de nouvelles, ils le faisaient venir quand même.

Oh ! Ce soir de septembre où mille cinq cents Ukrainiens m'ont planté au milieu de leur bloc, se sont mis en cercle autour de moi, ont chanté, ont dansé, ont joué de l'accordéon, ont pleuré, ont chanté de nouveau – le tout, sans un cri, gravement, affectueusement – ce soir-là, je puis bien vous le dire, je n'avais plus à me défendre contre le passé ni l'avenir. Le présent était rond comme une boule : il me chauffait et réchauffait.

Et finalement, tous ces hommes qui s'embrassaient en riant (car, au bout d'une heure, ils riaient). Si à cet instant quelqu'un leur avait dit qu'ils étaient malheureux, qu'ils étaient en camp de concentration, ils ne l'auraient pas cru. Ils l'auraient chassé.

Nous avions, à Buchenwald, nos pauvres et nos riches, comme partout. Seulement, cette fois, ce n'était ni aux vêtements ni aux décorations qu'on les reconnaissait.

En fait de décorations, nous avions tous un triangle d'étoffe cousu sur la veste : rouge, si nous étions des « politiques », jaune, si nous étions des juifs, noir, si nous étions des « saboteurs », vert, si nous étions des criminels de droit commun, rose, si nous étions des pédérastes officiels, violet, si nous étions des opposants religieux au nazisme. Et, au-dessous du triangle, un rectangle de même étoffe contenant notre numéro d'immatriculation et la lettre de notre nationalité. Enfin, si nous étions reconnus fous, nous avions droit à un brassard orné de trois points noirs.

Quant aux vêtements, ils se ressemblaient tous, étant tous en loques.

Il ne restait plus de hiérarchie que celle des crânes. En effet, dans les trois premiers mois du séjour, vous aviez la tête entièrement rasée. Et comme, pendant ce temps, votre barbe, elle, poussait à plaisir, vous faisiez inquiétante figure !

Au cours du deuxième trimestre, les deux côtés de la tête étaient tondus, mais, au centre, une crête de cheveux poussait librement. Les six mois suivants, c'était les deux côtés qu'on ne touchait plus. Donc ils foisonnaient. C'était la crête alors qu'on tondait ras : elle laissait place à une large bande que nous appelions entre nous « autostrade ». Au bout d'un an enfin, nous faisions de nos cheveux ce que nous voulions. C'était un privilège.

Tous, nous étions nus. Si cela n'était pas tout à fait vrai physiquement, cela l'était réellement. Pas de grade, pas de dignité, pas de fortune. On nous avait confisqué toutes nos apparences.

Chaque bonhomme réduit à lui-même, à ce qu'il était pour de bon : cela faisait, croyez-moi, un vrai prolétariat.

Il fallait pourtant bien se retrouver dans la foule, savoir à qui parler. Le camp, c'était le baquet de la sorcière : pêle-mêle on y avait jeté le moine bénédictin, le berger kirghize qui, trois fois par jour, priait Allah face contre terre, le professeur de la Sorbonne, le maire de Varsovie, le contrebandier espagnol, ceux qui avaient tué leur mère, ceux qui avaient violé leur fille, ceux qui s'étaient fait arrêter pour empêcher la mort de vingt autres, les savants et les simples d'esprit, les héros et les lâches, bref les bons et les mauvais. Seulement – il fallait bien s'y faire – toutes ces catégories-là étaient mortes. Nous étions entrés dans un autre monde.

Pour moi, j'avais la chance d'avoir vingt ans, de ne pas avoir encore d'habitudes, si ce n'est quelques-unes du côté de l'intelligence. Je n'avais pas besoin d'autre honneur que celui d'être en vie. Rien de surprenant si j'étais plus heureux que la plupart de mes voisins.

Les gens religieux cherchaient partout leur foi. Ils ne la retrouvaient plus, ou bien ils la retrouvaient si petite qu'ils ne pouvaient pas s'en servir. C'est effrayant de s'être dit chrétien pendant quarante ans et de découvrir qu'on ne l'est pas pour de bon, que votre Dieu ne fait plus votre affaire.

Les gens que tout le monde avait toujours respectés couraient après leur respect. Mais, du respect, il n'y avait plus trace. Et les intellectuels, les hommes de culture, les forts en tête, ceux-là avaient de grands chagrins.

Ils ne savaient plus que faire de leurs connaissances. Elles ne les protégeaient pas contre le malheur. Dans cet énorme bouillon d'humanité, elles étaient noyées. Combien de physiciens et de sociologues, d'archéologues et de maîtres du barreau n'a-t-il pas fallu consoler ! Et cela n'était pas facile. Ils étaient prêts à tout comprendre, sauf que leur intelligence n'était pas de saison.

Nous avions nos riches à Buchenwald. Mais c'était le diable pour les trouver dans la masse : ils ne portaient pas d'étiquette. Ils n'étaient ni religieux ni athées, ni libéraux ni communistes, ni bien élevés ni mal élevés. Ils étaient là, voilà tout, mêlés aux autres. Je n'avais qu'une idée : les reconnaître.

Leur richesse n'était pas faite de courage. Le courage, c'est toujours suspect, ou alors c'est la conséquence d'autre chose. Les riches, c'étaient ceux qui, d'une façon ou d'une autre, ne pensaient pas à eux-mêmes, ou bien alors y pensaient rarement, pendant une minute ou deux, en cas d'urgence. C'étaient ceux qui avaient renoncé à cette idée absurde que le camp de concentration, c'était la fin de tout, un morceau d'enfer, une punition injuste, un tort qui leur était fait et qu'ils n'avaient pas mérité.

C'étaient ceux qui avaient faim, froid et peur comme tout le monde, qui n'hésitaient pas à le dire, à l'occasion (pourquoi cacherait-on des choses aussi vraies), mais qui finalement s'en moquaient. Les riches, c'étaient ceux qui n'étaient pas là.

Quelquefois, ils étaient complètement partis : c'étaient les fous. Au bloc des invalides, j'en ai connu deux ou trois cents. De tout près : nous mangions, nous dormions, nous nous lavions, nous causions ensemble. La plupart d'entre eux, si vous ne les attaquiez pas, n'étaient pas méchants. Ils n'avaient pas besoin d'être méchants : généralement ils étaient heureux.

Mais soit. Leur bonheur était d'une espèce effrayante, une sorte de bonheur glacé : il était incommunicable. Je les regardais, les fous, par-dessus la barrière de ma raison à moi. Il y avait toujours chez eux quelque chose d'immobile qui me fascinait. Comme chez ce Franz, ce petit Silésien dont les mains tremblaient sans arrêt, qui parlait jour et nuit à mi-voix, répétant qu'à tout prendre Buchenwald n'était pas un mauvais coin et que tous les malheurs des autres, c'étaient des idées qu'ils se faisaient. Il avait l'air d'avoir pris la misère du monde à sa charge, Franz. On ne savait comment, mais il la prenait. Il y avait des gens qui disaient que sa figure s'était mise à ressembler à celle du Christ.

Les simples d'esprit non plus ne souffraient pas : ceux qui n'avaient pas assez de mémoire ou pas assez d'imagination. Ils vivaient à la petite minute, au jour la journée, comme font les mendiants je suppose. L'étrange, c'était qu'auprès d'eux on trouvait du réconfort. Les va-nu-pieds, les clochards ; ceux qui n'avaient jamais eu de maison, ils avaient beau être bêtes ou être paresseux, ils avaient attrapé toutes sortes de secrets sur la vie, et ils ne grinchaient pas : ils vous les donnaient. Je passais près d'eux des heures et des heures.

Maintenant, je n'ai pas le droit de l'oublier : il y avait aussi les Russes.

Pas tous les Russes, bien sûr. Chez eux aussi il y avait des compliqués, des encombrés, particulièrement tous ceux qui s'accrochaient à Marx, Lénine et Staline comme à des bouées de sauvetage. Mais les ouvriers, les paysans russes. Ces hommes-là ne se conduisaient pas comme les autres Européens. On eût dit que, pour eux, il n'y avait pas d'intimité, pas de quant-à-soi. Sauf dans les affections élémentaires : la femme, le gosse. Et encore, même là, bien moins que chez nous.

On eût dit qu'ils étaient tous ensemble une personne. Tous ensemble. Si, par hasard, vous frappiez un Russe (ça n'était pas facile à éviter, il y avait tant d'occasions), en une minute cinquante Russes jaillissaient de droite, de gauche, de partout, et il vous en cuisait. Au contraire, si vous aviez fait du bien à un Russe (ils se contentaient de très peu : un sourire, un silence au bon moment), alors d'un seul coup des dizaines de Russes devenaient vos frères. Ils se seraient fait tuer pour vous. Ils se faisaient tuer quelquefois.

J'avais eu tout de suite cette chance d'être

pris en affection par eux. J'essayais de parler leur langue. Je ne leur parlais pas politique. Il est vrai qu'eux non plus n'en parlaient pas. Je m'appuyais à la grande force de leur peuple qui n'était pas faite comme chez nous d'individus. Pas vraiment, mais plutôt d'un courant d'énergie globale dirigé violemment vers la vie.

Restaient les vieux. Les vieux Russes et les autres. Ceux de France, de Pologne, d'Allemagne. D'eux aussi j'apprenais toujours quelque chose. Parce que – voyez-vous – les mauvais vieux, tous ces hommes qui n'auraient pas su vieillir, étaient morts. On mourait beaucoup entre cinquante et soixante-cinq ans à Buchenwald. C'était l'âge des hécatombes. Ceux qui survivaient, presque tous étaient bons.

Et, pour le coup, ils n'étaient plus là. Ils regardaient le monde – et Buchenwald au milieu – d'un peu plus loin. Ils absorbaient Buchenwald dans la grande coulée universelle. Ils avaient l'air de participer déjà à un monde meilleur. Chez les hommes de plus de soixante-dix ans, je ne rencontrais que de la joie.

C'était cela qu'il fallait faire pour vivre au camp : participer. Ne pas vivre pour son compte seulement. Cette privauté-là n'a rien à faire en déportation. S'étendre au-delà. Toucher quelque chose qui vous dépasse. N'importe comment : par la prière si on sait prier, par la chaleur d'un autre homme qui se communique à la vôtre et par la vôtre que vous lui donnez, ou tout simplement en cessant d'être avide.

Ces vieux pleins de joie, ils étaient comme les clochards : ils ne demandaient plus rien pour eux-mêmes, alors ils avaient tout. Participer n'importe comment. Mais le faire ! C'était sûrement difficile : la plupart des hommes n'y arrivaient pas.

Pourquoi la joie ne m'était jamais complètement retirée à moi, je suis incapable de le dire. C'était un fait : elle me tenait bien. Je la trouvais même m'attendant à des carrefours incroyables : au fond de la peur par exemple. Et la peur s'en allait de moi, comme le pus d'un abcès qui perce.

Au bout d'un an de Buchenwald, j'étais persuadé que la vie ne ressemblait pas du tout à ce qu'on m'avait appris d'elle. Ni la vie, ni la société.

Comment expliquer par exemple que, au bloc 56, le mien, le seul homme qui eût été volontaire, pendant des mois jour et nuit, pour veiller sur les fous furieux, les calmer, les nourrir, pour prendre soin des cancéreux, des dysentériques, des typhiques pour les laver, les consoler, eût été ce personnage dont tout le monde disait que, dans le civil, il était un efféminé, un pédéraste de salon, un de ces hommes en compagnie desquels on hésite à s'afficher ? C'était pourtant lui maintenant le bon ange. Allons, il faut le dire : le saint, le seul saint, au bloc des invalides.

Comment expliquer que Dietrich, ce « droit-commun » allemand, arrêté sept ans plus tôt pour avoir assassiné sa mère et sa femme – il les avait étranglées –, fût devenu courageux, généreux ? Pourquoi partageait-il son pain maintenant avec d'autres au risque d'en mourir plus vite ? Et pourquoi, dans le même temps, cet honnête bourgeois de chez nous, ce petit commerçant de la Vendée, ce père de famille, se levait-il la nuit pour aller voler le pain des autres ?

Ces choses choquantes, ce n'était pas dans les livres que je les lisais : elles étaient là devant moi. Je n'avais aucun moyen de ne pas les voir. Elles étaient pleines de questions.

Finalement, était-ce Buchenwald, ou bien était-ce le monde ordinaire – ce que nous appelons la « vie normale » – qui marchait la tête en bas ?

Un vieux paysan d'Anjou que je venais de rencontrer (était-ce drôle : il était né à dix kilomètres de Juvardeil !) soutenait, lui, que c'était le monde ordinaire qui ne tenait pas debout. Il en était sûr.

11

Jour après jour, le front de l'est, le front de l'ouest serraient leur étau sur l'Allemagne. La libération de l'Europe approchait. Mais plus les chances de victoire des Alliés grandissaient, plus nos chances de survivre diminuaient.

Nous n'étions pas des prisonniers ordinaires. Pour nous, il n'y avait pas de lois internationales, il n'y avait pas de convention humaine. Nous étions les otages du nazisme, les signes vivants de ses crimes. Si le nazisme sautait, il devait nous faire sauter avec lui.

Dès septembre 1944, un bruit courut : le Corps des SS avait reçu l'ordre en cas de défaite de ne pas laisser un homme vivant dans les camps de concentration. Les charges de dynamite étaient prêtes, et ce que les explosions et les incendies n'auraient pas su faire, les mitrailleuses le termineraient.

Bientôt ce ne fut plus une rumeur, ce fut une information que les SS eux-mêmes ne cachaient pas.

À Buchenwald, comme dans tous les camps, nous étions pris au piège : sept enceintes concentriques de barbelés électrifiés nous séparaient du monde. Seul un accident divin pouvait nous sauver. Rien de l'avenir ne nous appartenait. Nous n'avions même plus le droit de penser à l'avenir. Au reste, nous n'en avions plus la force.

Au cours de l'hiver 1944-1945, les rations alimentaires avaient été réduites à cent grammes de pain et cent cinquante grammes de mauvaise soupe par jour. Ce qui nous restait d'énergie, nous le faisions couler dans la minute présente. Elle seule existait encore.

La matière nerveuse s'était faite en nous si rare qu'elle ne nourrissait même plus nos rêves. L'espérance est un luxe. Voilà ce qu'on ne sait pas d'ordinaire, parce que d'ordinaire la vie surabonde.

En mars 1945, quand les Alliés franchirent le Rhin, une étrange indifférence était tombée sur Buchenwald. La nouvelle nous frappa, mais pas assez pour diminuer ni pour augmenter notre courage. On ne rencontrait plus que des corps plombés, des cœurs muets. Et ceux qui, comme moi, n'avaient pas renoncé à la vie, la gardaient serrée contre eux. Ils ne la dépensaient pas, ils n'en parlaient pas.

Désormais, chaque nuit, de longs vols d'avions invisibles passaient au-dessus de la colline de Buchenwald. Le ciel tout entier sonnait comme une carcasse métallique. Des plaines alentour s'élevaient des torches géantes : usines explosées, villes ravagées. Une nuit, ce fut au loin vers l'est. La torche, cette fois, brûla vingt-quatre heures des usines d'essence synthétique, à Merseburg, disait-on.

Le contrôle SS sur le camp s'était quelque peu relâché, mais quand il revenait il était en rage. Mars connut les plus atroces séances de pendaisons publiques.

Enfin, le 9 avril au matin, il n'y eut plus de doute : ces bombardements en piqué sur Weimar et sur les approches du camp, cette canonnade à l'ouest, aux faubourgs d'Erfurt, à vingt kilomètres de nous : les nôtres étaient là !

La nouvelle tombait en nous comme au fond d'un puits trop profond : nous la voyions d'abord tomber, puis nous la perdions de vue. Nos corps étaient très faibles. Ce même 9 avril, tout ravitaillement s'arrêta.

Le 10, soudain, un ordre vint. Ou plutôt un choix. Qu'est-ce que cela signifiait ?

Le commandement SS offrait une alternative aux détenus de Buchenwald. Ou bien rester dans le camp à leurs risques et périls, ou bien partir, dans les deux heures, sur les routes, en direction de l'est, escortés de gardes SS.

Ce coup-là était plus dur que tous les autres. Comment choisir ? Personne ne pouvait choisir. Aucun raisonnement, aucun calcul humain ne donnait la réponse. Où était le salut ? Où était la vie ? Qu'est-ce que les SS nous offraient là ?

Je vis la panique partout. Cette absurdité,

cette fausse liberté de choisir leur destin prenaient les hommes à la gorge mieux que toute menace. Certains disaient : « Ils vont exterminer ceux qui restent. Ils donnent une chance à ceux qui partent. » Le contraire était possible, tout autant.

C'est alors que je décidai de rester. Je fis plus : je me traînai à travers mon bloc, à travers les blocs voisins. Je criai à tout le monde de rester, qu'il le fallait. Je me souviens même d'avoir frappé brutalement un camarade pour l'empêcher de partir. Pourquoi ? Je ne savais rien de plus que les autres. Je n'avais pas reçu d'illumination.

Pourtant, je ne m'en irais pas. Il ne fallait pas s'en aller. À la place d'arguments, je trouvais des mots à la dérive : « On ne s'en va pas. On est fidèle. » Fidèle à quoi ? Mon Dieu, protégez-nous !

Au cours de l'après-midi, sur les cent mille hommes de Buchenwald, quatre-vingt mille partirent. Nous, les vingt mille qui restions, nous ne parlions pas, nous n'osions plus.

Le 11 au matin, la faim nous faisait si mal que nous broutions l'herbe des allées pour tromper nos estomacs. La bataille faisait rage à dix kilomètres, au pied de notre colline. C'est à peine si nous l'entendions.

Vers midi, je n'y tins plus. Il fallait avoir des nouvelles, n'importe quelles nouvelles. Je me rappelai soudain l'existence des haut-parleurs. Il y en avait un dans chaque bloc, relié au quartier général des SS. C'était toujours par ce canal qu'ils donnaient leurs ordres.

Je me traînai vers la cabine du responsable de notre bloc. C'était là que se trouvait le haut-parleur. Je trouvai seul, presque seul. Les hommes étaient tous dehors, occupés à deviner les bruits de la bataille.

Je savais cette fois que, de ce haut-parleur, la vie ou la mort – l'une ou l'autre – allait sortir. La machine se taisait obstinément.

À 1 h 30, j'entendis la voix SS familière, très lente, donner l'ordre aux troupes SS d'appliquer, dans la demi-heure, le plan d'extermination de tous les détenus survivants.

À cet instant, quelle main bloqua ma conscience, quelle voix me parla ? Je ne sais. Mais je ne me souviens pas d'avoir eu peur. Je ne me souviens pas d'avoir cru le SS. Et je résolus de ne pas avertir mes camarades.

Vingt minutes plus tard, un petit Russe de quatorze ans, souple comme un singe, qui s'était hissé sur le toit du bloc, tomba au milieu de la foule de quatre mètres de hauteur. Il criait : « Les Américains ! Les Américains ! »

On le ramassa. Il s'était fait très mal en tombant.

Des hommes coururent. D'autres hurlèrent. Un camarade français me prit le bras, m'entraîna dehors. Il regardait, il regardait vers l'entrée du camp. Il jurait, il bénissait entre ses dents. Il regardait. C'était là. C'était vrai ! Sur la tour du commandement, il y avait un drapeau américain, un drapeau anglais, un drapeau français.

Les jours qui suivirent furent assommés. Nous étions ivres, mais d'une mauvaise ivresse. Il y eut encore plus de trente-six heures sans manger : les SS ayant répandu du poison sur les stocks alimentaires du camp, il fallut attendre.

On ne passe pas d'un coup de l'idée de la mort à l'idée de la vie. Nous écoutions ce qu'on nous disait. Nous demandions un peu de temps pour y croire.

Il y avait une très puissante armée américaine – la troisième armée – sous la conduite d'un général audacieux, superbement audacieux : Patton. Patton savait ce qu'était Buchenwald, ce que risquait Buchenwald. Il savait que trois heures de plus voulait dire vingt mille morts. Contre toutes les règles de la prudence stratégique, il avait lancé une attaque blindée, une attaque d'enveloppement de la colline. À la dernière minute, les troupes SS avaient été coupées du camp, forcées à la fuite ou à la reddition. L'émetteur clandestin détenu, dans les caves du bloc médical, avait indiqué les mouvements à faire.

Mais où était le bonheur de la liberté ? Où était la joie de la vie ? Le camp était anesthésié : il lui fallut des heures et des heures avant de les trouver.

Enfin cela entra d'un coup, vous bouchant les yeux. Plus fort que les sens, plus fort que la pensée. Ça s'installa par grosses vagues. Chaque vague, en entrant, faisait du mal.

Puis il y eut la décompression : tous les hommes se mirent à bêtifier, comme le feraient des gamins si on les faisait boire. Ce ne fut pas toujours très joli. Dans le bonheur, les hommes se découvrent tout autant que dans le malheur. D'autre part, dans les premiers huit jours, il y eut des morts, beaucoup de morts.

Il y eut des hommes qui moururent de faim. D'autres qui moururent pour avoir mangé trop vite à nouveau. Il y en eut même que l'idée d'être sauvés foudroya. Ça les prit comme un accès qui les emporta en quelques heures.

Le 13 avril, la radio du camp – la radio libre du camp – annonça la mort de Franklin Delano Roosevelt.

Ce fut le premier nom d'homme véritable que nous entendîmes. Roosevelt, l'un de nos libérateurs. Et c'était lui qui mourait, pas nous.

Quand la nouvelle arriva, je portais mon seau dans une corvée d'eau d'une cinquantaine d'hommes – la plupart des canalisations avaient explosé. Je me rappelle : la corvée posa ses seaux à terre et tout le monde s'agenouilla. Les Français comme les Russes. Pour la première fois depuis plus d'un an, la mort d'un homme avait un sens.

Pour la plupart d'entre nous, la vie revint. N'ayez crainte ! Mélangée, incohérente, torrentielle, ironique, difficile enfin. La vie quoi !

J'étais fier des copains qui avaient survécu. C'était un peu bête, mais j'étais fier d'eux.

Mille sept cents officiers et soldats SS faits

prisonniers par l'armée américaine avaient été placés dans un bloc du camp à notre entière discrétion.

Fait certainement bien digne d'être rapporté : il n'y eut pas une seule vengeance. Pas un SS ne fut tué par un détenu. Il n'y eut pas même de coup, ni d'insulte. On n'alla pas même les voir.

Le 16 avril, nous apprîmes officiellement que les quatre-vingt mille détenus partis le 10 sur les routes avaient été mitraillés massivement par les SS à une centaine de kilomètres au sud-est de Buchenwald. On affirmait qu'il ne restait pas un survivant. On apprit plus tard qu'on s'était trompé : il en restait une dizaine.

Le 18 avril, une semaine heure pour heure après la libération, comme je rentrais d'une corvée d'eau, une voix brusquement éclata à cinq mètres de moi, chaude comme le soleil, impossible tant elle était vraie : « Jacques ! »

Je ne rêvais pas : Philippe, ce diable d'homme, devenu commandant dans l'armée de libération, avait traversé en trois jours et trois nuits la France et l'Allemagne, au mépris de toute prudence, sans laissez-passer militaire, en vrai résistant, en vrai maquisard, pour venir reprendre ses hommes. Ceux d'entre eux du moins qui étaient à Buchenwald, et ceux d'entre eux qui étaient vivants.

C'était la voix de Philippe. C'était Philippe. J'étais contre sa poitrine. Il était là. Philippe, le patron, *Défense de la France*. La France !

Philippe égale la vie. L'équation était triomphante. Il avait été le dernier homme que j'avais vu avant la prison. Il était le premier homme que je voyais en sortant.

J'étais en vie. Deux autres de *Défense de la France* étaient en vie. Philippe nous avait ralliés tous les trois. Une voiture française nous attendait. C'était une voiture de *Défense de la France*. Car DF n'était plus secret. DF était devenu *France-Soir*, le plus important quotidien de Paris.

Le chauffeur – un petit gars qui n'avait jamais été prisonnier – nous fit faire, dans la voiture, le tour de la place d'appel du camp, pour l'honneur.

ÉPILOGUE

Je dois rapporter encore quelques faits.

François est mort le 31 mars, douze jours avant la libération de Buchenwald, quelque part aux environs de Leipzig, dans des conditions qui sont restées inconnues.

Georges est mort dans les premiers jours d'avril – d'épuisement semble-t-il – à bord d'un wagon plombé, près de Halle-an-der-Saale.

Denis est mort en Tchécoslovaquie, le 9 avril, au bord d'une route, sous une balle SS.

Vingt-quatre autres membres de Défense de la France arrêtés avec moi le 20 juillet 1943 ne sont pas revenus.

Vous aviez certainement le droit de savoir.

À ce point, mon récit s'interrompt. Il le faut bien. Car celui que je suis devenu – mari, père de famille, professeur d'université, écrivain – n'a pas le projet de vous parler de lui.

Il ne saurait pas le faire. Il vous encombrerait.

S'il vous a si longuement conté les vingt premières années de sa vie, c'est qu'il est convaincu qu'elles ne lui appartiennent plus en propre, mais qu'elles sont là, grandes ouvertes, à qui veut les prendre. Son plus grand souhait est d'avoir su montrer – ne fût-ce qu'un peu – ce qu'elles ont contenu, par la grâce de Dieu, de vie, de lumière, de joie.

Et maintenant, pourquoi ce Français de France a-t-il écrit son livre aux États-Unis et l'offre-t-il aujourd'hui à ses amis d'Amérique ?

C'est qu'il est, depuis trois ans, l'hôte de l'Amérique. C'est qu'il aime ce pays. C'est qu'il voulait lui montrer sa reconnaissance, et ne voyait pas, pour le faire, de meilleur moyen que de dire ces deux vérités sans frontière qu'il connaît si bien :

La joie ne vient pas du dehors. Elle est en nous quoi qu'il nous arrive.

La lumière ne vient pas du dehors. Elle est en nous, même sans les yeux.

*Hollins College, Virginie,
avril 1960, mai 1961,*
JACQUES LUSSEYRAN.

DU MÊME AUTEUR

Aux Éditions Silène

LE MONDE COMMENCE AUJOURD'HUI, 2012 (Folio n° 6120)

Aux Éditions du Félin

ET LA LUMIÈRE FUT, 2005 (Folio n° 6119)

Aux Éditions Triades

CONVERSATION AMOUREUSE : DE L'AMOUR À L'AMOUR, 2005
LA LUMIÈRE DANS LES TÉNÈBRES, 2002
CONTRE LA POLLUTION DU MOI, 1992

Composition Nord Compo
Impression Maury Imprimeur
45330 Malesherbes
le 6 mars 2019
Dépôt légal : mars 2019
1er dépôt légal dans la collection : mars 2016
Numéro d'imprimeur : 234902

ISBN 978-2-07-046892-8. / Imprimé en France.

350995